高等院校立体化创新经管教材系列

物流与供应链管理
(第 3 版)

范丽君　郭淑红　主　编

清华大学出版社
北　京

内 容 简 介

本书是高等院校物流专业主要教材之一，注重专业知识的系统性、全面性，并突出教材的实用性。全书共分十章，主要介绍物流的发展、物流管理理论及发展趋势，阐述供应链、供应链管理与物流之间的关系，对供应链的类型和构建策略、供应链的管理策略进行分析，并从实用性角度出发，系统、全面地介绍了供应链管理中的物流信息技术、物流设施的选址程序和方法、物流的运输管理、库存管理、配送管理，从供应链合作的角度介绍了第三方物流与第四方物流、供应链中的物流客户服务管理等内容。结合物流全球化趋势，以及供应链中的种种不确定因素，新增"第十章 全球物流与供应链风险管理"。

本次修订增加的内容绝大部分来源于业界物流专家学者的近期成果，既体现出本书坚持创新的基本理念，又体现出高校物流教育教学改革提倡的研究特色。

本书可以作为普通高等学校物流类专业的本科教材及研究生参考教材，也可以作为管理科学与工程、工商管理、市场营销等专业学生的参考读物。此外，还可供企业管理人员尤其是物流企业的业务人员阅读参考。

图书在版编目(CIP)数据

物流与供应链管理/范丽君，郭淑红主编. —3 版. —北京：清华大学出版社，2021.6(2025.1 重印)

高等院校立体化创新经管教材系列

ISBN 978-7-302-57915-1

Ⅰ. 物…　Ⅱ. ①范…　②郭…　Ⅲ. ①物流管理—高等学校—教材 ②供应链管理—高等学校—教材

Ⅳ. ①F252.1

中国版本图书馆 CIP 数据核字(2021)第 060893 号

责任编辑：陈冬梅
封面设计：刘孝琼
责任校对：李玉茹
责任印制：丛怀宇
出版发行：清华大学出版社
　　　　　网　　　址：https://www.tup.com.cn, https://www.wqxuetang.com
　　　　　地　　　址：北京清华大学学研大厦 A 座　　　邮　　　编：100084
　　　　　社 总 机：010-83470000　　　　　邮　　　购：010-62786544
　　　　　投稿与读者服务：010-62776969, c-service@tup.tsinghua.edu.cn
　　　　　质量反馈：010-62772015, zhiliang@tup.tsinghua.edu.cn
　　　　　课件下载：https://www.tup.com.cn, 010-62791865
印 装 者：三河市龙大印装有限公司
经　　销：全国新华书店
开　　本：185mm×260mm　　　印　　张：16.25　　　字　　数：390 千字
版　　次：2011 年 1 月第 1 版　2021 年 6 月第 3 版　　印　　次：2025 年 1 月第 6 次印刷
定　　价：49.80 元

产品编号：087944-01

前　言

习近平总书记在中国共产党第二十次全国代表大会上的报告中明确指出，要办好人民满意的教育，全面贯彻党的教育方针，落实立德树人根本任务，培养德智体美劳全面发展的社会主义建设者和接班人，加快建设高质量教育体系，发展素质教育，促进教育公平。本书在编写过程中力求深刻领会党对高校教育工作的指导意见，认真执行党对高校人才培养的具体要求。

随着全球技术、贸易和投资的迅速发展，推动生产的各个环节被分散到多个国家，产品生产环节的跨国分布越来越常态化。这种生产活动的链条和网络，从宏观角度是增加价值创造的全球价值链，微观角度是构成连接上下游企业的供应链，有效实施供应链管理对企业显得尤为重要。物流作为经济活动的一个过程，是调整经济结构、转变经济增长方式的重要途径，以供应链管理思想指导物流的管理和运作是企业竞争优势的来源和利器。

《物流与供应链管理》自出版以来，以其理论性、实用性和适用性受到读者的肯定。为了适应物流学科和物流业的迅速发展，以及教学的需要，本书在第 2 版的基础上进行适当补充和完善。在高度全球化的今天，全球物流已成为现代物流系统中重要的物流领域，物流全球化趋势已成必然。供应链中的种种不确定因素导致整个供应链受到影响甚至中断的风险时有发生，有日常运营中的各类异常问题，也有公共卫生事件、突发自然灾害、地缘风险等外部冲击。因此本书增加了"第十章　全球物流与供应链风险管理"的相关内容。在继续保持第 2 版框架结构内容的全面性、系统性、知识应用性和实务性，补充和完善每一章内容的同时，又增加和更新了必要的案例。

第 3 版的修订工作主要由范丽君、郭淑红共同完成。在此特别感谢第 1 版与第 2 版的所有参编者。

本书在编写过程中参考借鉴了许多国内外同行的最新研究成果和文献，并尽可能地在参考文献中列出，在此向这些研究者表示衷心的感谢。本书在编写和出版过程中得到了出版社的大力支持和帮助，在此一并致以由衷的感谢！

第 3 版的第一章至第三章，第九章、第十章由范丽君负责修改，第四章至第八章由郭淑红负责修改。

由于编者时间与水平所限，书中难免有疏漏之处，敬请读者批评、指正。

编　者

目　　录

第一章 物流管理概述

【学习要点及目标】 通过本章的学习，使学生了解物流的发展历程、物流的作用及现代物流的发展趋势，理解物流的主要理论观点与学说，掌握物流的概念、功能、分类，以及物流管理的目标、特征和内容。

【关键概念】 物流(Logistics) 物流管理(Logistics Management)

【引导案例】

海尔对物流改革的战略认识

海尔集团创立于1984年，经过多年来的艰苦努力，已发展成为在海内外享有较高美誉度的大型国际化企业集团，并且搭建了国际化企业框架。

在家电行业竞争加剧的情况下，海尔集团之所以取得如此优异的成绩，和海尔率先实施企业信息化工程是分不开的。海尔自1995年就成立了信息中心，专门负责推进企业信息化工作，到目前，海尔已成功实现了从传统的制造企业向现代信息化企业的转变。更重要的是，通过市场链对传统的"金字塔"型组织结构与管理体系进行再造，实现企业面向流程的组织再造。企业全面信息化管理的创新也使海尔集团的市场响应速度大大提高，国际市场竞争力进一步加大。

在网络经济时代，一个现代企业，如果没有现代物流，就意味着没有物品可流动，因为这是由现代企业运作的驱动力所决定的。海尔认识到，现代企业运作的驱动力就是订单。如果要实现完全以订单去销售、采购、制造，那么支持它的最重要的一个流程就是物流。

海尔对于现代物流的认识表现为：第一，它就是企业的管理革命；第二，它就是速度。

现代物流区别于传统物流的两个最大的特点：第一就是信息化，第二就是网络化。海尔在实践过程中，用"一流三网"来体现这两个特点。

对海尔来讲，第一，物流实现了三个零的目标，即零库存、零距离、零营运资本。第二，物流给了企业能够在市场竞争取胜的核心竞争力。物流战略实施使海尔一只手抓住了用户的需求，另一只手抓住了可以满足用户需求的全球供应链，海尔有力地把这两种能力结合在一起。

为了与国际接轨，建立起高效、迅速的现代物流系统，海尔采用了SAP公司的ERP系统和BBP系统(原材料网上采购系统)，对企业进行流程改造。经过近两年的实施，海尔的现代物流管理系统不仅有效地提高了物流效率，而且将海尔的电子商务平台扩展到了包含客户和供应商在内的整个供应链管理，极大地推动了海尔电子商务的发展。

突破传统物流、进行现代物流变革是海尔成功的重要因素。那么，什么是物流？它是如何产生和发展起来的？海尔的成功是个案反映，还是具有普遍价值？

(资料来源：http://d.wanfangdata.com.cn/conference/124887)

第一节　物　流　概　述

近几十年来，物流作为一门新的学科，在国内外得到了系统研究和快速发展。物流是一个复杂的系统，物流系统中包含的活动也很多，因此物流学科又可以分成很多子学科和分支领域。本节将重点介绍物流的基本概念和基本理论，这是学习其他物流学科的基础知识。

一、物流的概念与发展

物流活动的产生远早于物流概念的提出及物流学科的形成。早在人类活动中出现了生产与交换以来，物流活动就随之产生了。由于生产分工的专业化和局限性，人类为了获得生产与生活所需要的各种物资；就必须进行物的交换，在交换的过程中就产生了物品从生产地到消费地的转移，即"物的流通"。而随着商品生产规模和流通范围的逐步扩大，物流也经历了从传统到现代、从简单到复杂、从分散到集成的发展过程。

(一)物流的概念

物流概念的提出起源于军事领域，当时被称为"后勤"。第二次世界大战期间，美国军队为了保证全球作战的需要，围绕战略物资的供应，对军粮、军火等军用物资的运输、补给、调配等进行全面管理，以保证战略物资能够以最快的速度、最高的效率、最低的成本，安全及时地运抵前线，从而为战争的胜利提供物资保障。要做到这一点，就必须有一整套科学高效的军队后勤供应管理系统，包括各种军用物资的订货、生产、购置、储存、运输、分配等一系列活动。各项活动的有效运转与衔接，在很大程度上决定了军用物资的供给保障程度。

第二次世界大战后，军事后勤管理的思想被推广到企业中，在企业的采购、生产、流通等诸多领域得到广泛运用，从而形成了供应物流、生产物流、销售物流等几大物流领域。1935 年，美国市场营销协会最早从销售的角度对物流进行了定义，即"物流是销售活动中所伴随的物质资料从生产地到消费地的种种企业活动，包括服务过程"。很显然，这一定义仅仅概括了销售领域的物流活动，并没有囊括所有的物流活动。

1963 年，(美国)全国物流管理协会(National Council of Physical Distribution Management)将物流定义为"物流是为了计划、执行和控制原材料、在制品及制成品从供应地到消费地的有效率的流动而进行的两种或多种活动的集成。这些活动可能包括顾客服务、需求预测、交通、库存控制、物料搬运、订货处理、零件及服务支持、工厂及仓库选址、采购、包装、退货处理、废弃物回收、运输、仓储管理"。这一定义的范围不仅包括了销售领域产品从生产线的终端开始，经过需求订货、仓储、运输，最终被传递到消费者手中的物流活动；而且还包括了供应领域原料从供应地，经过需求预测、库存管理、采购、运输、搬运、回收等正向及逆向若干具体的物流活动内容。

1985 年，(美国)全国物流管理协会更名为美国物流管理协会(The Council of Logistics Management，CLM)，将物流的定义更新为"物流是对货物、服务及相关信息从起源地到消费地的有效率、有效益的流动和储存进行计划、执行和控制，以满足客户需求的过程。该过程包括进向、去向、内部和外部的移动以及以环境保护为目的的物料回收"。这一定义指出物流管理的战略导向是客户需求，突出管理效益，强调"有效率、有效益的流动"，内容更加广泛灵活。

1998 年，CLM 将物流的定义修改为"物流是供应链过程的一部分，是对货物、服务及相关信息从起源地到消费地的有效率、有效益的流动和储存进行计划、执行和控制，以满足顾客要求"。CLM 于 2002 年 1 月初进一步修订了物流定义，只在"98 定义"中加上了"反向的"一词。修订后的定义(简称"02 定义")为"物流是供应链过程的一部分，是对货物、服务及相关信息从起源地到消费地的有效率、有效益的正向和反向流动和储存进行计划、执行和控制，以满足顾客要求"。定义不仅将物流纳入供应链的范畴，强调物流的有效性，也把逆向物流视为物流的一个活动内容。

2003 年 CLM 对物流定义进行了重要修改，"03 定义"为"物流管理是供应链管理的一部分，是对货物、服务及相关信息从起源地到消费地的有效率、有效益的正向和反向流动和储存进行的计划、执行和控制，以满足顾客要求"。这一定义标志着现代物流理论发展到更高阶段，物流管理开始向供应链管理转化。2005 年的 1 月 1 日，CLM 正式更名为供应链专业管理协会(Council of Supply Chain Management Professionals，CSCMP)，意味着全球物流进入供应链时代。

我国于 20 世纪 80 年代初从日本引进了"物流"的概念，当时，将"物流"解释为"物资资料或商品的实体运动过程"，是与商品的价值运动过程(简称"商流")相对应的概念。

美国专业协会对物流概念的定义更强调物流活动的有效性，对物流与物流管理未严格区分，物流即物流管理，物流管理也就是物流。而日本对物流概念的定义主要侧重于描述物流是一系列有关有形与无形商品从供给者到需求者的实体转移过程，并不涉及这一过程是否有效，是将物流与物流管理相区别的。

我国自从日本引进物流的概念后一直沿用日本的物流定义，直到 2001 年 8 月 1 日我国首次颁布并实施了《物流术语》国家标准。

我国国家标准物流术语在 2001 年将物流定义为 "物流是物品从供应地向接收地的实体流动过程，根据实际需要，将运输、存储、装卸、搬运、包装、流通加工、配送、信息处理等基本功能实施有机结合"。这一定义重点强调了物流包括的一系列具体的活动，基本上是"中性"的，没有强调物流的"有效性"，也没有涉及对物流活动的"计划、执行或控制"，预示着物流与物流管理的定义是不同的。

物流的定义可以从以下四个方面进行理解。

(1) 物流是物品物质实体的流动，只实现物质实体的转移，并不发生物品所有权的转移。

(2) 物流是满足社会需要的经济活动。

(3) 物流通过基本功能活动对物品进行空间位移、时间变动和形状性质的变动，从而产生物品的空间、时间、形态效用。

(4) 物流具有普遍性，有物品就有物流。

结合以上定义，我们可以将物流定义为 "为了把物品高效、低成本地送达目的地，对货物、服务和相关信息在供应地和接收地之间的流动过程中施加的运输、储存、装卸、搬运、包装、流通加工、配送、信息处理等一系列功能活动"。

(二)我国物流的发展

我国物流的发展大致可分为四个阶段。第一阶段是计划经济体制下的物流；第二阶段是有计划的商品经济下的物流；第三阶段是社会主义市场经济下的物流；第四阶段是新经济体制下的物流。

1. 第一阶段——计划经济体制下的物流(1949—1977 年)

生产、流通和消费完全在计划经济体制下管理和运行，物流活动的主要目标是保证国家指令性计划分配指标的落实，物流的经济效益目标被放到次要位置。企业完全没有自主权，管理上条块分割，生产、仓储、运输、销售各环节相互分离，物流效率低下，物流概念还处于朦胧阶段。但因生产是当前经济发展的主体，所以流通结构不合理和物流效率低下的矛盾并不十分突出。

2. 第二阶段——有计划的商品经济下的物流(1978—1992 年)

党的十一届三中全会后，在改革开放方针政策的指引下，我国全面推进经济体制改革，流通体制改革不断深化，开始引入物流概念并认知宣传。1984 年 8 月中国物流研究会成立，1991 年 7 月成立了中国物资流通学会，物流理念及物流在国民经济发展中的重要意义开始在全国传播，进入物流引进、启蒙和宣传普及时期。

3. 第三阶段——社会主义市场经济下的物流(1993—1998 年)

随着 1993 年党的十四届三中全会的召开，中国经济走向一个崭新的发展阶段。生产规模和产量的迅猛扩大，在导致生产与消费严重失衡的同时，也暴露出物流发展滞后的问题。社会开始重视物流，建设和加强物流的合理化，我国物流进入成长期。

4. 第四阶段——新经济体制下的物流(1999 年至今)

新经济的突出表现是全球经济一体化，生产、流通、消费的全球化在加剧企业经济活动市场竞争的同时，也促进了国际贸易和国际物流的发展，互联网信息平台的发展及信息技术手段的广泛应用，使物流现代化达到了新的水平，物流被社会广泛认识到是企业降低物资消耗、提高劳动生产率以外的第三利润源泉，是推动地区经济发展的"助推器"。2001年，国家经济贸易委员会、铁道部、交通部、信息产业部、对外贸易经济合作部、国家民航总局联合印发了《关于加快我国现代物流发展的若干意见》，同年，中国物流与采购联合会成立，这是我国物流领域第一个跨部门、跨行业、跨地区、跨所有制的行业组织。《物流企业分类与评估指标》国家标准也于 2005 年 5 月 1 日正式实施。2006 年 3 月，第十届全国人大第四次会议通过了《国民经济和社会发展第十一个五年规划纲要》，在第四篇"加快发展服务业"第十六章中，提出要"大力发展现代物流业"，在明确"十一五"期间物流业发展的战略目标与重点任务的同时，也为中国物流业发展指明了方向，可谓中国物流业发展的里程碑。

随着物流产业地位的明确，物流业在生产性服务业和消费性服务业中的重要作用越来越被承认，物流业也成为各级政府规划与发展的重点之一，我国现代物流业进入一个新的发展阶段。

二、物流的功能

物流的基本功能是指物流活动应该具有的基本能力，以及通过对物流活动的有效组合，形成物流的总体功能，具体包括运输、仓储、流通加工、包装、装卸搬运、配送和信息处理七大功能。

(一)运输

运输是物流系统中最为重要的功能要素之一。运输和仓储被称为物流的两大支柱，其中，运输承担着改变物流空间状态的任务。运输是在不同地域范围间以改变物品的空间位置为目的的活动，能够实现物品的空间位移，将物品从供应地转移到需求地，从而创造物品的空间效用。

任何产品从生产出来到最终消费，都必须经过一段时间、一段距离，甚至多环节、多次数的运输活动。因此，我们说运输是物流活动的必要环节之一，是社会物质生产的必要条件之一，是实现"第三利润"的主要源泉之一，在社会物流活动中占据着非常重要的地位。

运输可以分为长距离干线运输和短距离支线运输两种类型。通常，我们把长距离的干线运输称为"运输"，而把短距离的支线运输称为"配送"。但实际上，所有物品的移动都是运输，配送只是其中的一种类型，专指短距离、小批量的运输。

(二)仓储

仓储与运输一样，也是物流系统中最为重要的功能要素之一。作为物流的两大支柱之一，仓储承担着改变物品时间状态的任务。仓储可以调节生产与消费在时间上的差别，是商品生产和流通中供求矛盾的集中体现。

马克思曾把储存称为社会再生产这条大河中的"商品流"的"蓄水池"。当大河上游供给的"商品流"远远超过下游的消费需求时，就关闭这一"蓄水池"的闸门，从而避免造成下游的"河流泛滥"；反之，当上游供给的"商品流"不能满足下游的消费需求时，就打开这一"蓄水池"的闸门，从而避免造成下游的"河流干涸"。即当供大于求时，将物品储存起来，当供小于求时，再将储存的物品投放市场，从而起到流通调控的作用。因此，我们说仓储能够创造物品的时间效用。同时，这种对于供需的调控还能起到调整价格的作用，避免由于供过于求或供不应求造成的价格波动。

另外，仓储在物品的流通过程中还能起到集散的作用。即把不同单位生产的产品汇集起来，形成一定规模，然后再根据需要分别发送到消费地。通过一集一散，不仅衔接了产需，还能实现产品运输、装卸搬运等物流活动的规模效应，从而降低物流成本。

(三)流通加工

流通加工是在物品进入流通领域后，按照客户的各种要求对物品进行的加工活动，即在物品从生产领域向消费领域流动的过程中，为了促进销售、维护商品质量和提高物流效率，而对物品进行的一系列加工活动，诸如包装、分割、计量、分拣、组装、价格贴付、商品检验等。通过这些加工活动，可以使物品在形态或理化性质上发生变化，从而满足消费者各种多样化、个性化的需求。

跟生产加工相比，流通加工大多是简单加工，加工的对象主要是进入流通领域的商品，其主要目的在于提高商品的附加价值或为流通创造条件，从而起到方便消费、促进销售的作用。

(四)包装

包装是流通加工的一种，是指在商品的流通过程中，为了保护物品的形状和价值、便于储存和运输，促进销售，采用适当的容器、材料和辅助物，按照一定的技术方法将物品包封并在包装物上进行适当地标记和标识的活动。包装是生产的终点，同时又是物流的起点，具有保护商品、方便流通、促进销售、便于消费等功能。

按照功能的不同，可以把包装分为销售包装(商业包装)和运输包装(工业包装)两种。销售包装是"直接接触商品并随商品进入零售店和消费者直接见面的包装"(《物流术语》，GB/T 18354—2006)，也称为小包装或内包装，其主要作用是保护商品、促进销售、方便消费；运输包装是"以满足运输、仓储要求为主要目的的包装"(《物流术语》，GB/T 18354—2006)，也称为大包装或外包装，其主要作用是保护商品，方便运输、便于储运，是物流环节必要的包装。在满足物流要求的基础上包装费用越低越好。

(五)装卸搬运

装卸和搬运都是发生在同一地域范围内的活动，装卸是指"物品在指定地点以人力或机械实施垂直位移的作业"。搬运是指"在同一场所内，对物品进行以水平移动为主的作业"。(《物流术语》，GB/T 18354—2006)可以看出，装卸是指改变物品的存放、支承状态的活动，而搬运则是指改变物品的空间位置的活动。在实际操作中，装卸与搬运这两种活动是密不可分的，往往伴随发生。

装卸搬运是随运输和保管等其他物流活动而产生的必要活动。在物流过程中，装卸搬运活动是不断出现和反复进行的，出现的频率高于其他物流活动。而其他各项物流活动在相互过渡时，都是通过装卸搬运来衔接的。因此，装卸搬运是一种衔接性的活动，是物流各项活动之间能否有效衔接的关键因素。

(六)配送

配送是"在经济合理区域范围内，根据用户要求，对物品进行拣选、加工、包装、分割、组配等作业，并按时送达指定地点的物流活动"。(《物流术语》，GB/T 18354—2006)配送是将货物从物流据点送交给收货人的行为。具体地讲，是指按照用户的订货要求，在物流节点对物品进行拣选、加工、包装、分割、组配等作业，并将配好的货按时送达指定地点的物流活动。需要强调的是，配送不仅仅是送货，而是分货、配货、送货等多种活动的有机结合，具体包括集货、分拣、配货、配装、配送运输、送达服务和配送加工等功能要素。其中，配送运输是较短距离、较小批量、较为接近用户的运输形式。因此，一般使用汽车作为运输工具，以实现物流"门对门"的服务。

(七)信息处理

物流信息是随企业的物流活动同时发生的，是"反映物流各种活动内容的知识、资料、图像、数据、文件的总称"。(《物流术语》，GB/T 18354—2006)物流信息包括订货信息、库存信息、生产指示信息、发货信息、物流管理信息等，是物流系统的中枢神经，能够将运输、储存、装卸搬运、流通加工等其他各种活动有机地结合起来，从而在很大程度上提高物流效率，降低物流成本。信息处理就是通过收集及传递与物流活动相关的各种信息，根据信息安排各项物流活动，使各项物流活动能够顺利、有效地衔接和进行。

三、物流的分类

不同领域的物流活动，虽然其功能要素基本相同，但是提供物流服务的主体、物流对象、物流范围、物流性质、物流的作用和功能却因物流活动的不同而有所不同。下面我们按照几种不同的标准来对物流进行分类。

(一)按物流的研究范围分类

按照物流的研究范围，可以把物流分为宏观物流、中观物流和微观物流。

1. 宏观物流

宏观物流是指社会再生产总体的物流活动，是从社会再生产总体的角度认识和研究物流活动。这种物流活动的参与者是构成社会再生产总体的产业和集团，因此，宏观物流可以理解为研究产业或集团的物流活动和物流行为。另外，从空间范畴的角度来理解，宏观物流是指在很大空间范畴的物流活动，往往具有宏观性；相反，在很小空间范畴的物流活动则往往具有微观性。宏观物流也指物流全体，是从总体上看物流，而不是从一个环节、一个局部来看物流。其主要特点是具有综观性和全局性，研究的主要内容是物流的总体构成、物流在社会中的地位及其与社会的关系、物流与经济发展的关系、社会物流系统与国际物流系统的建立及运作等。如社会物流、国民经济物流、国际物流等都属于宏观物流。

2. 中观物流

中观物流是指社会再生产过程中的区域性物流活动，是从区域经济社会的角度认识和研究物流活动。另外，从空间范畴的角度来理解，中观物流一般是指在较大空间范畴的物流活动。其主要特点是具有区域性。如一个国家的特定经济区物流、城市物流等都属于中观物流。

3. 微观物流

微观物流是指生产企业、流通企业或消费者所从事的具体的、实际的物流活动，或针对某一种具体产品所进行的物流活动，或是整个物流活动中的一个局部、一个环节的具体的物流活动，是从局部角度认识和研究的物流活动。另外，从空间范畴的角度来理解，微观物流是指在很小空间范畴内的物流活动，即在一个小的地域空间发生的具体的物流活动。其主要特点是具有具体性和局部性，是更贴近具体企业的物流。如企业物流、供应物流、生产物流、销售物流、回收物流、废弃物物流、生活物流等都属于微观物流。

(二)按物流的地域范围分类

按照物流的地域范围，可以把物流分为国际物流和区域物流。

1. 国际物流

国际物流是指在两个或两个以上不同的国家(或地区)之间开展的物流活动。在现代物流系统中，国际物流的发展速度很快，规模也很大，是伴随和支撑国际经济交往、贸易活动及其他国际交流所发生的物流活动，能够实现各种货物在不同国家之间的流动和交换。但由于不同国家在物流环境上存在较大的差异性，如适用法律、人文、语言、物流技术与设施等的差异性，以及物流服务范围的广阔性，致使国际物流的难度、复杂性和风险较国内物流更大。

2. 区域物流

区域物流是相对于国际物流而言的，是指发生在一定区域范围内的物流活动。如一个国家范围内的物流活动、一个经济区域的物流活动或一个城市的物流活动都适用于相同的法律和规章制度，都受相同的文化和社会因素的影响，都具备相同水平的物流技术和设施设备，都具有独特和区域的特点，因而都属于区域物流。

(三)按物流活动的范围和性质分类

按照物流活动的范围和性质，可以把物流分为供应物流、生产物流、销售物流、回收物流和废弃物物流。

1. 供应物流

供应物流是指为生产企业提供原材料、零部件或其他物品时，物品在提供者与需求者之间的实体流动[《中华人民共和国国家标准物流术语》(GB/T 18354—2006)]，具体包括原材料、零部件等一切生产所需物资的采购、进货运输和储存，及相应的库存管理、供应管理和用料管理等。因此，供应物流也可以称为原材料采购物流。它是为了保证企业生产的连续运转，而不断组织原材料、零部件、燃料及辅助材料等的采购与供应的物流活动。供应物流的好坏直接决定着企业生产能否正常、高效地运转。因此，供应物流不仅要能保证所供应物资的数量和质量，而且还要以最低的成本、最少的消耗、最高的可靠性来组织供应物流活动，从而实现保障供应的目标。一般情况下，保证供应物资的数量和质量比较容易做到，而要做到以最低的成本实现保障供应的目标就成为供应物流的难点所在。

2. 生产物流

生产物流是指在生产过程中，原材料、在制品、半成品、产成品等，在企业内部的实体流动[《中华人民共和国国家标准物流术语》(GB/T 18354—2006)]。这种物流活动伴随着整个生产工艺过程，实际上已经构成了生产工艺过程的一部分。因此，也可以把生产物流理解为发生在生产工艺过程中的物流活动。通常情况下，生产物流是以原材料、零部件的供应为起点，经过加工制成半成品进入半成品仓库，然后按照生产工艺和流程，将半成品加工成产成品，再经过检验、分类、包装、装卸搬运等作业环节，最后进入成品仓库的整个过程。过去人们在研究生产活动时，主要关注一个又一个的生产加工过程，而忽视了将每一个生产加工过程连接在一起的，并且又和一个生产加工过程同时出现的物流活动，结果导致在一个生产周期内，物流活动所占用的时间远远多于实际加工的时间。因此，企业生产物流的研究重点在于如何对生产过程中发生的物流活动进行合理的规划与控制，从而缩短生产周期，提高生产效率。

3. 销售物流

销售物流是指生产企业、流通企业出售商品时，物品在供方与需方之间的实体流动[《中华人民共和国国家标准物流术语》(GB/T 18354—2006)]。它是企业为保证自身的经营利益，不断伴随着销售活动，将产品转交到用户手中并提供售后服务的物流活动，具体包括商品销售过程中的仓储、运输、包装、装卸搬运、流通加工、配送和信息处理等。因此，可以说销售物流包括了所有的物流功能要素，需要将这些功能要素有机结合起来。在现代社会中，销售物流已经成为企业营销活动的重要组成部分，而当前的市场环境是以买方市场为主，因而，销售物流活动带有极强的服务性，必须满足消费者的要求，才能实现销售。在这种市场条件下，销售物流不再是单纯地把商品送达客户，还需要为客户提供必要的售后服务，这样才能占领市场，提高企业竞争力，从而实现企业的销售利润。因此，销售物流的空间范围很大，这也是销售物流的难度所在。

4. 回收物流

回收物流是指不合格物品的返修、退货以及周转使用的包装容器从需方返回到供方所形成的物品实体流动[《中华人民共和国国家标准物流术语》(GB/T 18354—2006)]。任何企业在采购、生产和销售的过程中都会或多或少地产生一些边角余料和废料，同时也不可避免地会产生一些不合格物品，这些废料的回收、不合格物品的返修或退货，以及其他可再利用物资的回收都需要伴随物流活动。回收物流实际上就是企业在采购、生产和销售过程中产生的各种可再利用物资的回收活动，它的应用不仅有助于改善环境，更有助于降低企业的生产成本和销售成本，减少浪费。

5. 废弃物物流

废弃物物流是指将经济活动中失去原有使用价值的物品，根据实际需要进行收集、分类、加工、包装、搬运、存储等，并分送到专门处理场所时所形成的物品实体流动[《中华人民共和国国家标准物流术语》(GB/T 18354—2006)]。任何企业在生产和销售的过程中都会不可避免地产生废水、废气等各种废弃物，这些废弃物如果处理不当，就会影响人类的生产环境和生活环境，严重时还会危及人类的身体健康。因此，如何对这些废弃物进行有效处理已经引起了全社会的广泛关注。废弃物物流就是对企业生产和销售过程中产生的各种废弃物进行收集和适当处理的物流活动。

(四)按物流系统的性质分类

按照物流系统的性质，可以把物流分为社会物流、行业物流和企业物流。

1. 社会物流

社会物流是指超越一家一户的以一个社会为范畴的面向社会的物流活动，即企业外部的物流活动的总称。社会物流的研究范畴是社会经济大领域，研究的内容主要有国民经济中发生的物流活动、再生产过程中发生的物流活动、一个社会的物流体系结构及运行模式、服务于社会面向社会且在社会环境中运行的物流活动等。这种社会性很强的物流活动往往由专门的物流服务商承担，具有综合性和广泛性，因而必须进行科学的管理和有效的控制，并采用先进的技术手段，保证物流活动能够高效率、低成本地运行，从而保证经济效益和社会效益的最大化。

2. 行业物流

行业物流是指从一个行业的角度研究的与行业发展相关的物流活动，即在一个行业内部发生的物流活动。通常情况下，同一行业的各个企业往往是市场竞争对手，但为了追求共同的利益，在物流领域中却又常常互相协作，共同促进行业物流系统的统一化和合理化。比如，同一行业的不同企业之间采用统一的商品规格、设备规格、包装规格等，适用统一的法规政策等，这样不仅可以促进行业物流系统的统一化和合理化，有助于提高行业物流效率，还能使同一行业的各企业之间实现共赢。

3. 企业物流

企业物流是指从一个企业的角度研究的与企业经营相关的物流活动，即企业内部的物品实体流动。它是具体的、微观的物流活动的典型领域。具体地讲，按照企业物流活动发生的领域或范围又可以把企业物流划分为企业供应物流、企业生产物流、企业销售物流、企业回收物流、企业废弃物物流等几种具体的物流活动。

(五)按物流的经营模式分类

按照物流的经营模式，可以把物流分为自营物流和第三方物流。

1. 自营物流

自营物流是指企业利用自有的物流资源自行组织和经营的物流活动。这种企业通常是一些生产制造型企业或销售型企业，而不是专业的物流公司。自营物流要求企业必须具有较大的规模和雄厚的实力，拥有必要的物流资源和物流人才，并且有能力组织各种物流活动，对企业的要求比较高。

2. 第三方物流

第三方物流是指由供方与需方以外的物流企业提供物流服务的业务模式[《中华人民共和国国家标准物流术语》(GB/T 18354—2006)]，即把企业自身的物流活动，以合同方式委托给专业的物流服务商的一种物流运作模式。这种物流服务商就是我们通常所说的第三方物流企业，是专业的物流公司，它们通常具备丰富的物流资源和物流人才、完善的物流网络及强大的物流运作能力和经验。因此，这种物流模式不仅有助于企业集中精力搞好主业，还能快速高效，甚至获得更低成本的物流服务。

四、物流的作用与价值

随着现代物流业的发展，人们越来越认识到物流对于企业生产经营的重要性。可以说，离开了物流，任何企业的生产经营活动都不能正常进行。物流作为企业生产经营活动的必要环节，不仅能保证企业生产经营活动的连续稳定运转，还能帮助企业降低成本、增加利润，进而提高企业竞争力。

(一)物流的作用

1. 物流是企业生产经营的前提保证

在现代企业的生产经营活动中，物流贯穿于从原料采购到加工制造，直到把产成品送达顾客的全过程。其中每个环节都必须经过物流活动才能有效完成。比如，采购环节涉及原料的运输、储存、装卸搬运等物流活动，只有按质、按量、按时把原料送到生产线上，才能保证生产线的稳定运行；生产环节涉及上下工序之间零部件、半成品的搬运等物流活动，只有做到上下工序之间有效地衔接，才能保证生产线连续不断地运转；销售环节涉及产成品的运输、储存、装卸搬运、包装、流通加工等物流活动，只有保证销售物流的顺畅，才能顺利地把产品销售出去。另外，各环节之间也需要通过物流活动才能有效衔接起来，因此可以说，物流是企业生产经营活动连续稳定运转的前提保证，企业生产经营的任何一个环节都需要伴随着物流活动而运行。

2. 物流是企业的"第三利润源"

目前，高昂的成本已经成为很多企业发展的困境之一，特别是物流成本居高不下，成为困扰我国很多企业的难题。继挖掘原材料成本和劳动力成本之后，人们发现物流领域还有很大的降低成本的空间，于是把物流作为能够为企业创造利润的"第三利润源"。物流活动的合理化不仅能消除企业生产经营中不必要的物流环节，提高企业生产经营的效率；同时还能帮助企业降低生产经营成本，从而为企业创造更多的利润。

3. 物流是提升企业竞争力的法宝

在当前的经济环境下，企业之间的竞争越来越激烈。合理的物流活动能够帮助企业降低生产成本，进而让利于顾客，通过价格竞争吸引更多客户。另外，快速有效的物流活动还能保证企业将产品及时准确地送到客户手中，更好地满足客户需求，进而提升企业形象，增强企业竞争力。

(二)物流的价值

物流是增值性经济活动，从物品的流转、运动等角度来说，物流可以产生时间、场所、加工附加等价值。

1. 物流创造时间价值

"物"从供给者到需求者之间存在一定的时间差，通过改变这一时间差所创造的价值被称为"时间价值"。在物流活动中，有时候需要延长时间以获取时间价值，有时候则需要缩短时间以获取时间价值。时间价值通过物流活动获得的形式有缩短时间创造价值、弥补时间差创造价值和延长时间差创造价值三种。

2. 物流创造场所价值

由于"物"的供给者和需求者往往处于不同的场所，通过物流来改变这一场所的差别，从而创造的价值称为"场所价值"。物流创造场所价值是由现代社会产业结构、社会分工所决定的。具体形式有从集中生产场所流入分散需求场所创造价值、从分散生产场所流入集中需求场所创造价值、从低价值生产地流入高价值需求地从而创造利益价值三种。

3. 物流创造加工价值

加工是生产领域常用的手段，并不是物流的本来职能。但是，现代物流的一个重要特点就是发挥自己的优势从事一定的补充性加工活动，根据物流对象的特性，按照用户的要求进行生产辅助加工，这种带有完善、补充、增加性质的流通加工活动给"物"增添了新的附加价值。物流创造加工价值是有局限性的，它不能取代正常的生产活动，只是生产过程在流通领域的一种补充和完善。

总体来说，物流各环节活动是产生价值的，在产生价值的同时也伴随着成本的增加。物流的价值从其发现的角度可以归纳为获得第三利润源泉、降低成本、提高资产使用效率、满足需求、规避风险、增强竞争力。从经济活动的角度来说，通过对"物"的运输、储存、保管、包装、流通加工等活动，创造或增加"物"的价值。

资料链接 1-1 见右侧二维码。

资料链接 1-1
物流的价值.docx

第二节　物流管理理论

物流管理是指为了以最低的物流成本为用户提供满意的物流服务，对物流活动所进行的计划、组织、协调与控制。近年来，社会经济和信息技术的高速发展赋予物流管理很多新的知识、新的技术、新的管理思想和新的管理方法，使传统物流迅速发展成为现代物流，随之产生了现代物流管理理论。本节将重点介绍现代物流管理的相关理论知识和发展趋势。

一、主要的物流理论观点与学说

物流这一概念的形成和物流管理学科的建立只有几十年的历史，引入中国也只有十几年的时间。因此，物流这门新兴学科在理论上尚不成熟，相关理论还在不断地修正和完善。下面介绍几种国内外主要的物流理论观点与学说。

(一)"黑大陆"学说

1962 年，美国著名的管理学权威专家彼得·德鲁克在美国《财富》杂志上发表的《经济的黑暗大陆》一文对现代物流的发展起到了奠基作用。在这篇文章中，德鲁克第一次提出了"流通是经济领域的黑暗大陆"的学说，即在流通领域中，物流活动的模糊性尤为突出，是一块人类目前尚未了解和认识清楚的"黑大陆"。

所谓"黑大陆"，就是指人们尚未了解和认识清楚的事物。而在物流领域中，未知的东西还很多，物流理论与实践都不成熟。因此，"黑大陆"学说形象地说明了物流的现状，是对物流准确而真实的评价。

(二)"物流冰山"说

"物流冰山"说是日本早稻田大学的西泽修教授提出来的，他在研究物流成本时发现，利用现行的财务会计制度和会计核算方法核算出来的只是企业向外支付的物流成本，而企业内部消耗的物流成本却很难核算出来，使企业不能掌握物流费用的真实情况。因此可以说，人们对物流费用的了解还是一片空白，甚至有很大的虚假性。于是他把物流成本比作一座"冰山"，企业内部发生的物流费用如同冰山沉在水平面以下的大部分，是我们看不到的黑色区域，我们所能看到的仅仅是露出水面的冰山的一角，即企业支付给外部企业的物流费用。

西泽修教授通过对物流成本的具体分析论证了德鲁克的"黑大陆"学说，黑大陆和冰山的水下部分对我们而言尚未了解和认识清楚，是物流尚待开发的领域，同时也是物流的潜力所在。

(三)"第三利润源"学说

"第三利润源"学说也是由日本早稻田大学的西泽修教授提出来的。企业挖掘利润最直接的方式就是降低成本，而产品成本中最明显的成本构成就是原材料成本和劳动加工成本。因此人们把"物质资源"和"劳动力资源"分别视为"第一利润源"和"第二利润源"，通过节约物质资源和降低劳动力的消耗可以在生产领域中挖掘利润。当这两个利润源的潜力越来越小的时候，这两个领域所能开发的利润也到达了一定的极限。这时，人们又发现了物流的潜力，于是把目光转向物流领域，从物流活动中挖掘利润，使其成为继节约物质资源和降低劳动消耗之后企业创造利润的第三条途径，因此把物流称为"第三利润源"。

这三个利润源分别对应着生产力的三个要素。"第一利润源"对应的是劳动对象，"第二利润源"对应的是劳动者，"第三利润源"对应的是劳动工具。

把物流作为"第三利润源"，实际上就是通过物流合理化来降低物流成本，进而为企业创造更多的利润。

(四)"效益背反"说

"效益背反"指的是物流系统的各功能要素之间存在着损益的矛盾，即某一个功能要素发生优化，产生收益的同时，必然会使另一个或另几个功能要素的利益遭受损失，这种此消彼长、此盈彼亏的现象是物流领域中经常出现的普遍现象，是这一领域中内部矛盾的反映和表现。

物流系统的"效益背反"包括客户服务成本与物流成本的效益背反及物流各功能要素之间的效益背反。以客户服务成本和物流成本为例，客户服务成本是指由于物流服务水平不能达到客户的满意指数时所产生的隐性销售损失，即失销的成本。因此物流成本越高，物流服务水平就越高，客户满意度也越高，而失去客户的可能性就越小，由此带来的失销成本，即客户服务成本也就越小。再比如运输成本和仓储成本之间也具有效益背反性，仓储的设立往往会增加仓库建设费、仓储保管费等仓储成本，但通过仓储可以将不同的产品汇集起来进行统一运输，从而极大地提高运输效率，降低运输成本。

在认识到物流系统存在着"效益背反"的规律之后，物流科学也就迈出了认识各物流功能要素，寻求解决和克服物流各功能要素之间的效益背反现象这一步。人们把物流系统细分为运输、储存、包装、装卸搬运、流通加工、配送、信息处理等几大功能要素，通过协调具有效益背反性的功能要素的投入量，可以保证物流系统整体效益的最优化。

(五)成本中心说

在企业经营过程中，物流活动会对企业营销活动的成本产生影响，使物流成本成为企业成本的重要组成部分。因而，物流的作用不只在于支持保障其他活动，更为重要的是要通过物流活动的合理化和物流管理的有效化来帮助企业降低成本。因此，"成本中心说"

既指物流是主要成本的产生点，又指物流是降低成本的关注点。物流是"降低成本的宝库"等说法正是成本中心说的形象表述。

(六)服务中心说

服务中心说代表了欧美国家的一些学者(如：鲍尔索克斯)对物流的认识。这些学者认为，物流活动最大的作用，并不在于其为企业减少了消耗、降低了成本或增加了利润，而在于提高了企业服务用户的水平，进而增强了企业的竞争能力。服务中心学说特别强调了物流的服务保障功能，借助于物流的服务保障功能，企业可以通过提高整体能力来压缩成本、增加利润。

目前，有关物流的服务性功能的研究在国内也是一个比较热门的话题。有的人从顾客满意度的角度，探讨物流服务的功能和作用及其衡量指标体系；也有人从客户关系的角度，研究客户关系管理在物流企业中的应用价值和方法。

(七)物流战略说

"物流战略说"是当前非常流行的一种说法。学术界和产业界有越来越多的人已经逐渐认识到，物流更具有战略性，是企业发展的战略，而不只是一项具体的操作性任务。比如，马士华就从供应链管理的角度，提出了物流管理战略全局化的观点，还有学者从供应链的角度提出了"即时物流战略""一体化物流战略""网络化物流战略"和"物流战略联盟"等观点。

"物流战略说"把物流放到了更高的位置上，认为物流会影响企业的生存和发展，决定着企业的生死存亡和兴衰成败，而不只是在某个环节搞得合理一些、省了几个钱这么简单。因此，企业应站在战略的高度看待物流对企业长期发展所产生的深远影响，将物流与企业的生存和发展紧密联系在一起，这对促进物流的发展具有重要意义。

二、物流管理的目标和内容

物流管理的目标在于通过对物流活动的有效管理发挥物流的"第三利润源"作用，帮助企业创造利润。因此，物流管理的内容实际上就是对运输、仓储等各项物流活动的管理，以及为实现物流管理的目标而对各项物流活动所进行的有效整合。

(一)物流管理的目标

在企业运作过程中，物流是将企业的原料采购、生产、销售等各环节有效衔接的桥梁与纽带。企业物流管理的目标就在于帮助企业以最低的总成本创造最高的客户价值，具体体现在以下几个方面。

1. 服务最优

企业实施物流管理的首要目标之一，就是实现企业各部门之间及上下游企业之间协调一致的运作，从而保证达到满意的客户服务水平，保留现有客户，吸引潜在客户，并不断提高客户对企业的忠诚度，最终实现企业价值的最大化。

那么企业需要为客户提供怎样的服务，才能不断提高客户的满意度呢？最重要的就是要合理规划物流流程，尽量做到物流合理化，从而为客户提供更加快捷、更加便利、更加准确的产品递送服务，避免因物流管理不当而造成的送货延迟、货物损坏、货物投递错误等现象。如"准时制物流"就体现了这种服务最优的目标。

2. 快速反应

快速反应是指按照客户的要求，把客户需要的产品快速送达指定的地点。这一目标体现着企业能否及时满足客户需求的能力，是服务性目标的延伸。现代企业之间的竞争实质上是时间的竞争，这就要求企业要尽可能地缩减不必要的物流环节，努力在最短的时间内完成物流作业，最大限度地缩短从客户发出订单到获得满意交货的时间周期，从而实现快速有效的客户反应，更快、更好地满足客户需求。如"直达物流""JIT物流"就是这一目标的具体体现。

3. 总成本最低

企业提供良好的服务，不仅体现为要快速反应客户需求，让客户快捷方便地获得所需要的正确的产品，同时还要考虑到让客户获得更多的实惠，也就是说要通过良好的物流管理或物流运作降低产品的成本和价格，最终让利于消费者。如沃尔玛连锁超市就是通过强大的物流配送系统的支撑，做到了"天天平价"。

需要强调的是，总成本最低化目标并不是单纯地追求运输费用最低化或库存成本最低化，而是要实现产品总成本的最低，其中包括物流成本，这就对企业的物流运作提出了更高的要求。

4. 库存合理化

库存是指为了使生产正常而不间断地进行或为了及时满足客户的订货需求，而设置的必要的物品储备。按照JIT的管理思想，库存是闲置的资源，是不确定性的资产，不能立即为企业创造效益。然而，没有库存又会造成缺货，从而使企业失去客户。因此，为了及时满足客户的需求，同时又不至于造成货物的积压，企业必须设立合理的库存，即在保障供给的前提下，保持最低的库存水平。

库存合理化目标实质上就是把存货减少到与客户服务目标相一致的最低水平。这样既能满足客户需求，避免缺货；同时又能加快库存资金的周转率，使企业分摊在存货上的资金得到最充分的利用。

5. 物流质量最优

商品从生产领域进入消费领域，中间要经过多次不同途径，不同条件的运输、储存、装卸、搬运、堆码等各种物流作业，不正确、不规范的物流作业往往会导致商品发生不同程度的损坏，最终使企业花费更多的费用来完成货物的交付。因此，物流是发展和维持全面质量管理的重要内容。达到与保持物流质量最优的水平，也是物流管理的重要目标之一。这一目标的实现，必须从原材料、零部件供应的零缺陷开始，直至实现物流管理全过程、全方位质量的最优化。

(二)物流管理的内容

在《中华人民共和国国家标准物流术语》(GB/T 18354—2006)中，物流管理是指为了以最低的物流成本达到用户所满意的服务水平，对物流活动进行的计划、组织、协调与控制。

按照这一解释，物流管理应当包括需求预测、采购与供应商管理、运输管理、仓储管理、客户服务等具体内容。

1. 需求预测

需求预测是指采用一定的方法和技术预测出消费者在未来一段时间里对某种产品的需求期望水平，从而为企业的生产计划和控制决策提供依据。企业生产经营的目的是向社会提供产品或服务，其生产决策正确与否在很大程度上取决于需求预测的准确性。同样，企业对生产经营过程中物流活动的有效计划和控制也依赖于准确的需求预测。只有对客户的未来需求作出准确的判断，才能制订出合理的库存计划或运输方案。

2. 采购与供应商管理

采购与供应是指保证原材料及时供给的各项活动。采购管理则是对从供货商到生产企业的物料流动过程进行的管理，包括采购员的选择、采购品种和数量的确定、供应商的选择、采购价格的谈判、采购时间的确定、采购方式的选择、采购合同的签订等。

供应商能否按时按量地提供高质量的原材料和零部件，直接关系着企业能否按时完成生产计划，能否以优质的产品及时满足客户的需求。由此可见，供应商管理是采购管理中非常重要的一个环节。企业不仅要根据产品特征和生产计划制定科学、严格的供应商选择标准，按标准选择合适的供应商；还要在合作的过程中持续不断地对供应商进行评估，对评估不合格的供应商可要求其改进或进行替换。

3. 运输管理

运输是指用设备和工具，将物品从一个地点向另一个地点运送的物流活动，其中包括集货、分配、搬运、中转、装入、卸下、分散等一系列操作(《中华人民共和国国家标准物流术语》)。运输管理就是对物品从供给方向需求方运送过程中的这些作业进行的管理，具体包括运输方式的选择、运输车辆与人员的确定、运输路线的安排等。

据统计，运输成本是占物流总成本比例最大的一项物流费用，特别是在发展中国家，约占物流总成本的50%。而运输成本高昂与很多不合理的运输行为有着直接关系，如无货空驶现象、迂回运输、运输工具选择不当等。这就要求企业在运输管理中，要合理选择运输方式，选择合适的运输车辆和人员，合理安排运输路线，尽量做到运输合理化，从而降低物流成本，为企业创造更多的利润。

4. 仓储管理

仓储管理是指对仓库及仓库内的物资所进行的管理，是仓储机构为了充分利用所拥有的仓储资源(包括仓库、仓储机械设备、仓储保管人员、仓储资金和技术等)，提供高效的仓储服务，而对仓储活动进行的计划、组织、控制和协调的过程，其具体包括仓储资源的获得、仓库管理、仓储经营决策、仓储作业管理、仓储安全管理、仓储人员管理和财务管理等一系列管理工作。仓储管理就是要通过对这一系列工作的系统化、规范化管理，提高仓储作业的效率，降低仓储成本，实现仓储资源效用的最大化；且能根据市场的发展变化不断创新仓储服务的理念和内容，提供适合经济发展的仓储服务，从而更好地满足客户需求。

仓储成本在物流总成本中所占的比重仅次于运输成本，是物流总成本的重要组成部分之一。反过来，物流总成本的高低又常常取决于仓储成本的大小。这是因为，在物流成本中，仓储成本与运输成本具有效益背反性，企业库存的持有虽然会增加仓储成本，却能通过规模化的生产和运输降低生产成本和运输成本，从而降低总物流成本。可见，有效的仓储管理不仅能降低仓储成本，还有助于降低生产成本和运输成本，对企业生产成本和物流成本的控制具有很大的贡献。

5. 客户服务

客户服务是一种以客户为导向的价值观和经营理念，所有能提高客户满意度的行为和信息都属于客户服务的内容。从物流管理的角度来讲，客户服务就是企业为客户提供的物流方面的服务，即物流客户服务。它要求企业整合物流系统并进行统一管理，从而为客户提供最优质的物流服务，这是一切物流活动的终极目标。

在如今竞争异常激烈的市场环境下，企业都在想方设法地保留现有客户，并争取潜在的客户，客户服务由此成为企业之间强有力的竞争武器。满意的客户服务会不断增强客户对企业的信任感和忠诚度，进而留住客户。相反，当企业提供的物流服务水平不能达到客户的满意指数时，或者当客户获知了其他客户对该企业物流服务的负面评价时，都会使企业遭受一定的销售损失，这种损失不仅包括失去现有客户带来的销售损失，还包括失去潜在客户所带来的销售损失，是很难估计和衡量的。因此，物流客户服务也是物流管理的一项重要内容。如何确定企业的物流服务水平，从而以最低的服务成本为企业保留住最有价值的客户，就成为企业物流管理的一项重要任务。

6. 其他物流活动的管理

除以上内容以外，物流管理还包括配送管理、包装管理、装卸搬运管理、流通加工管理、信息管理等内容。对每一项活动进行管理都是为了合理化物流活动，进而提高物流效率，降低物流成本，这里不再一一赘述。

三、现代物流管理的特征和发展趋势

近些年来，应用高新技术改造和整合传统产业所形成的"物流"这一新兴产业，正在全球范围内迅速发展，其特征和发展趋势也越来越受到广泛重视。

(一)现代物流管理的特征

现代物流是在传统物流的基础上，引入高科技手段，将运输、仓储、配送、包装、装卸搬运、流通加工、信息处理等物流活动综合起来的一种新型的集成式管理。与传统物流相区别的是，现代物流能够为客户提供多功能、综合性的服务，其具体特征主要体现在以下几个方面。

1. 物流目标系统化

现代物流强调从系统的角度统筹规划一个企业的各项物流活动，追求物流整体目标的最优化，而不是运输、仓储等单项物流活动的最优化。这就要求企业要从整体利益出发，处理好各项物流活动之间，以及各项物流活动与公司整体目标之间的关系。

2. 物流反应快速化

现代物流强调对客户服务的快速反应，即要求企业按照客户的需求，将正确的产品快速送达指定的地点。为了实现这一目标，现代物流服务的提供者对上、下游企业和客户的物流需求的反应速度越来越快，前置时间越来越短，配送间隔期越来越短，配送速度越来越快，商品周转率也越来越高。

3. 物流作业规范化

现代物流强调物流作业的规范化、标准化与程序化。这就要求各物流环节必须采用标准化的物流包装、标识和设备，各项物流作业必须执行标准化的作业流程和规范，尽可能地把复杂的物流作业简化成易于推广和考核的物流作业。

4. 物流服务系列化

现代物流强调物流服务功能的恰当定位与完善化、系列化。除了传统的运输、储存、包装、装卸搬运、流通加工、配送、信息处理等服务功能以外，现代物流还包括市场调查与预测、采购及订单处理、物流咨询、物流方案的选择与规划、物流教育培训、库存控制策略与建议、货款回收与结算等增值服务，同时还强调了这些服务对决策的支持作用。

5. 物流功能集成化

现代物流强调将物流与供应链的各个环节进行集成。例如，仓储与流通加工等物流功能的集成、物流渠道之间的集成、物流环节与生产加工环节的集成等。

6. 物流手段现代化

现代物流强调采用先进的物流技术、物流设备与物流管理理念为客户提供优质的物流服务。通常，企业规模越大，业务范围越广，对物流技术、设备及管理理念现代化的要求也就越高。随着现代物流的发展，物流技术和设备正在向自动化、标准化、专用化的方向发展，如自动化包装设备与技术、自动化分拣设备与技术的应用；而物流管理理念正在向系统化、集成化的方向发展，如共同配送。

7. 物流组织网络化

现代物流强调为客户提供快速准确的产品递送服务和全方位的物流客户服务。这就要求企业建立健全完善的物流网络体系，并且各网点之间的物流活动要保持系统性和统一性。这种网络体系可以使企业以最优的总库存水平，为客户提供快捷、方便的物流服务，即以最低的物流成本实现客户需求的快速反应。

8. 物流过程透明化

现代物流强调物流过程的透明化。随着信息技术的不断推广和应用，现代物流过程逐渐呈现出透明化特征。比如，沃尔玛连锁店铺的员工在 POS 机终端系统上可以清楚地看到每种商品每天的销售记录和库存余额，配送中心则会根据这两项数据自动为各店铺补货。这就使物流过程中的库存积压、送货不及时、延期交货、运输与库存不可控等风险得以大大降低，从而加强了供应商、制造商、销售商等供应链上下游企业在组织物流过程中的协调性和配合度，以及对物流过程的控制力。

(二)现代物流管理的发展趋势

随着经济全球化和信息技术的快速发展，现代物流的发展趋势也逐渐呈现出信息化、国际化、专业化、协同化和可持续化的特征。

1. 信息化

物流信息化是指物流企业为了有效控制货物的流动过程，运用现代信息技术(如条形码技术、EDI 技术等)，对物流过程中产生的全部或部分信息进行采集、分类、传递、汇总、识别、跟踪和查询等一系列处理活动。信息技术、网络技术在物流领域的广泛应用，使得企业与企业之间可以共享信息，实现更加方便、快捷、准确的信息传递。这样，销售商就可以根据消费者的需求情况制订订货计划，生产企业也可以销售商的销售情况制订合理的生产计划，供应商则根据生产企业的生产计划进行供货，从而有效衔接供应链上的各个节点，且能实现按需生产、按需供货，使整条供应链上的库存大大降低，最终帮助企业降低成本、提高效益。比如，EDI 技术在物流领域的应用就大大简化了订单处理流程，使供需方之间可以快速传递物流信息，从而有效衔接物流过程的各个环节，极大地提高物流效率。因此可以说，信息化是现代物流的核心，也是现代物流发展的必然要求。

知识拓展 1-1：中国移动通信集团河北有限公司——以信息化平台构建物流集中化管理体系.docx

知识拓展 1-1 见右侧二维码。

2. 国际化

随着全球贸易的发展及世界各国之间的经济渗透，越来越多的企业将其生产经营活动向世界范围延伸，这就为物流的国际化发展奠定了重要的基础。很多大型企业，特别是跨国企业开始在全球范围内组建生产网络和营销网络，在全球范围内采购原材料和零部件，并将产品销往世界各地，企业的国际化推动了企业物流的国际化。与此同时，越来越多的物流企业都在进行兼并与联盟，这种联盟可以扩大企业的规模与业务范围，实现物流运作的规模化效益，从而为物流企业拓展国际业务和组织国际货物运输提供了条件，最终形成了物流企业的国际化发展趋势。特别是在以国际互联网为基础的电子商务的推动下，物流业更加呈现出了国际化的特点。在经济全球化的推动下，物流业的国际化发展具有广阔前景。

3. 专业化

随着市场竞争的日趋激化和社会分工的日益细化，越来越多的企业开始选择第三方物流服务，将物流业务外包给专业的物流公司。任何企业的资源和资金都是有限的，自建物流需要投入大量的资金建设和购置物流资源，而第三方物流服务商往往具备丰富的物流资源、健全的物流网络、专业的物流人才和大量的物流业务。因此，选择第三方物流不仅可以使企业集中精力于自己的主营业务，减少物流资源的投入，加快资金周转；同时，第三方物流企业还可以发挥物流业务的规模效应，提供比企业自营更高的效率、更低的成本、更加专业的物流服务。目前，我国有很多大型的物流企业都在大力建设物流设施和物流信息网络，加快向综合化、专业化的第三方物流企业转轨。由此可以看出，第三方物流具有巨大的市场空间,将成为未来物流服务的主导方式。换句话说,现代物流服务正在向综合化、专业化的方向发展。

4. 协同化

为了扩大物流规模和物流业务范围,越来越多的物流企业开始走上集约化、协同化的道路。在行业竞争异常激烈的市场环境下,很多实力雄厚的大型物流企业开始兼并中小企业,实力相当的物流企业也加强了相互间的合作,通过合并、合作与联盟不仅扩大了企业的物流规模,完善了物流服务网络,拓宽了物流业务范围,同时还极大地提高了企业自身的竞争力和实力,从而有利于物流企业实现低成本快速扩张。由此可见,现代物流业正在全球范围内加速集中,呈现出集约化、协同化的发展趋势。共同配送就是物流协同化发展趋势的典型代表。作为一种协同化的配送模式,共同配送通过对不同配送企业的物流资源和物流业务进行合并与联盟,不仅可以减少配送资源的投入,还能缩短配送路径,从而提高配送效率、降低配送成本。

5. 可持续化

物流虽然促进了经济的发展,但物流发展的同时也对城市环境产生了很多负面的影响。比如,运输车辆排放的废气、不合理的废弃物处理都对城市环境造成了极大的污染。另外,废旧物品的不规范处理也很容易造成可再生资源的浪费。因此,为了保持物流业健康、持续地发展,企业物流服务就必须建立在符合社会利益和经济可持续发展的基础之上。绿色物流、回收物流、废弃物物流都是符合物流可持续发展趋势的新的物流理念,它们倡导的就是保护环境、节约资源的可持续发展理念。

知识拓展 1-2 见右侧二维码。

知识拓展 1-2:统业物流科技集团股份有限公司——统业物流运输管理系统

本 章 小 结

物流是指为了把物品高效、低成本地送达目的地,对货物、服务和相关信息在供应地和接收地之间的流动过程中进行的运输、储存、装卸、搬运、包装、流通加工、配送、信息处理等一系列功能活动。物流管理是指为了以最低的物流成本达到用户所满意的服务水平,对物流活动进行的计划、组织、协调与控制,具体包括需求预测、采购与供应商管理、运输管理、仓储管理、客户服务、配送管理、包装管理、装卸搬运管理、流通加工管理、信息管理等内容。对每一项物流活动进行管理都是为了合理化物流活动,进而提高物流效率,降低物流成本。因此,物流管理的目标就在于帮助企业以最低的总成本创造最高的客户价值。现代物流是在传统物流的基础上,引入高科技手段,将运输、仓储、配送、包装、装卸搬运、流通加工、信息处理等物流活动综合起来的一种新型的集成式管理。与传统物流相区别的是,现代物流能够为客户提供多功能、综合性的服务,其具体特征主要体现在物流目标系统化、物流反应快速化、物流作业规范化、物流服务系列化、物流功能集成化、物流手段现代化、物流组织网络化、物流过程透明化等方面。随着经济全球化和信息技术的快速发展,现代物流的发展趋势也逐渐呈现出信息化、国际化、专业化、协同化和可持续化的特征。

自 测 题

1. 你是如何理解物流的？它包括哪些具体的功能要素？
2. 为什么说物流是"第三利润源"？如何发挥物流的第三利润源作用？试举例说明。
3. 物流管理的目标是什么？它包括哪些具体内容？
4. 与传统物流相比，现代物流管理具有什么样的特征？
5. 举例说明现代物流管理的发展趋势。

案例分析　利丰
集团的物流分销
服务模式

阅读资料　智能物
流：耐克的绝密仓库

第二章　供应链管理概论

【学习要点及目标】通过本章的学习，使学生掌握供应链及供应链管理的概念，了解供应链产生的背景及供应链管理的优势，认识供应链的类型以及供应链的构建过程，理解供应链管理与物流管理的关系。

【关键概念】供应链(Supply Chain)　供应链管理(Supply Chain Management)

【引导案例】

戴尔供应链管理战略的实践

再造供应链，重整商务模式，使供应链能力成为商务模式的核心，这要求构造一个新战略，把公司的重要活动与新商务模式整合，再造将把供应链最初的成本控制转向增加收入的新商务模式上来，一个重要的供应链战略是通过一个设计良好的渠道和服务运作，与结构良好的供应运作财务目标相关联。有效供应链的发展经历了以下几个方面的合理部署。

1) 客户选择

供应链管理的重要工作是以深度的市场细分开始，市场营销的本质是将市场与公司能力匹配。在戴尔的发展过程中，细心的客户选择是供应链成功的一个要素。该公司把客户选择作为很高区分度的事情对待：细心地界定客户目标，更重要的是那些不能适应他们供应链战略的客户。戴尔细心地与有关系的顾客联系，预测其需要的产品配置。客户细分能使公司有一个稳定的、可预见的采购模式，戴尔必须把这个采购模式嵌入它的"产品定制"系统。

2) 顾客内部运作

对戴尔来说，顾客组织内部运作的能力是很关键的。这种能力范围很广，有效的顾客内部运作需要有力的技术能力；重要的顾客知识、深入顾客组织和工作过程的能力。戴尔与竞争对手最大的不同是它能融入客户每天的经营和习惯，这使公司有了基于客户运作的差异化能力，这种能力使客户关系更灵活、更有效。

3) 渠道战略

戴尔面向客户的渠道战略在行业中是一个突破，在技术性产品生命周期的早期，分销者支持新渠道是重要的。一个直接渠道战略的变革给了它有利于商务模式的关键要素。

本案例是对供应链管理活动的分析。请思考什么是供应链？什么是供应链管理？供应链的核心和实质是什么？

(资料来源：https://wenku.baidu.com/view/22c0fff5d5d8d15abe23482fb4daa58da1111c66.html)

第一节　供应链与供应链管理

经济全球化发展的今天，市场竞争不断加剧。现在企业的竞争已经不再是单个企业间的竞争，而是供应链与供应链之间的竞争，即以核心企业为首的企业群与企业群之间的竞争，了解并掌握供应链管理理论，对强化企业管理至关重要。

一、供应链

供应链一词源于英语的"Supply Chain"，目前尚未形成统一的定义。早期观点认为，供应链是制造企业从采购到生产转换，再到销售的一个内部过程，只关注企业自身资源的利用和内部操作；但其后发展起来的供应链管理理念关注核心企业与其他企业的联系，即供应链企业的外部环境。

(一)供应链管理的产生

供应链管理是在传统管理方式的基础上逐渐发展起来的供应链管理方式，在很多方面有着无可比拟的竞争优势，比如可以避免信息失真、提高顾客信息反馈效率，使供求有机衔接、协调一致、反应迅速等，供应链管理的产生与发展对弥补传统管理的缺陷具有重要意义。

1. 传统管理模式存在的弊端

传统的管理模式是"纵向一体化"的管理模式。从管理模式上看，企业出于对制造资源的占有要求和对生产过程直接控制的需要，传统上常采用的策略是扩大自身规模，或参股到供应商企业，与为其提供原材料、半成品或零部件的企业是一种所有关系。这就是人们所说的"纵向一体化"管理模式，我国企业(特别是过去的国有企业)一贯采取"大而全""小而全"的经营方式，可以认为是"纵向一体化"的一种表现形式。

在20世纪40年代到60年代，企业处于相对稳定的市场环境中，这时的"纵向一体化"模式是有效的。但是在20世纪90年代，科技迅速发展、世界竞争日益激烈、顾客需求不断变化的形势下，"纵向一体化"模式则暴露出种种缺陷。

1) 增加企业投资负担

不管是投资建新的工厂，还是用于其他公司的控股，都需要企业自己筹集必要的资金。这一工作给企业造成诸多不便。首先，企业必须花费人力、物力设法在金融市场上筹集所需要的资金。其次，资金到位后，随即进入项目建设周期。为了尽快完成基本建设任务，企业还要花费精力从事项目实施的监管工作，这样一来又消耗了大量的企业资源，由于项目有一个建设周期，在此期间内企业不仅不能安排生产，而且还要按期偿还借款利息。显而易见，用于项目基本建设的时间越长，企业背负的利息负担越重。

2) 承担丧失市场时机的风险

对于某些新建项目来说，由于有一定的建设周期，往往会出现项目建成之日，也就是项目下马之时的现象，市场机会早已在项目建设过程中逝去。这样的事例在我国有很多，从选择投资方向看，决策者当时的决策可能是正确的。但是因为花在生产系统基本建设上的时间太长，等生产系统建成投产时，市场行情可能早已发生了变化，错过了进入市场的最佳时机而使企业遭受损失。因此，项目建设周期越长，企业承担的风险越高。

3) 迫使企业从事小而不擅长的业务活动

"纵向一体化"管理模式的企业实际上是"大而全""小而全"的翻版，这种企业把设计、计划、财务、会计、生产、人事、管理信息、设备维修等工作看作本企业必不可少的业务工作，许多管理人员往往花费过多的时间、精力和资源去从事辅助性的管理工作，结果是辅助性的管理工作没有抓起来，关键性业务也无法发挥出核心作用，不仅使企业失去了竞争特色，而且增加了企业成本。

4) 企业在每个业务领域都直接面临众多竞争对手

采用"纵向一体化"管理模式企业存在的另一个问题，是它必须在不同业务领域直接与不同的对手进行竞争。例如，有的制造商不仅生产产品，而且还拥有自己的运输公司。这样一来，该企业不仅要与制造业的对手竞争，还要与运输业的对手竞争，在企业资源、精力、经验都十分有限的条件下，四面楚歌的结果是可想而知的，事实上，即使是 IBM 这样的大公司，也不可能拥有开展所有业务活动所必需的业务经历。因此，从 20 世纪 80 年代末期起，IBM 就不再开展纵向发展，而是与其他企业建立广泛的合作关系。例如，IBM 与苹果公司合作开发软件，协助 MCT 联营公司进行计算机基本技术研究工作，与西门子公司合作设计动态随机存储器等。

5) 加大企业的行业风险

如果整个行业不景气，采用"纵向一体化"模式的企业不仅会在最终用户市场遭受损失，而且还会在各个纵向发展的市场遭受损失。过去曾有这样一个例子，某味精厂为了保证原材料供应，建了一个辅料厂。但后来味精市场饱和，该厂生产的味精大部分没有销路。结果不仅味精厂遭受损失，与之配套的辅料厂也举步维艰。

2. 供应链管理模式的产生

鉴于"纵向一体化"管理模式的种种弊端，从 20 世纪 80 年代后期开始，国际上越来越多的企业放弃了这种经营模式，随之而来的是"横向一体化"模式的兴起。"横向一体化"就是利用企业外部资源快速反应市场需求，只抓企业发展中最核心的东西：产品方向和市场。至于生产，只抓关键零部件的制造，甚至全部委托其他企业加工。例如，福特汽车公司的 Festival 车就是由美国人设计，在日本的马自达公司生产发动机，由韩国的制造厂生产其他零件和装配，最后在美国市场上销售。制造商把零部件生产和整车装配都放在了企业外部，这样做的目的是利用其他企业的资源促使产品快速面世，避免自己投资带来的基建周期长等弊端，赢得产品在低成本、高质量、早上市等方面的竞争优势。"横向一体化"形成了一条从供应商到制造商再到分销商的贯穿于所有企业的"链"。由于相邻节点企业表现出一种需求—供应的关系，当把所有相邻企业依次连接起来，便形成了供应链。这条链上的节点企业必须达到同步、协调运行，才有可能使链上的所有企业都能受益。于是便产生了供应链管理这一新的经营与运作模式。

(二)供应链的概念

供应链最早来源于彼得·德鲁克提出的"经济链"，而后经由迈克尔·波特发展成为"价值链"，最终日渐演变为"供应链"。不同学者基于研究角度的不同，对供应链给出了不同的定义。

1. 供应链的定义

2006 年，中国发布实施的《物流术语》国家标准(GB/T 18354—2006)对供应链的定义是"生产及流通过程中，涉及将产品或服务提供给最终用户所形成的网链结构"。

　　由华中科技大学马士华教授编著的《供应链管理》一书中，对供应链的定义：供应链是围绕核心企业，通过对信息流、物流、资金流的控制，从采购原材料开始，制成中间产品以及最终产品，最后由销售网络把产品送到消费者手中的将供应商、制造商、分销商、零售商，直到最终用户连成一个整体的功能网链结构模式。

　　通过比较以上两种供应链定义，可以看出，若把供应链比喻为一棵枝繁叶茂的大树，生产企业就是树根；独家代理商则是主干；分销商是树枝和树梢；满树的绿叶红花是最终用户。在根与主干、干与枝的一个个节点下，都蕴藏着一次次流通，遍体相通的脉络便是管理信息系统。供应链是社会化大生产的产物，是重要的流通组织形式。它以市场组织化程度高、规模化经营的优势，有机地连接生产和消费，对产品的生产和流通有着直接的导向作用。

2. 供应链的结构

　　一般说来，供应链由所有加盟的节点企业组成，其中一般有一个核心节点企业(可以是产品制造企业，也可以是大型零售企业)，节点企业在需求信息的驱动下，通过供应链的职能分工与合作(生产、分销、零售等)，以资金流、物流和商流为媒介实现整个供应链的不断增值。供应链的基本结构如图 2-1 所示。

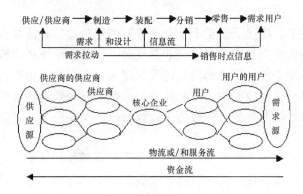

图 2-1　供应链网络结构模型

3. 供应链的特征

　　供应链是一个网链结构，由围绕核心企业的供应商、供应商的供应商和用户、用户的用户组成。一个企业是一个节点，节点企业和节点企业之间是一种需求与供应关系。供应链主要具有下述几种特征。

　　(1) 复杂性。因为供应链节点企业组成的跨度(层次)不同，供应链往往由多个、多类型、多地域的企业构成，所以供应链结构模式比一般单个企业的结构模式更为复杂。

　　(2) 动态性。供应链管理因企业战略和适应市场需求变化的需要，其中的节点企业需要动态地更新，使供应链具有明显的动态性。

　　(3) 交叉性。节点企业可以是这个供应链的成员，同时又是另一个供应链的成员，众多的供应链形成交叉结构，增加了协调管理的难度。

　　(4) 面向用户需求。供应链的形成、存在、重构，都是基于一定的市场需求而发生的，并且在供应链的运作过程中，用户的需求拉动是供应链中信息流、产品/服务流、资金流运作的驱动源。

二、供应链管理

供应链管理作为管理学的一个新概念，已经成为管理哲学中的一个新元素。但目前并没有关于供应链管理的统一定义。

(一)供应链管理的定义

这里给出几个对供应链管理定义的经典描述。

哈兰德将供应链管理描述成对商业活动和组织内部关系、直接采购者的关系、第一级或第二级供应商关系、客户关系和整个供应链关系的管理。斯科特与韦斯特布鲁科将供应链管理描述成一条连接制造与供应过程中每一个元素的链，包含从原材料到最终消费者的所有环节。

供应链管理的广义定义，包含了整个价值链，它描述了从原材料开采到使用结束，整个过程中的采购与供应管理流程。巴茨进一步将供应链管理扩展到物资的再生或再利用过程。供应链管理主要集中在如何使企业利用供应商的工艺流程、技术和能力来提高它们的竞争力，在组织内实现产品设计、生产制造、物流和采购管理功能的协作。当价值链中的所有战略组织集成为一个统一的知识实体，并贯穿于整个供应链网络时，企业运作效率就会进一步提高。

供应链管理的定义，描述了贯穿于整个价值链的信息流、物流和资金流的流动过程。但是，由于广义供应链管理描述的价值链非常复杂，企业无法获得供应链管理提供的全部利益。因而，产生了第二种较狭义的供应链管理定义，即在一个组织内集成不同功能领域的物流，加强从直接战略供应商、生产制造商与分销商到最终消费者的联系，利用直接战略供应商的能力与技术，尤其是此供应商在设计阶段的早期参与，使之成为提高生产制造商效率和竞争力的有效手段。

第三种供应链管理的定义，出现在研究批发商和零售商的运输及物流文献中，它强调地理分布与物流集成的重要性。毫无疑问，物流是商业活动中一个重要的功能，而且已经发展成为供应链管理的一部分。产品的运输和库存是供应链管理最原始的应用场所，但并非是供应链管理定义中至关重要的组成部分。

我国发布实施的《物流术语》国家标准(GB/T 18354—2006)中，将供应链管理定义为"对供应链涉及的全部活动进行计划、组织、协调与控制"。

总部设于美国俄亥俄州立大学的全球供应链论坛将供应链管理定义成"为消费者带来有价值的产品、服务以及信息的，从源头供应商到最终消费者的集成业务流程"。

(二)供应链管理的内涵

作为流通领域各种组织协调活动的平台，将产品或服务以最低的价格，迅速向顾客传递为特征的供应链管理，已经成为竞争战略的中心概念。供应链管理的思想可以从以下四个方面去理解。

1. 信息管理

知识经济时代的到来，促使信息取代劳动和资本，成为劳动的主要因素。在供应链中，信息是供应链各方的沟通载体，供应链中的各个企业依靠信息这条纽带集成，可靠、准确的信息是企业决策的有力支持和依据，能有效降低企业运作中的不确定性，提高供应链的反应速度。因此，供应链管理的主线是信息管理，信息管理的基础是构建信息平台，实现信息共享，如 ERP(Enterprise Resource Planning，企业资源计划)、VMI(Vendor Managed Inventory，供应商管理库存)等系统的应用，将供求信息及时、准确地传递给供应链上的各个企业，在此基础上进一步实现供应链的管理。不断更新电子信息技术，赶上供应链发展的步伐。当今世界，通过使用电子信息技术，供应链已经结成一张覆盖全区域乃至全球的网络，从技术上实现了与供应链其他成员的集成化和一体化。

2. 客户管理

在传统的卖方市场中，企业的生产和经营活动是以产品为中心的，企业生产和销售什么产品，客户就只能接受什么商品，没有多少挑选余地。而在经济全球化的背景下，买方市场占据了主导地位，客户需求主导了企业的生产和经营活动，因此客户是核心，也是市场的主要驱动力。客户的需求、消费偏好、购买习惯及意见等是企业谋求竞争优势必须争取的重要资源。

在供应链管理中，客户管理是供应链管理的起点，供应链源于客户需求，同时也终结于客户需求，因此供应链管理是以满足客户需求为核心运作的。然而客户需求存在个性差异，企业对客户需求的预测一旦与实际需求差别较大，就有可能造成库存积压，导致经营成本大幅增加，甚至造成巨大的经济损失，因此真实、准确的客户管理是企业供应链管理的重中之重。

3. 库存管理

一方面，为了避免缺货给销售带来的损失，企业不得不持有一定量的库存，以备不时之需。另一方面，库存占用了大量资金，既影响了企业的扩大再生产，又增加了成本，在库存出现积压时还会造成巨大的浪费。因此，一直以来，企业都在为确定适当的库存量而苦恼。传统的方法是通过需求预测来解决这个问题，然而需求预测与实际需要往往并不一致，因而直接影响了库存决策的制定。如果能够实时地掌握客户需求变化的信息，做到在客户需要时再组织生产，那就不需要持有库存，即以信息代替了库存，实现库存的"虚拟化"。因此，供应链管理的一个重要使命就是利用先进的信息技术，收集供应链各方以及市场需求方面的信息，用实时、准确的信息取代实物库存，减小需求预测的误差，从而降低库存的持有风险。

4. 关系管理

传统的供应链成员之间的关系是纯粹的交易关系，各方遵循的都是"单向有利"的原则，所考虑的主要是眼前的既得利益，并不考虑其他成员的利益。这是因为每个企业都有自己相对独立的目标，这些目标与其在供应链中的上下游企业往往存在着某种冲突。例如，制造商要求供应商能够根据自己的生产需求灵活并且充分地保证它的物料需求；供应商则希望制造商能够以相对稳定的周期大批订购，即稳定的大量需求，这就在两者之间产生了目标的冲突。这种目标的冲突无疑会大大增加交易成本。同时，社会分工的日益深化使企业之间的相互依赖关系不断加深，交易关系也日益频繁。因此，降低交易成本对于企业来说就成为一项具有决定意义的工作。而现代供应链管理理论恰恰提供了提高竞争优势、降低交易成本的有效途径，这种途径就是通过协调供应链各成员之间的关系，加强与合作伙伴的联系，在协调的合作关系的基础上进行交易，为供应链的全局最优化而努力，从而有效地降低供应链整体的交易成本，使供应链各方的利益获得同步增加。

三、供应链管理与物流管理的关系

一般认为，供应链是物流、信息流、资金流的统一，那么，物流管理自然就成为供应链管理体系的重要组成部分。

(一)物流管理在供应链管理中的地位

供应链作为一个有机的网络化组织，在统一的战略指导下可以提高效率和增强整体竞争力。物流管理将供应链管理下的物流进行科学的组织计划，使物流活动在供应链各环节之间快速形成物流关系和确定物流方向，通过网络技术将与物流有关的相关信息同时传递给供应链的各个环节，并在物流实施过程中，对其进行适时协调与控制，为供应链各环节提供实时信息，实现物流运作的低成本、高效率的增值过程管理。其中，物流计划的科学性是物流成功的第一步，也是关键的一步；物流实施过程的管理是对物流运作的实时控制以及对物流计划的实时调整，是对物流活动进程的掌握，有利于供应链各环节了解物品物流动向，协调相应各部门的计划；适时的协调与控制是对已进行的物流进行分析总结，总结成功的经验和寻求存在问题的原因，为改进物流管理提供经验与借鉴，同时也是第三方物流企业进行经营核算管理的环节。

可以说，物流管理是在某一活动中制订单一的产品流和信息流计划，并实施、控制与协调，是供应链管理的基础和导向，供应链管理是此基础上寻求与上游供应商和下游客户的连接、合作与协调，维持供应链的稳定和发展，保证物流、信息流、资金流在供应链上的畅通，并使链上所有的参与合作者都获得利益。

(二)物流管理与供应链管理的区别及联系

虽然在供应链管理环境下，物流管理出现了一系列新的特点，但是二者并不是完全割裂开来的，既有其不同于对方的特点，又有其发展的内在联系性。

1. 物流管理与供应链管理的区别

供应链管理起初主要着眼于在物流管理的过程中，减少企业内部库存的同时也需要考虑减少合作企业之间的库存。随着供应链管理的理念越来越被重视，其视角早已拓宽，不再仅着眼于降低库存，其管理触角伸展到了企业内外的各个环节、各个角落。Cooper 等人认为，当代对于供应链管理的理解只是少许不同于集成化的物流管理。然而，对于供应链管理更广泛的理解应该是供应链管理包含提供产品、服务、信息，以及提高和增加客户价值，从供应商到终端客户所有流程的集成。不仅限于物流管理，更涵盖了广泛的要素，如信息系统集成、流程设计与重组、合作伙伴关系协调、绩效评价与活动控制等。

物流管理与供应链管理的不同主要体现在以下几个方面。

1) 存在基础和管理模式不同

任何单个企业或供应链，只要存在物的流动，就存在物流管理；而供应链管理必须以

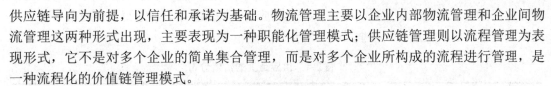

供应链导向为前提，以信任和承诺为基础。物流管理主要以企业内部物流管理和企业间物流管理这两种形式出现，主要表现为一种职能化管理模式；供应链管理则以流程管理为表现形式，它不是对多个企业的简单集合管理，而是对多个企业所构成的流程进行管理，是一种流程化的价值链管理模式。

2) 导向目标不同

物流管理的目标是以最低的成本提供最优质的物流服务。对于不存在供应链管理的环境，物流管理是在单个企业战略目标框架下实现物流管理目标；对于供应链管理环境，物流管理是指供应链物流管理，就是以供应链目标为指导，实现企业内部物流和接口物流的同步优化。而供应链管理以供应链为导向，目标是提升客户价值和客户满意度，获取供应链整体竞争优势。

3) 管理层次不同

物流管理是指对运输、仓储、配送、流通加工及相关信息等功能进行协调与管理，通过职能的计划与管理实现降低物流成本、优化物流服务的目标，属于运作层次的管理；而供应链管理则聚焦于关键流程的战略管理，这些关键流程跨越供应链上所有成员企业及其内部的传统业务功能，供应链管理是站在战略层次的高度设计、整合与重构关键业务流程，并做出各种战略决策，包括战略伙伴关系、信息共享、合作与协调等决策。

4) 管理手段不同

既然物流管理与供应链管理的管理模式和层次都存在区别，其管理手段自然也不同。物流管理以现代信息技术为支撑，主要通过行政指令或行政指导，运用战术决策和计划来协调和管理各物流功能；供应链管理则以信任和承诺为基础，以资本运营为纽带，以合同与协议为手段，建立战略伙伴关系，运用现代化的信息技术，通过流程化管理，实现信息共享、风险共担和利益共存。

2. 物流管理与供应链管理的联系

1) 物流管理是供应链管理的一个子集或子系统

从各种关于物流管理和供应链管理的定义来看，物流管理是为满足客户需求而对货物、服务从起源地到消费地的流动和贮存进行计划与控制的过程。它包含了内向、外向和内部、外部流动；物料回收以及原材料、产成品的流动等物流活动的管理。而供应链管理的对象涵盖了产品从产地到消费地传递过程中的所有活动，包括原材料和零部件供应、制造与装配、仓储与库存跟踪、订单录入与订货处理、分销管理、客户交付、客户关系管理、需求管理、产品设计与预测，以及相关的信息系统等。从这个意义上讲，物流管理是供应链管理的一种执行职能，即对供应链上物品实体流动的计划、组织、协调与控制。也就是说，物流管理与供应链管理所涉及的管理范畴存在很大不同，物流管理是供应链管理的一个子集或子系统，而供应链管理则是将许多物流管理以外的功能跨越企业间的界限整合起来。

2) 物流管理是供应链管理的核心内容

物流贯穿于整个供应链，是供应链的载体、具体形态或表现形式，它衔接供应链的各个企业，是企业间相互合作的纽带，没有物流，供应链中生产的产品的使用价值就无法体现，供应链也就失去了存在的价值。物流管理在供应链管理中的地位与作用，可以通过供应链上的价值分布看出，如表2-1所示，物流价值在各种类型的产品和行业中都占到了整个供应链价值的一半以上。所以，物流管理是供应链管理的核心，管理好物流过程，对于提高供应链的价值增值水平具有举足轻重的作用。

表 2-1   供应链上的价值分布   %

产品	采购	制造	分销
易耗品(如肥皂、香精)	30～50	5～10	30～50
耐用消费品(如轿车、洗衣机)	50～60	10～15	20～30
重工业(如工业设备、飞机)	30～50	30～50	5～10

综上所述，物流管理与供应链管理在存在基础、管理模式、导向目标、管理层次以及管理手段等方面都存在较大的差别，但从管理范畴与内容上来说，物流管理是供应链管理的一个子集或子系统，同时也是供应链管理的核心内容。供应链管理是较物流管理更宽泛的一个概念，包括物流、市场营销、产品研发与设计等在内的所有业务流程的管理，如图 2-2 所示。供应链管理目的在于追求整个供应链系统的成本最低化、服务最优化及客户价值最大化；而物流管理是集中于货物、服务及相关信息有效率、有效益的贮存与流动的计划、实施与控制，是供应链管理的一部分，其目的是通过物流这一子系统的最优化为供应链整体做出贡献。

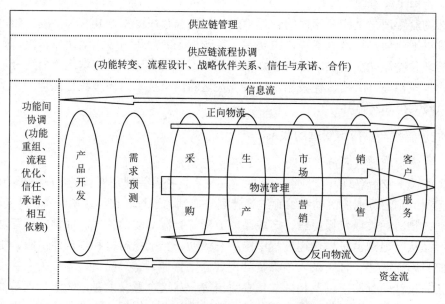

图 2-2   物流管理与供应链管理的关系

第二节   供应链的类型与构建

供应链产生和发展的历史虽然短暂，但由于它在企业经营中的重要地位和作用，以及它对提升企业竞争力的明显优势，其发展速度很快，已经形成了一系列具有明显特点的供应链模式和结构。随着研究角度和着眼点的不断变化，人们对供应链管理问题的认识逐步深入。

一、供应链的主要类型

(一)按照供应链存在的稳定状态划分

根据供应链存在的稳定状态可以将供应链分为稳定的供应链和动态的供应链。稳定的供应链主要对应于相对稳定、单一的市场需求，基于相对频繁变化、复杂需求而组成的供应链因动态性较强，与稳定供应链相比称为动态的供应链。

(二)按照供应链容量与客户需求的关系划分

根据供应链容量与客户需求的关系可以将供应链划分为平衡的供应链和倾斜的供应链。每个供应链都具有一定的、相对稳定的设备容量和生产能力(所有节点企业能力的综合，包括供应商、制造商、分销商和零售商等)，但客户需求处于不断变化的过程中。当供应链的生产能力和客户需求达到平衡时，该供应链就处于平衡状态，这种供应链就被称为平衡供应链。平衡供应链可以实现各主要职能(低采购成本、规模效益、低运输成本、产品多样化和资金运转快)之间的平衡；而当市场变化加剧，引起供应链成本增加、库存增加、浪费增加等现象时，供应链就失去平衡，导致各节点企业无法有效地发挥其职能，此时的供应链变成了倾斜供应链，如图 2-3 所示。

图 2-3 平衡供应链与倾斜供应链

(三)按照供应链的功能划分

供应链的类型与其所支持的产品市场特点关系紧密，因此，实施供应链管理应根据产品特点选择适当的类型。按照供应链的功能(物料转换功能和市场中介功能)可以把供应链划分为效率性供应链和响应性供应链。效率性供应链主要体现供应链的物料转换功能，即以最低的成本将原材料转化成零部件、半成品、产品，以及实现核心过程中的物流运输等。响应性供应链主要体现供应链的市场中介功能，即把产品分配到满足客户需求的市场，对未预知的需求作出快速反应等。两者的比较如表 2-2 所示。

表 2-2 响应性供应链与效率性供应链的比较

比较内容	响应性供应链	效率性供应链
基本目标	尽可能对不可预测的需求作出快速反应，使缺货、降价、库存最小化	以最低的成本供应可预测的需求
制造的核心	配置多余的缓冲库存	保持高效的平均利用率
库存策略	部署好零部件和成品的缓冲库存	产生高收入而使整个供应链的库存最小化
提前期	大量投资以缩短提前期	尽可能缩短提前期(在不增加成本的前提下)
供应商标准	以速度、柔性和质量为核心	以成本和质量为核心
产品设计策略	用模块化设计以尽可能延迟产品差别	绩效最大化而成本最小化

(四)按照供应链的反应能力划分

在供应链管理过程中,需要解决来自需求端与供应端两方面的不确定性问题,需求不确定性和供应不确定性对不同的行业也有不同的影响,对某些典型行业的影响如图 2-4 所示。

图 2-4　需求不确定性和供应不确定性对典型行业的影响

从这两个方向对供应链运作的影响出发,可以进一步将供应链的类型细分为风险规避供应链和敏捷供应链。如图 2-5 所示,从图中可以看出敏捷供应链是一种综合能力最强的供应链系统,能够围绕运行环境的变化而及时作出反应。

图 2-5　考虑供应不确定性和需求不确定性的供应链类型

(五)按照供应链驱动力的来源划分

按照供应链驱动力的来源,供应链可以分为推动式供应链和拉动式供应链。推动式供应链以制造商为核心,产品生产出来后从分销商逐级推向客户,分销商和零售商处于被动接受的地位,各个企业之间的集成度较低,通常采取提高安全库存量的办法应付需求变动。因此,整个供应链上的库存量较高,对需求变动的响应能力较差。这种运作方式适用于产品或市场变动较小、供应链管理的初级阶段。拉动式供应链的驱动力产生于最终客户,整个供应链的集成度较高,信息交换迅速,可以有效地降低库存,并可以根据客户的需求实现定制化服务,为客户提供更大的价值。采取这种运作方式的供应链系统库存量较低,相应市场的反应速度较快。但这种模式对供应链上的企业要求较高,对供应链运作的技术基础要求也较高。拉动式供应链适用于供大于求、客户需求不断变化的市场环境。这两种模式如图 2-6 所示。

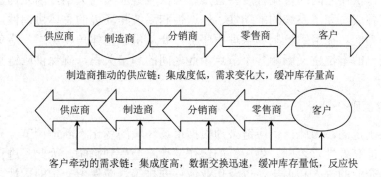

图 2-6 推动式供应链与拉动式供应链

二、供应链构建的原则与步骤

供应链构建是一项复杂而艰巨的工作，也是供应链管理的重要环节，涉及供应链组织机制、供应链成员的选择、供应链成员之间的相互关系、物流网络、管理流程的设计与规划，以及信息支持系统等多方面的内容。供应链构建必须遵循一定的设计原则，运用科学合理的方法步骤才能完成。

(一)供应链构建的原则

在供应链构建的过程中，为了使供应链管理思想得到切实的贯彻，实现供应链构建的目标，必须遵循一定的基本原则。这些原则如下所述。

1. 上下结合原则

在系统建模构建方法中，存在两种构建方法，即自顶向下和自底向上的方法。自顶向下的方法是从全局走向局部的方法，自底向上的方法是从局部走向全局的方法；自上而下是系统分解的过程，而自下而上则是一种集成的过程。构建一个供应链系统，往往是先由主管高层作出战略规划与决策，然后由下级部门实施；下级部门在执行过程中，将发现的问题及时反馈给高层部门，在双方交流中对构建的规划、目标和细节问题进行完善。

2. 简洁性原则

为了使供应链具有灵活、快速反应市场的能力，供应链的每个节点都应是简洁的、具有活力的，能够实现业务流程的快速组合。因此，各节点上的供应商应尽可能减少，精心选择合作伙伴，建立长期的战略伙伴关系。同时，每一个业务流程都应尽可能简洁，从而避免无效的作业，有效地实施即时制(JIT)采购的准时生产供应方式。

3. 集优化原则

集优化原则也称互补性原则。供应链上节点企业的选择应遵循优势互补、强强联合的原则，每个企业集中精力致力于各自核心的业务过程，就像一个独立的制造单元。这些单元化企业自我组织、自我优化、面向目标、动态运行和充满活力，能够实现供应链业务流程的快速重组，从而使各企业资源得到充分利用。

4. 协调性原则

供应链合作伙伴之间的协调程度将直接影响供应链业绩的大小,因此构建供应链应该充分发挥系统各成员和子系统的能动性、创造性和系统与环境的总体协调性,保证整体系统发挥最佳的功能。在组织机制和管理程序上,要从供应整体角度考虑,避免各个节点企业狭隘的、利己的本位主义影响各个节点企业之间的和谐关系,确保供应链整体始终保持协调。

5. 动态性原则

市场是不确定的,因此,供应链必须根据市场环境的变化不断地调节。只有这样,才能保证供应链的高效性。否则,供应链的运作绩效将会受到影响。因此,进行供应链构建时,对于成员企业的进入和退出,以及作业流程安排等,应保留一定的柔性。同时,需要加强成员企业间的信息透明度,确保成员企业能够及时获取市场信息,并根据市场需要及时作出调整。只有这样,供应链才能动态地适应市场,确保供应链的整体活力。

(二)供应链的构建步骤

费舍尔认为,供应链的构建要以产品为中心,即应构建出与产品特性一致的供应链。基于产品的供应链构建步骤可以归纳为如图 2-7 所示的形式。

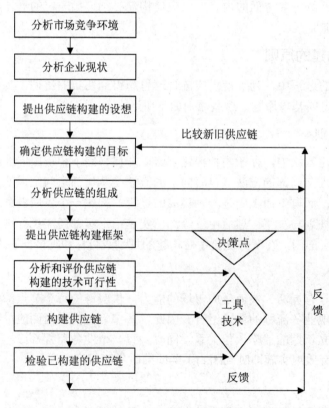

图 2-7　供应链构建的步骤

1. 分析市场竞争环境

分析企业所处的市场竞争环境,就是分析企业特定产品和服务的市场竞争环境,了解市场需求什么样的产品和服务；市场各类主体，如用户、零售商、生产商和竞争对手的状况如何。通过专项调查，了解产品和服务的细分市场情况、竞争对手的实力和市场份额、供应原料的市场行情和供应商的各类状况、零售商的市场拓展能力和服务水准、行业发展的前景，以及诸如宏观政策、市场大环境可能产生的作用和影响等，分析和判断有关产品的重要性排列、供应商的优先级排列、生产商的竞争实力排列、用户市场的发展趋势，以确定哪些产品的供应链需要开发。

2. 分析企业现状

对企业现状的分析就是对企业现有的供应、需求管理现状进行分析和总结。如果企业已经建立了自己的供应链管理体系，则对现有的供应链管理现状进行分析，及时发现在供应链的运作过程中存在的问题，或者哪些方式已出现或可能出现不适应市场发展的端倪，同时挖掘现有供应链的优势。分析的目的不在于评价供应链构建策略中哪些更重要和更合适，而是着重于研究供应链构建的方向或者构建定位，同时将可能影响供应链构建的各种要素分类罗列出来。

3. 提出供应链构建的设想

根据对市场环境和企业状况的分析结果，提出供应链构建的设想，分析其必要性。特别是对于原来的供应链，要认真分析是否需要重构。

4. 确定供应链构建的目标

基于产品和服务的供应链构建，其主要目标在于获得高品质的产品、快速有效的用户服务、低成本的库存投资或者低单位成本费用投入等，并在多个目标之间取得平衡，最大限度地避免这几个目标之间的冲突。除此之外，还需要对以下基本的具体目标进行分析：进入新市场或者拓展老市场，开发或调整产品，开发分销渠道，改善售后服务水平，提高用户满意程度，建立战略合作伙伴联盟，降低成本，降低库存，提高工作效率等，并分清主次，注意这些目标之间的平衡。

5. 分析供应链的组成

分析供应链的组成主要是分析制造工厂、设备、工艺和供应商、制造商、分销商、零售商和用户的选择及其定位，确定选择与评价的标准并对供应链上的各类资源，如供应商、用户、原材料、产品、市场、合作伙伴与竞争对手的作用、使用情况、发展趋势等进行分析。在这个过程中要把握可能对供应链构建产生影响的主要因素，同时对每一类因素产生的风险进行分析研究，制定风险规避的各种方案，并将这些方案按照所产生作用的大小进行排序。

6. 提出供应链构建框架

分析供应链上主要的业务流程和管理流程，描绘出供应链物流、信息流、资金流、作业流和价值流的基本流向，明确组成供应链的基本框架。在这个框架中，供应链中各组成成员如生产制造商、供应商、运输商、分销商、零售商及用户的选择和定位应予以确认，同时组成成员的选择标准和评价指标应该基本上得到完善。

7. 分析和评价供应链构建的技术可行性

供应链构建框架建立之后，需要对供应链构建的技术可行性、功能可行性、运营可行性、管理可行性进行分析和评价。在各种可行性分析的基础上，结合核心企业的实际情况以及对产品和服务发展战略的要求，为开发供应链中技术、方法和工具的选择提供支持。同时，这一步还是一个方案决策的过程，如果分析认为方案可行，就可继续进行后续的构建工作；如果分析认为方案不可行，就需要重新进行构建。

8. 构建供应链

这一步需要解决以下关键问题：供应链的具体组成因素，如供应商、设备、作业流程、分销中心的选择与定位、生产运输计划与控制等；原材料的供应情况，如供应商、运输流量、价格、质量、提前期等方面的问题；生产构建的能力，如需求预测、生产运输配送、生产计划、生产作业计划和跟踪控制、库存管理等方面的问题；销售和分销能力构建，如销售/分销网络、运输、价格、销售规则、销售/分销管理、服务等问题；信息化管理系统软、硬平台的构建；物流通道和管理系统的构建等；在供应链构建中，需要广泛地应用许多工具和技术，如归纳法、流程图、仿真模拟、管理信息系统等。

9. 检验已构建的供应链

供应链构建完成以后，需要通过模拟一定的供应链运行环境，采用相应的方法、技术对供应链进行测试、检验或试运行。如果模拟测试结果不理想，就返回第 4 步重新进行构建；如果没有什么问题，就可以实施了。

三、供应链的构建策略

基于产品协调开发的供应链构建策略就是为供应链管理设计产品(Design For Supply Chain Management，DFSCM)，目的在于设计产品和工艺以使与供应链相关的成本和业务能得到有效的管理，也就是说，要使产品开发与设计和供应链构建、供应链管理协调起来，使产品能够较好地适应供应链管理的要求。在一些高科技型企业，如惠普公司(HP)，产品设计被认为是供应链管理的一个重要因素。DFSCM 策略的实施可以从以下几个方面考虑。

(一)适合于供应链的产品

在 20 世纪 80 年代，设计人员开始意识到产品和流程设计是重要的产品成本因素，尽早地在设计中考虑制造流程是使生产流程奏效的唯一方法，因而诞生了为生产制造而设计的概念。受此启发，管理者开始意识到，在产品和流程设计阶段考虑物流和供应链管理能够更有效地运营供应链，即将产品的外形和性质等与供应链的各个环节统一考虑，设计出适合于制造、运输、搬运和储存的产品。

(二)采用新的生产方式进行产品设计与生产

一种方法是采取并行和平行工艺开发与生产产品。在产品生产的同时，对生产工艺进行修改，确保以前依序运行的步骤可以同时完成。这显然可以帮助制造商缩短生产周期。另外一种方法是采用延迟技术。这些技术通过设计产品和生产工艺，可以把制造何种产品和差异化的决策延迟到开始进行生产时，这样也可以缩短生产周期。要采用这种方法，通常需要对具体的产品进行具体分析。利用总体预测的信息，延迟产品差异设计还可以有效地改善最终需求的不确定性。

(三)适合运输和储存的产品包装

对产品包装的设计可以有效提高包装和储藏的质量与效率。如果是空间原因，而不是重量原因限制了运输设施的运输能力，那么产品装得越紧凑，运费越便宜。同样，产品包装紧凑，可以有效地储存，降低部分库存成本。在产品设计完成后不能有效地设计包装时，就必须对产品本身进行重新设计。大批量地运送货物通常可以直到仓库甚至零售商处才进行最终包装，有时甚至可以使最终包装延迟到产品实际最终销售时，这样可以节约运输费用，提高运送物品效率。

第三节 供应链管理策略

由于供应链管理下物流环境的改变，使新的物流管理与传统的物流管理相比有许多不同的特点。这些特点反映了供应链管理思想的要求和企业竞争的新策略。

一、采购管理策略

有效的货物或服务的采购对企业的竞争优势具有极大的作用，通过采购管理可以保证供应链中产品的供应质量，同时也可将供应链成员紧密联结在一起。

(一)供应链下的采购管理

传统的采购方式是以钱易货，主要目标是降低买进价以降低成本。现在采购已经成为一个专门学科，是供应链管理的主要内容。随着供应链管理的出现，采购发生了很多变化，下面我们从不同角度对这些变化加以分析。

1. 从采购性质看

供应链管理环境下的采购是一种基于需求的采购。需要多少就采购多少，什么时候需要就什么时候采购。采购回来的货物直接送需求点进行消费。而传统的采购则是基于库存的采购，采购回来的货物直接进入库存，等待消费。这也是前面所讲的从为库存而采购转变成为需求而采购。

2. 从采购环境看

供应链管理的采购是在一种友好合作的环境下进行的。而传统采购是一种利益互斥、对抗性竞争环境。这是两种采购制度的根本区别。由于采购环境不同，导致了许多观念上、操作上的不同，也具备各自的优点和缺点。供应链采购的根本特征就是有一种友好合作的供应链的采购环境，这是它根本的特点，也是它最大的优点。

3. 从信息情况看

供应链管理环境下的采购的一个重要的特点就是供应链企业之间实现了信息互通、信息共享。供应商能随时掌握用户的需求信息，能够根据用户的需求和需求变化，主动调整自己的生产计划和送货计划。供应链各个企业可以通过计算机网络进行信息沟通和业务活动。这样，足不出户就可以很方便地协调活动，进行相互之间的业务处理，例如，发订货单、发发货单、支付货款等。

当然，信息传输、信息共享，首先要求每个企业内部的业务数据要信息化、电子化，也就是要用计算机处理各种业务数据、存储业务数据。没有企业内部的信息网络，也就不可能实现企业之间的数据传递和数据共享。因此，供应链采购的基础就是要实现企业的信息化、企业间的信息共享，也就是要建立企业内部网络(Intranet)和企业外部网络(Extranet)，并且和因特网连通，建立企业管理信息系统。

4. 从库存情况看

供应链管理环境下的采购是由供应商管理用户的库存。用户没有库存，即零库存。这就意味着用户无须设库存、无须关心库存。这样做的好处：第一，用户零库存可以大大节省费用、降低成本、专心致志地搞好工作，发挥核心竞争力，提高效率。因而可以提高企业的经济效益，也可以提高供应链的整体效益。第二，供应商掌握库存自主权后可以根据需求变动情况，适时地调整生产计划和送货计划，既避免盲目生产造成的浪费，也可以避免库存积压、库存过高所造成的浪费以及风险。同时由于这种机制把供应商的责任(产品质量好坏)与利益(销售利润的多少)相联系，因此加强了供应商的责任心，自觉提高用户满意水平和服务水平，供需双方都获得了效益。而传统的采购由于卖方设置仓库、管理库存，很容易一方面造成库存过高积压，另一方面又可能缺货、不能保证供应，同时还可能导致精力分散、工作低效率，使服务水平、工作效率、经济效益都受到严重影响。

5. 从送货情况看

供应链管理环境下的采购是由供应商负责送货，而且是连续小批量多频次地送货，这种送货机制可以大大降低库存，实现零库存。因为它送货的目的，是直接满足需要，需要多少就送多少，什么时候需要就什么时候送，不多送，也不早送，这样就没有多余的库存。既可以降低库存费用，又可以保证满足需要不缺货，同时还可以根据需求的变化，随时调整生产计划，不多生产、不早生产，因而节省了原材料费用和加工费用。此外，由于紧紧跟踪市场需求的变化，所以能够灵活适应市场变化、避免库存风险。而传统采购是大批量少频次地订货进货，所以库存量大、费用高、风险大。

(二)即时制采购与供应链管理

即时制采购(JIT 采购)是在 20 世纪 90 年代受即时制生产管理思想的启发而出现的。即时制生产方式最初是由日本丰田汽车公司在 20 世纪 60 年代率先使用的。在 1973 年爆发的危机中，这种生产方式使丰田公司渡过了难关，因此得到日本国内和其他国家生产企业的重视，并逐渐引起欧洲和美国的日资企业及当地企业的效仿，并获得了一定的成功，近年来，JIT 模式不仅作为一种生产方式，也作为一种采购模式开始流行起来。

1. 即时制采购的概念及意义

1) 即时制采购的概念

即时制(JIT)采购是一种先进的采购模式，它的基本思想是：在恰当的时间、恰当的地点，以恰当的数量、恰当的质量提供恰当的物品。它是从即时生产发展而来的，是为了消除库存和不必要的浪费而进行的持续性改进，要进行即时化生产必须有即时的供应，因此即时制采购是即时化生产管理模式的必然要求。它和传统的采购方法在质量控制、供需关系、供应商的数目、交货期的管理等方面有许多不同之处，其中关于供应商的选择、质量控制是其核心内容。

2) 即时制采购的意义

即时制采购对于供应链管理思想的贯彻实施具有重要的意义。从前面的论述中可以看到，供应链环境下的采购模式和传统采购模式的不同之处，在于采用订单驱动的方式，订单驱动使供应与需求双方都围绕订单运作，也就实现了即时化、同步化运作。当用户需求发生变化时，制造订单又驱动采购订单发生改变，这样一种快速的改变过程，如果没有即时的采购方法，供应链企业很难适应这种多变的市场需求，因此即时采购增加了供应链的柔性和敏捷性。同时，即时制采购策略也体现了供应链管理的协调性、同步性和集成性，供应链管理需要即时制采购来保证供应链的整体同步化运作。

2. 即时制采购的优点

JIT 采购是关于物资采购的一种全新的思路，企业实施 JIT 采购具有重要的意义，根据资料统计，JIT 采购在以下几个方面已经取得了令人满意的成果。

1) 大幅度减少原材料和外购件的库存

根据国外一些实施 JIT 采购策略企业的测算，JIT 采购可以使原材料和外购件的库存降低 40%～85%。原材料和外购件库存的降低，有利于减少流动资金的占用，加速流动资金的周转，同时也有利于节省原材料和外购件库存占用的空间，从而降低库存成本。从成本的角度上看，采取单源供应比多头供应好，一方面，对供应商的管理比较方便，而且可以使供应商获得内部规模效益和长期订货，从而可使购买的原材料和外购件的价格降低，有利于降低采购成本；另一方面，单源供应可以使制造商成为供应商的一个非常重要的客户，因而强化了制造商与供应商之间的相互依赖关系，有利于供需之间建立长期稳定的合作关系，质量上比较容易得到保证。是否能选择到合格的供应商是 JIT 采购能否成功实施的关键，合格的供应商具有较好的技术、设备条件和较高的管理水平，可以保障采购的原材料和外购件的质量，保证即时按量供货。

2) 提高采购物资的质量

实施 JIT 采购后，企业的原材料和外购件的库存会很少，甚至为零。因此，为了保障企业生产经营的顺利进行，采购物资的质量必须从根源上抓起。也就是说，购买的原材料和外购件的质量保证，应由供应商负责，而不是企业的物资采购部门负责。JIT 采购就是要把质量责任返回给供应商，从根源上保障采购质量。为此，供应商必须参与制造商的产品设计过程，制造商也应帮助供应商提高技术能力和管理水平。

在现阶段，我国主要是由制造商来负责监督购买物资的质量，验收部门负责购买物资的接收、确认、点数统计，并将不合格的物资退回给供应商，因而增加了采购成本。实施 JIT 采购后，从根源上保证了采购质量，购买的原材料和外购件就能够实行免检，直接由供应商送货到生产线，从而大大减少了购货环节，降低了采购成本。一般来说，实施 JIT 采购，可以使购买的原材料和外购件的质量提高 2～3 倍。而且原材料和外购件质量的提高，又会有效地降低生产成本。

3) 降低原材料和外购件的采购价格

由于供应商和制造商的密切合作以及内部规模效益与长期订货，再加上消除了采购过程中的一些浪费(如订货手续、装卸环节、检验手续等)，可以使购买的原材料和外购件的价格得以降低。例如，生产复印机的美国施乐公司，通过实施 JIT 采购策略，使其采购物资的价格下降了 40%～50%。

此外，推行 JIT 采购策略，不仅缩短了交货时间，节约了采购过程所需资源(包括人力、资金、设备等)，而且提高了企业的劳动生产率，增强了企业的市场适应能力。

3. 即时采购实施的步骤

开展即时制采购同其他工作一样，需遵循计划、实施、检查、总结提高的基本原则，具体而言包括以下步骤。

1) 创建即时制采购团队

世界一流企业的专业采购人员有三个责任，即寻找货源、商定价格、发展与供应商的协作关系并不断改进。因此专业化的高素质采购队伍对实施即时制采购至关重要。为此，首先要成立两个团队，一个是专门处理供应商事务的团队，该团队专门负责认定和评估供应商的信誉、能力，或与供应商谈判签订即时制订货合同，向供应商发放免检签证等，同时要负责供应商的培训与教育。另外一个团队专门负责消除采购中的浪费，这些团队中的人员应该对即时制采购的方法有充分的了解和认识，必要时要进行培训，如果这些人员本身对即时制采购的认识和了解都不彻底，就不可能指望供应商的合作了。

2) 分析现状、确定供应商

首先应以采购物品的分类模块选择价值量大、体积大的主要原材料及零部件为出发点，结合供应商的实际，优先选择伙伴型或优先型供应商进行即时制采购的可行性分析，确定供应商。分析采购物品及供应商情况时要考虑的因素有原材料或零部件的采购量、年采购额、物品的重要性(对本公司产品生产、质量等的影响)、供应商的合作态度、供应商的地理位置、物品的包装及运输方式、物品的存贮条件及存放周期、供应商现有供应管理水平、供应商参与改进的主动性、该物品的供应周期、供应商生产该物品的生产周期及重要原材料采购周期、供应商现有的送货频次、该物品的库存量等。然后要根据现状，进一步分析问题所在以及导致问题产生的原因。

3) 设定目标

针对供应商目前的供应状态，制定改进目标。改进目标包括供货周期、供货频次、库存等，改进目标应有时间要求。

4) 制订实施计划

计划要明确主要的行动点、行动负责人、完成时间、进度检查方法及时间、进度考核指标等，主要包括以下方面。

第一，将原来的固定订单改为开口订单，将订单的订购量分成两部分：一部分是已确定的、供应商必须按时按量交货的部分；另一部分是可能因市场变化而增减的，供应商准备原材料、安排生产计划参考的预测采购量。两部分的时间跨度取决于本公司的生产周期、供应商的生产交货周期、最小生产批量等。

第二，调整相应的运作程序及参数设置，在公司内相关人员之间进行沟通、交流，统一认识、协调行动。

第三，确定相应人员的职责及任务分工等。

第四，在供应商方面，需要与供应商进行沟通、对供应商进行培训，使供应商接受即时制采购的理念，确认本公司提出的改进目标，包括缩短供应时间，增加供应频次，保持合适的原材料、在制品及成品的库存等，使供应商认可有关配合人员的责任、行动完成时间等。

5) 改进行动实施

改进行动实施的前提是供应原材料的质量改进和保障，同时为改进供应要考虑采用标准、循环使用的包装、周转材料与器具，以缩短送货的装卸、出入库时间。改进行动实施的主要环节是将原来的独立开具固定订单改成滚动下单，并将订单与预测结合起来。

6) 绩效衡量

衡量即时制采购实施绩效要定期检查进度，以绩效指标(目标的具体化指标)来控制实施过程。采购部门或即时制采购实施改进小组要定期(如每月)对照计划检查各项行动的进展情况、各项工作指标、主要目标的完成情况，并用书面形式采用图表等方式报告出来，对于未如期完成的部分应重新制订进一步的跟进计划，调整工作方法，必要时调整工作目标。

二、库存控制

库存是在企业运行生产和物流渠道中由各点暂时存放起来用于生产的资源，以原材料、在制品、半成品、成品的形式存在于供应链的各个环节，每年耗费的成本占库存物品价值的 20%～40%，因此供应链中的库存控制是十分重要的。

(一)供应链管理环境下的库存问题

对供应链管理环境下的库存问题进行研究，需要从库存问题的分析、库存中的不确定性等方面进行。

1. 库存控制问题分析

供应链管理模式下的库存控制问题，主要体现为缺乏供应链的系统观念、对客户服务水平理解上有偏差、信息传递系统效率低和忽视不确定性对库存的影响等问题。

1) 缺乏供应链的系统观念

虽然供应链的整体绩效取决于各个供应链节点的绩效，但是各个部门都是各自独立的单元，都有各自独立的目标与使命。有些目标和供应链的整体目标是不相干的，甚至有可能是冲突的。因此，这种各自为政的行为必然导致供应链整体效率的低下。比如，美国北加利福尼亚的计算机制造商采用每笔订货费作为绩效评价的指标，该企业集中精力于降低订货成本。这种政策对于一个单一企业无可厚非，但是它没有考虑对供应链体系中其他制造商和分销商的影响，结果一些制造商不得不维持较高的库存量。

大多数供应链系统都没有建立针对全局供应链的绩效评价指标，这是供应链中普遍存在的问题。有些企业采用库存周转率作为供应链库存管理的绩效评价指标，但是没有考虑对客户的反应时间与服务水平。实际上，客户满意度应该始终是供应链绩效评价的一项重要指标。

2) 对客户服务水平理解上有偏差

供应链管理的绩效好坏应该由客户来评价，或者用对客户的反应能力来评价。但是，由于对客户服务水平理解上的差异，导致客户服务水平上的差异。许多企业采用订货满足率来评估客户服务水平，虽然这是一种比较好的客户服务考核指标，但是订货满足率本身并不能保证运营不出问题。如一家计算机工作站的制造商要满足一份包含多产品的订单需求，产品来自各个不同的供应商，客户要求一次性交货，制造商就要在各个供应商的产品都到齐后才能一次性装运给客户。这时，应用总的订货满足率来评价制造商的客户服务水平是恰当的，但是，这个评价指标并不能帮助制造商发现是哪家供应商的交货迟了或早了。

3) 低效率的信息传递系统

在供应链中，各个供应链节点企业之间的需求预测、库存状态、生产计划等都是供应链管理的重要数据，这些数据分布在不同的供应链节点企业之间，要快速有效地响应客户需求，必须实时传递这些数据。为此，需要改善供应链信息系统模型，通过系统集成的方法，使供应链中的库存数据能够实时、快速地传递。但是，目前许多企业的信息系统并没有实现集成，当供应商需要了解客户需求信息时，获得的常常是延迟的和不准确的信息。由于信息延迟而导致的需求预测误差和对库存量精确度的影响，都会给短期生产计划的实施造成困难。例如，企业为了制订一个生产计划，需要获得关于需求预测、当前库存状态、供应商的运输能力、生产能力等信息，这些信息需要从不同的供应链节点企业数据库中获得，数据调用的工作量很大。数据整理完后制订主生产计划，然后运用相关管理系统软件制订物料需求计划，这样一个过程一般需要很长时间。时间越长，预测误差越大，制造商对最新订货信息的有效反应能力也就越差，生产出过时的产品和造成过高的库存也就不足为奇了。

4) 忽视不确定性对库存的影响

供应链运营过程中存在诸多不确定因素，如订货的前置时间、货物的运输状况、原材料的质量、生产过程的时间、运输时间、需求的变化等。为减少不确定性对供应链的影响，首先应了解不确定性的来源和影响程度。很多企业并没有认真研究和确定不确定性的来源和影响，而错误估计供应链中物料的流动时间，造成有的物品库存增加，而有的物品库存不足的结果。

2. 供应链中的不确定性与库存

1) 供应链中的不确定性

从需求放大现象中我们看到，供应链的库存与供应链的不确定性有很密切的关系。从供应链整体的角度看，供应链上的库存无非有两种，一种是生产制造过程中的库存，另一种是物流过程中的库存。库存存在的客观原因是为了应付各种各样的不确定性，保持供应链系统的正常性和稳定性，但是库存在另一方面也同时产生和掩盖了管理中的问题。供应链上不确定性的表现形式有以下两种。

一种是衔接不确定性。企业之间(或部门之间)的不确定性，可以说是供应链的衔接不确定性，这种衔接的不确定性主要表现在合作性上，为了消除衔接的不确定性，需要加强企业之间或部门之间的合作性。

另一种是运作不确定性。系统运行不稳定是组织内部缺乏有效的控制机制所致，控制失效是组织管理不稳定和不确定性的根源。为了消除运行中的不确定性需要强化组织的控制能力，提高系统的可靠性。

2) 供应链的不确定性与库存的关系

供应链运行中的两种不确定性对供应链库存的影响是指衔接不确定性与运作不确定性对库存的影响。

(1) 衔接不确定性对库存的影响。传统的供应链中的信息是逐级传递的，即上游供应链企业依据下游供应链企业的需求信息作为生产或供应的决策依据。在集成的供应链系统中，每个供应链企业都能够共享顾客的需求信息，信息不再是线性的传递过程，而是网络的传递过程和多信息源的反馈过程。建立合作伙伴关系的新型的企业合作模式，以及跨组织的信息系统为供应链的各个合作企业提供了共同的需求信息，有利于推动企业之间的信息交流与沟通。企业有了确定的需求信息，在制订生产计划时，就可以减少为了需求波动而设立的库存，使生产计划更加精确、可行。对于下游企业而言，合作性伙伴关系的供应链或供应链联盟可为企业提供综合的、稳定的供应信息，无论上游企业能否按期交货，下游企业都能预先得到相关信息而采取相应的措施，因而无须过多设立库存。

(2) 运作不确定性对库存的影响。供应链企业之间的衔接不确定性通过建立战略伙伴关系的供应链联盟或供应链协作体而得以削减，同样，这种合作关系可以消除运作不确定性对库存的影响。当企业之间的合作关系得以改善时，企业的内部生产管理也可以大大得到改善。因为企业之间的衔接不确定性因素减少时，企业的生产控制系统就能消除这种不确定性因素的影响，使生产系统的控制更加实时、准确，也只有在供应链正常运作的情况下，企业才能获得对生产系统有效控制的有利条件，消除生产过程中不必要的库存现象。

在不确定性较大的情形下，为了维护一定的用户服务水平，企业也常常维持一定的库存，以提高服务水平。在不确定性存在的情况下，高服务水平必然会带来高库存水平。

(二)供应链管理环境下的库存控制策略

供应链管理是一项综合性的复杂工程，其中包括许多相互联系、相互冲突的地方，供应链系统的库存控制策略是其中非常重要的内容。供应链管理环境下的库存控制策略要结合具体的实施环境而制定，但总体而言主要包括以下几种策略。

1. 供应商管理库存策略

近年来，在国外出现了一种新的供应链库存管理方法——供应商管理库存(VMI)，这种库存管理策略打破了传统的各自为政的库存管理模式，体现了供应链的集成化管理思想，适应市场变化的要求，是一种新的有代表性的库存管理思想。

1) VMI 的基本思想

从传统的角度而方，库存是由库存拥有者管理的。因为无法确切知道用户需求与供应的匹配状态，所以需要库存，库存设置与管理是由同一组织完成的。这种库存管理模式并不总是最优的。例如，一个供应商用库存来应付不可预测的或某一用户(这里的用户不是指最终用户，而是分销商或批发商)不稳定的需求，用户也设立库存来应付不稳定的内部需求或供应链的不确定性。虽然供应链中每一个组织独立地追求保护其各自在供应链的利益不受意外干扰是可以理解的，但不可取，因为这样做的结果影响了供应链的优化运行。供应链的各个组织根据各自的需要独立运作，导致重复建立库存，因而无法使供应链全局的成本最低，整个供应链系统的库存会随着供应链长度的增加而发生需求扭曲。VMI 系统就能够突破传统的条块分割的库存管理模式，以系统的、集成的管理思想进行库存管理，使供应链系统能够获得同步化的运作。

2) VMI 的实施方法

实施 VMI 策略，要改变订单的处理方式，建立基于标准的托付订单处理模式。首先，供应商和批发商一起确定供应商的订单业务处理过程所需要的信息和库存控制参数，然后建立一种订单的处理标准模式，如 EDI 标准报文，最后把订货、交货和票据处理等各种业务功能集成在供应商一边。

库存状态透明性(对供应商)是实施供应商管理用户库存的关键。供应商能够随时跟踪和检查销售商的库存状态，从而快速地响应市场的需求变化，对企业的生产(供应)状态进行相应的调整，为此需要建立一种能够使供应商和用户(分销、批发商)的库存信息系统透明连接的方法。

供应商管理库存的策略可以分如下几个步骤实施。

(1) 建立顾客情报信息系统。要有效地管理销售库存，供应商必须获得顾客的相关信息。通过建立顾客的信息库，供应商能够掌握需求变化的有关情况，把由批发商(分销商)进行的需求预测与分析功能集成到供应商的系统中。

(2) 建立销售网络管理系统。供应商要很好地管理库存，必须建立起完整的销售网络管理系统，保证自己的产品需求信息和物流顺畅。为此，应首先保证自己产品条码的可读性和唯一性，其次应解决产品分类、编码的标准化问题，最后应解决商品存储运输过程中的识别问题。

目前已有许多企业开始采用 MRP II 或 ERP，即企业资源计划系统，这些软件系统都集成了销售管理的功能。通过对这些功能的扩展，可以建立完善的销售网络管理系统。

(3) 建立供应商与分销商(批发商)的合作框架协议。建立协议就是与供应商和销售商(批发商)一起通过协商，确定处理订单的业务流程以及控制库存的有关参数(如再订货点、最低库存水平等)、库存信息的传递方式等。

(4) 组织机构的变革。这一点也很重要，因为 VMI 策略改变了供应商的组织模式。过去，一般由会计经理处理与用户有关的业务，在引入 VMI 策略后，订货部门产生了一个新的职能，即负责用户库存的控制、库存补给和服务水平。

一般来说，适合实施 VMI 策略的前提有：零售商或批发商没有 IT 系统或基础设施来有效管理他们的库存；制造商实力雄厚并且比零售商市场信息量大；有较高的直接存储交货水平，因而制造商能够有效地规划运输。

2. 联合库存管理策略

在供应链企业之间的合作关系中，更强调双方的互利合作，联合库存管理就体现了战略供应商联盟的新型企业合作关系。

1) JMI 的基本思想

联合库存管理(Joint Managed Inventory，JMI)是一种基于协调中心的库存管理方法，是为了解决供应链体系中的牛鞭效应，提高供应链的同步化程度而提出的。联合库存管理是一种风险分担的库存管理模式。

联合库存管理是解决供应链系统中由于各节点企业的相互独立库存运作模式导致的需求放大现象，提高供应链的同步化程度的一种有效方法。联合库存管理和供应商管理用户库存不同，它强调双方同时参与，共同制订库存计划，使供应链过程中的每个库存管理者(供应商、制造商、分销商)都从相互之间的协调性考虑，使供应链相邻的两个节点之间的库存管理者对需求的预期保持一致，从而消除了需求变异放大现象。任何相邻节点需求的确定都是供需双方协调的结果，库存管理不再是各自为政的独立运作过程，而是供需连接的纽带和协调中心，如图 2-8 所示为基于协调中心联合库存管理的供应链系统模型。

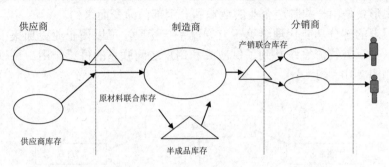

图 2-8　基于协调中心联合库存管理的供应链系统模型

2)　JMI 的实施策略

(1)　建立供需协调管理机制。为了发挥联合库存管理的作用，供需双方应从合作的精神出发，建立供需协调管理的机制，明确各自的目标和责任，建立合作沟通的渠道，为供应链的联合库存管理提供有效的机制，如图 2-9 所示为供应商与分销商协调管理机制模型。没有一个协调的管理机制，就不可能进行有效的联合库存管理。

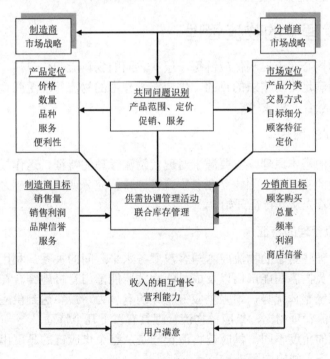

图 2-9　供应商与分销商的协调管理机制

(2)　发挥两种资源计划系统的作用。为了发挥联合库存管理的作用，在供应链库存管理中应充分利用目前比较成熟的两种资源管理系统，即 MRPⅡ和 DRP 系统。原材料库存协调管理中心应采用制造资源计划系统 MRPⅡ，而在产品联合库存协调管理中心则应采用物资资源配送计划系统 DRP,这样可以在供应链系统中把两种资源计划系统很好地结合起来。

(3) 发挥第三方物流系统的作用。第三方物流系统是供应链集成的一种技术手段,也叫作物流服务提供者,它可为用户提供各种服务,如产品运输、订单选择、库存管理等。第三方物流系统的产生是由一些大的公共仓储公司通过提供更多的附加服务演变而来的,另外一种产生形式是由一些制造企业的运输和分销部门演变而来的。

把库存管理的部分功能代理给第三方物流系统管理,可以使企业更加集中精力于自己的核心业务,第三方物流系统起到了供应商和用户之间联系的桥梁作用,可以使企业获得诸多好处,如图 2-10 所示。

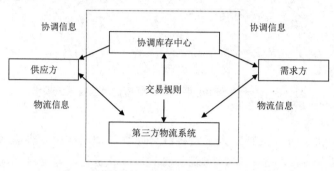

图 2-10 第三方物流系统在供应链中的作用

知识拓展 2-1 见右侧二维码。

知识拓展 2-1 XF 电子的库存控制.docx

三、供应链管理中的物流管理

供应链管理的核心在于控制供应链每一层次之间的物料流和信息流,使供应链的效率最大化,最终达到满足用户需求的目的。供应链管理中的物流管理更强调用户与供应商之间的接口、合作、融合、集成等。

(一)物流管理的原理

所谓物流管理的基本原理,主要源于对现代物流管理的特征、运作模型等方面的基本认识,而运作模型的实施又必须建立在对物流管理特征充分认识的基础之上。故对物流管理原理的基本认识首先从其特征开始。

1. 供应链物流管理的特征

供应链物流管理注重总的物流成本与客户服务水平之间的关系,利用系统理论和集成思想,把供应链成员内各职能部门以及成员间相关职能部门有机地结合在一起,从而最大限度地发挥出供应链整体优势,增强供应链整体的竞争力,最终达到供应链成员整体获益的目的。与一般物流管理相比,供应链物流管理具有以下几个特征。

(1) 分析问题的角度不同。供应链物流管理是从整个供应链的角度出发,寻求供应链物流成本与客户服务之间的均衡。

(2) 管理的内容不同。供应链物流管理涉及供应链所有成员组织,管理内容包括从初始供应物流到终端的分销物流及反向物流。

(3) 侧重点不同。供应链物流管理更侧重于供应链成员企业间接口物流活动的管理优化,这也是供应链物流管理的利润空间所在。

(4)　管理难度更高、管理思想和方法更丰富。供应链物流管理涉及众多成员企业的协调与合作，无论是从纵向(长度)还是横向(宽度)考虑，供应链物流管理更复杂，难度更高。因此，供应链物流管理需要应用更多的管理思想和方法，如系统理论与集成思想、JIT、QR(Quick Response，快速反应)、ECR(Efficient Consumer Response，有效客户反应)等。

2. 供应链物流管理模型

供应链管理意味着跨企业的物流管理，它包括供应商、生产商、批发商和零售商等不同企业在内的整个供应链的计划和运作活动的协调，意味着跨越各个企业的边界，在整个供应链上应用系统观念进行集成化管理。如果供应链上的所有企业都孤立地优化自己的物流活动，那么整个供应链的物流不可能达到最优，必须从供应链整体出发来协调各成员企业的物流活动。毫无疑问，供应链管理的驱动力是使供应链的总成本最小化。由供应链结构中可以知道，供应链上的库存主要集中在"成员企业组织的边界"上，即企业与企业之间的接口，也就是供应链物流管理的利润空间所在。供应商行为和客户行为的不确定性均会导致企业囤积缓冲库存。为了提高整个供应链的竞争优势，增加共同利益，供应链成员之间需要从系统管理和集成化管理的思想出发，实现集成化供应链物流管理。

由于供应链构成的复杂性，要有效地实现供应链物流管理，就要抛弃传统的管理思想，将供应链各成员企业的订货处理、采购、制造、装配、库存控制、分销等作为一个整体流程，实现对供应商的供应商、供应商、制造商、分销商、零售商、客户，以及客户的客户整个供应链物流的集成化管理，这样才能创造新的整体竞争优势。供应链物流管理的模型如图 2-11 所示，从图中可以看出，现代信息与网络技术是供应链物流管理实现的基础前提。Internet/Intranet 的出现与普及运用，为供应链物流的信息共享与信息交互提供了基础平台。EDI、ERP、CRM(Customer Relationship Management，客户管理关系)，这些技术的不断完善与广泛应用，也为供应链物流管理提供了技术保障。

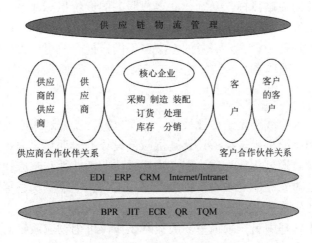

图 2-11　供应链物流管理的模型

现代管理思想与方法是实现有效供应链物流管理的理论保证，通过 BPR(Business Process Reengineering，业务流程再造)，能够消除各职能部门以及供应链成员企业的自我保护主义，实现供应链物流组织的集成与优化；通过 JIT、QR、ECR、TQM(Total Quality

Management，全面质量管理)等管理思想与技术方法的综合运用，可以实现供应链物流管理方法的集成；通过资源整体优化配置，有效运用价值链激励机制，寻求非增值活动及相应结构的最小化，可以实现供应链物流管理效益的优化与集成。可以说，合作竞争时代的到来，竞争无国界与企业相互渗透的趋势越来越明显，市场竞争的实质已不是单个企业之间的竞争，而是供应链与供应链之间的竞争。而物流是将产品或服务提供给最终客户，实现产品或服务价值增值的关键性活动。因此，只有实现供应链物流管理集成化、一体化，增强供应链的竞争力，才能让企业在获得最大收益的同时也为客户提供优良的产品和服务，这正是供应链管理所要实现的最终目标。

(二)供应链管理中的物流管理战略

物流管理策略主要集中在对不同功能要素的实现上，在供应链管理环境下，更需要实现不同功能要素的紧密联系与无缝衔接。这些就需要在战略目标非常明确的前提下才可实施，所以选择物流管理策略的前提是对物流管理战略的分析和认识。供应链管理中的物流管理从战略上可以分为以下四个层次。

1. 全局性战略

这是物流管理战略的顶层，将客户服务定义为全局性战略目标。物流是供应链管理的组成部分，它影响着供应链的每个环节，物流对整个供应链具有重要影响，物流管理必须以整个供应链为大局，以满足客户需求(把企业的产品和服务以最快的方式、最低的成本交付客户)为最终目标，即把客户服务作为全局性的战略性目标。将商品以最快的速度、最低的成本送达客户，以提高企业的信誉，获得第一手市场信息和客户需求信息，增加企业和客户的亲和力并留住客户，使企业获得更大的利润。物流管理过程中出现的任何问题都将会影响物流的效益，并最终影响整个供应链。

要实现客户服务的战略目标，必须建立客户服务的评价指标体系，应含有一些如平均响应时间、订货满足率、平均缺货时间、供应率等硬性参数。虽然目前对于客户服务的指标还没有一个统一的规范，对客户服务的定义也不同，但企业可以根据自己的实际情况建立提高客户满意度的管理体系，通过实施客户满意工程，全面提高企业客户服务水平。

2. 结构性战略

物流管理的第二层次战略是结构性战略，主要包括物流配送中心战略布局、物流渠道战略决策与设计和网络分析等。渠道设计是供应链设计的一项重要内容，包括重构物流系统、优化物流渠道等。通过优化渠道，提高物流系统的敏捷性和响应性，使供应链获得最低的物流成本。通过对物流配送中心、物流渠道、工具和托盘结构进行优化组合，可以提高物流系统的敏捷度和效率。

网络分析是物流管理中另一项很重要的战略工作，可为物流系统的优化设计提供参考依据。网络分析的内容主要包括库存状况分析，客户服务调查分析，运输方式和交货状况分析，物流信息及信息系统传递状态分析，以及对合作伙伴业绩的评估和考核等。对物流管理系统的结构性分析的目标是要不断减少物流环节，消除供应链运作过程中不增加价值的活动，提高物流系统的效率。

3．功能性战略

物流管理第三层次的战略为功能性战略，包括物料管理、仓库管理、运输管理三个方面。主要内容包括运输工具的使用与调度(运输、储存、装运、包装)，采购与供应、库存控制的方法与策略，仓库的作业管理，信息处理等。

物料管理与运输管理是物流管理的主要内容，必须不断地改进管理方法，使物流管理向零库存这个极限目标努力。同时还要降低库存成本和运输费用，优化物流路线，保证准时送达，实现物流的高效率运作。

4．基础性战略

物流管理第四层次的战略是基础性战略，主要作用是为保证物流系统正常运行提供基础性保障。

物流管理基础性战略主要是指信息系统、组织系统、政策以及交通基础设施管理战略。信息系统是物流管理最重要的基础，是物流系统中传递物流信息的桥梁，它是物流快捷、准确、高效的最基本条件，物流的整个运作过程需要信息系统来支持。因此必须从战略的高度去规划和管理，才能保证物流系统高效运行。组织系统是指物流管理及运作机构，科学的组织系统对物流的运作具有积极的推动作用。政策则是最重要的社会环境基础，由于物流存在地域性，因此，政策因素会对物流在广阔地域环境的运作产生重要影响。这需要国内、国际以及地方政策的支持。基础设施战略则是指道路交通状况、物流配送中心建设等，这是物流管理中需要考虑的既现实又长远的因素。

总体来说，供应链管理思想赋予了现代物流管理新的内涵，需要我们从供应链的角度对物流管理进行认识和策略选择，确保企业能够在实时的、多变的需求信息下，快速反应市场需求，组织生产资源，实现各环节的计划、运作、协调、增值和高效，并进而实现整个供应链的总成本最小化、总利润最大化和服务最优化，强化企业在新竞争环境下的竞争优势。

本 章 小 结

本章主要介绍了三节内容，即供应链与供应链管理、供应链的类型与构建、供应链管理策略。其中，第一节供应链与供应链管理是对其基本概念和内涵的分析。供应链是指生产及流通过程中，涉及将产品或服务提供给最终用户所形成的网链结构。而供应链管理则是对供应链涉及的全部活动进行计划、组织、协调与控制。第二节是对供应链的类型和构建进行分析。供应链的类型主要从供需关系、功能及驱动力三个角度进行分类。供应链的构建策略主要包括基于成本的供应链构建策略及基于产品的供应链构建策略，但二者的构建都依据一定的原则和步骤。第三节是对供应链管理策略进行分析，重点是针对供应链环境下的采购管理、库存控制及物流管理进行分析。

自　测　题

1. 什么是供应链？什么是供应链管理？
2. 物流管理与供应链管理的区别是什么？
3. 供应链的主要类型有哪些？
4. 供应链环境下的库存控制策略有哪些？
5. 供应链管理中的物流管理战略有哪几个层次？

案例分析　MGT 的
敏捷供应链战略

阅读资料　以家乐福
为例的超市库存控制
策略探讨

第三章　供应链管理中的物流信息技术

【学习要点及目标】通过本章的学习，使学生了解信息、物流信息、物流信息系统等概念及它们之间的区别和联系，掌握物流信息系统的功能以及现代物流信息技术条码技术、电子数据交换技术、射频识别系统、地理信息系统和全球定位系统的基本知识与其工作原理，并了解它们的系统构成，熟悉这几种技术在物流中的应用。

【关键概念】条形码(Barcode)技术　电子数据交换(EDI)　射频识别系统(RFID)　地理信息系统(GIS)　全球定位系统(GPS)

【引导案例】

亚马逊的物流信息技术

亚马逊从成立至今已有 20 年的发展历程，同时也是引领电商仓储物流发展的 20 年。记得亚马逊 CEO 贝佐斯曾经说过：你可以学会亚马逊的过去、学会亚马逊的现在，但你学不会亚马逊的未来。从 20 年前贝佐斯的汽车库房到今天的机器人库房、直升机配送，亚马逊开创了一整套以高科技为支撑的电商仓储物流模式，在过去 20 年快速稳健的发展中，亚马逊已经形成了覆盖全球的成熟运营网络。

通过 20 年的积累，亚马逊已经构建了一个通达全球的网络，通过遍布全球的 109 个运营中心，可到达 185 个国家和地区。在中国，亚马逊有 13 个运营中心，近 300 多条干线运输线路，可向 1 400 多个区县的消费者提供当日达、次日达服务。这样的规模，足以让亚马逊跻身世界一流物流企业。

亚马逊是最早玩转物流大数据的电商企业，在业内率先使用大数据、人工智能和云技术进行仓储物流管理，创新性推出预测性调拨、跨区域配送、跨国境配送等服务，不断给全球电商和物流行业带来惊喜。

1) 亚马逊的智能机器人 Kiva 技术

亚马逊 2012 年以 7.75 亿美元收购的 Kiva 技术，大大提升了亚马逊物流系统的运营效率。截至 2015 年，亚马逊已经将机器人数量增至 10 000 台，用于北美的各大运转中心。Kiva 系统作业效率要比传统的物流作业效率提升 2～4 倍，机器人每小时可跑 30 英里，准确率达 99.99%。机器人作业颠覆传统电商物流中心作业"人找货、人找货位"的模式，通过作业计划调动机器人，实现"货找人、货位找人"的模式，整个物流中心库区无人化，各个库位在 Kiva 机器人驱动下自动排序到作业岗位。

2) 无人机送货

早在 2013 年 12 月，亚马逊就发布 Prime Air 无人快递，顾客在网上下单，如果重量在 5 磅以下，可以选择无人机配送，在 30 分钟内把快递送到家。整个过程无人化，无人机在物流中心流水线末端自动取件，直接飞向顾客。2014 年亚马逊 CEO 贝佐斯公开表示，亚马逊正在设计第八代送货无人机，将采用无人机为 Amazon Fresh 提供生鲜配送服务。

3) 智能入库管理技术

在亚马逊全球运营中心，可以说把大数据技术应用得淋漓尽致，从入库这一时刻就开始了。

(1) 在入库方面：采用独特的采购入库监控策略，亚马逊基于自己过去的经验和所有历史数据的收集，了解什么样的品类容易坏，坏在哪里，然后对它进行预电装。这是在收货环节提供的增值服务。

(2) 商品测量：亚马逊的 Cubi 扫描仪器会对新入库的中小体积商品测量长、宽、高和体积，根据这些商品信息优化入库。例如鞋服类、百货等，都可以直接送过来通过 Cubi 测量直接入库。这给供应商提供了很大方便。客户不需要自己测量新品，这样能够大大提升他的新品上升速度；同时有了这个尺寸之后，亚马逊数据库可以存储这些数据，在全国范围内共享，这样其他库房就可以直接利用这些后台数据，再把这些数据放到合适的货物里就可以收集信息，有利于后续的优化、设计和区域规划。

4) 大数据驱动的智能拣货和智能算法

(1) 智能算法驱动物流作业，保障最优路径。在亚马逊的运营中心，不管是什么时间点，基本上在任何一个区域、任何一个通道里面，你都不太会看到很多人围在一起，为什么?因为亚马逊的后台有一套数据算法，它会给每个人随机地优化他的拣货路径。拣货的员工直接朝前走，不走回头路。系统会推荐下一个要拣的货在哪儿，而且确保全部拣选之后，路径最少。通过这种智能的计算和推荐，可以把传统作业模式的拣货行走路径减少至少 60%。

(2) 图书仓复杂的作业方法。图书仓采用的是加强版监控，以使那些相似品尽量不放在同一个货位。图书穿插摆放，批量的图书进货量很大，因为它的需求很大。亚马逊通过对数据的分析发现，这样穿插摆放，就可以保证每个员工出去拣货的任务比较平均。

(3) 畅销品的运营策略。比如奶粉，有些是放在货架上的，有些是放在生托拍位上的。亚马逊根据后台的大数据，知道它的需求量比较高，它进来的时候都是整批整批地进，就会把它放在离发货区比较近的地方，这样可以减少员工负重行走的路程。

5) 随机存储

随机存储是亚马逊运营的重要原则，但要说明的是，亚马逊的随机存储不是随便存储，是有一定的原则性的，特别是畅销商品与非畅销商品，要考虑先进先出的原则，同时随机存储还与最佳路径有重要关系。

亚马逊的随机存储核心是系统 Bin，将一个个货位、数量绑定关系发挥到极致。收货：把订单看成一个货位，运货车是另一个货位。收货即货位移动，上架：Bin 绑定货位与货品后随意存放；盘点：与 Bin 同步，不影响作业；拣货：Bin 生成批次，指定库位，给出作业路径；出货：订单生处随机存储运营特色。亚马逊的运营中心有两大特色，第一个特色就是随机上架，实现的是见缝插针的最佳存储方式。看似杂乱，实则乱中有序。也就是说这个乱不是真正的乱，乱就是说可以打破品类和品类之间的界限，可以把它放在一起。第二个特色是有序，有序是说，库位的标签就是它的 GPS，然后这个货位里面所有的商品其实在系统里面都是各就其位，非常精准地被记录在它所在的区域。

6) 智能分仓和智能调拨

亚马逊作为全球云仓平台，智能分仓和智能调拨有独特的技术含量。在亚马逊中国全国 10 多个平行仓的调拨完全是在精准的供应链计划的驱动下进行的。

(1) 通过亚马逊独特的供应链智能大数据管理体系，亚马逊实现了智能分仓、就近备货和预测式调拨。这不仅仅是用在自营电商平台，在开放的"亚马逊物流+"平合中应用得更加有效。

(2) 智能化调拨库存。全国各个省市包括各大运营中心之间有干线的运输调配，以确保库存已经提前调拨到离客户最近的运营中心。而整个智能化全国调拨运输网络很好地支持了平行仓的运营，全国范围内只要有货就可以下单购买，这是大数据体系支持全国运输调拨网络的充分表现。

7) 精准预测、二维码精准定位技术

(1) 精准的库存信息。亚马逊的智能仓储管理技术能够实现连续动态盘点，库存精准率达到99.99%。

(2) 精准预测库存、分配库存。在业务高峰期，亚马逊通过大数据分析可以做到对库存精准预测，从配货规划、运力调配，以及末端配送等方面做好准备，平衡了订单运营能力，大大降低了爆仓的风险。

(3) 在亚马逊全球运营中心，每一个库位都有一个独特的编码。二维码是每一个货位的身份证，就是一个 GPS，可以在系统里查出商品定位。亚马逊精准的库位管理可以实现全球库存精准定位。

8) 可视化订单作业、包裹追踪

跨境电商方面，2015年8月13日亚马逊发布了海外购——闪购，这是依托保税区/自贸区发货的创新模式。亚马逊海外购的商品非常有价格优势，同质同价。全球云仓库存共享：在中国就能看到来自大洋彼岸的库存，亚马逊实现全球百货直供中国，这是全球电商供应链可视化中，亚马逊独特的运营能力。在中国独一无二地实现了全球可视化的供应链管理。

货物国内运作方面：亚马逊平台可以让消费者、合作商和亚马逊的工作人员全程监控包裹位置和订单状态。比如：昆山运营中心品类包罗万象，任何客户的订单执行从前端的预约到收货；内部存储管理、库存调拨，拣货、包装；以及配送发货单的客户手中，整个过程环环相扣，每个流程都有数据的支持，并通过系统实现全订单的可视化管理。

总结：

亚马逊中国正是借助于上述技术，在2015年"双11"中的数据尤为可观。根据最新消息显示，亚马逊11日当天全国订单100%按计划完成出库和发货，正点送达率达到98.4%，实现了与平时同样的时效和质量承诺。其中在24个城市，顾客当天上午接单，99%已在当日实现上门配送。

(资料来源：黄刚. 从十大物流技术分析亚马逊是如何玩转物流大数据的[EB/OL].
http://www.iyiou.com/p24003)

第一节 物流信息技术概述

每天在全球范围内会发生数以百万计的交易，每一笔交易的背后都伴随着有形商品的流动(物流)以及信息的流动(信息流)。供应链上的合作伙伴都需要这些信息以便对产品进行发送、跟踪、分拣、接收、提货、仓储等处理。随着信息数量的增加，供应链上合作伙伴的组织费用、数据处理费用以及管理费用都在大幅度增加。因此，对信息进行精确、可靠及快速的采集和传送变得日益重要。在供应链管理中采用先进的物流信息技术,就是为了帮助企业优化业务运作流程,改善供应链上的薄弱环节,提高运作效率,降低运作的成本和费用,建立快速反应策略,实现物流与信息流一体化的供应链管理,从而更好地面对竞争激烈、变幻莫测的市场环境,获得竞争优势。供应链结构模型及其信息技术应用如图 3-1 所示。

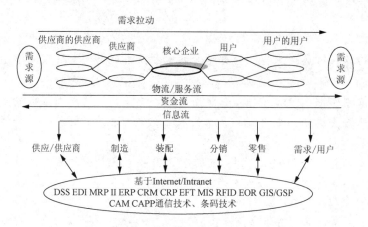

图 3-1　供应链结构模型及其信息技术应用

一、物流信息

物流信息(Logistics Information)是反映物流各种活动内容的知识、资料、图像、数据、文件的总称,我们主要从物流信息的概念、分类、特点和作用几个方面对其进行简单介绍。

1. 物流信息的概念

物流信息是物流活动中各个环节生成的信息,一般随着从生产到消费的物流活动而产生,与物流过程中的运输、存储、装卸、包装等各种职能有机地结合在一起,是整个物流活动顺利进行所不可缺少的。

物流信息包含的内容和对应的功能可从狭义和广义两方面考虑。

狭义的物流信息是指与物流活动(运输、装卸、搬运、包装、流通加工等)相关的信息。在物流活动的管理与决策中,如运输工具的选择、运输路线的确定、每次运送批量的确定、在途货物的追踪、仓库的有效利用、最佳库存数量的确定、库存时间的确定、订单管理、如何提高顾客服务水平等,都需要详细和准确的物流信息,因为物流信息对运输管理、库存管理、订单管理、仓库作业管理等物流活动具有支持保障的功能。

广义的物流信息则不仅包括与物流活动直接相关的信息,而且包括与构成活动间接相关的信息,如商品交易信息和市场信息等。商品交易信息是指与买卖双方的交易过程有关的信息,如销售和购买信息、订货和接收订货信息、发出货款和收到货款信息等。市场信息是指与市场活动有关的信息,如消费者的需求信息、竞争者或竞争性商品的信息、销售促进活动信息、交通通信的基础设施信息等。在现代经营管理活动中,物流信息与商品交易信息、市场信息相互交叉、融合,有着密切的联系。例如,零售商根据对消费者需求的预测以及库存状况制订订货计划,向批发商或者直接向生产厂家发出订单。批发商在接到零售商的订货信息后，在确认现有库存水平能满足订单要求的基础上，向物流部门发出发货配送信息。如果发现现有库存水平不能满足订单需求则马上向生产厂家发出订单。生产厂家接到订单后，如果发现现有库存不能满足订单的要求则马上组织生产，再按订单上的数量和时间要求向物流部门发出发货配送信息。因此，广义的物流信息不仅可以起到连接从生产厂家、经批发商和零售商到消费者的整个供应链的作用，而且在应用现代物流信息技术(EDI、RFID、Barcode、GIS、GPS 等)的基础上提高了整个供应链活动的效率。

由于物流信息具有这些功能，使其在现代企业经营战略中占有越来越重要的地位。建立物流信息系统，提供迅速、准确、及时、全面的物理信息是现代企业获得竞争优势的必要条件。

2. 物流信息的特点

1) 物流信息量大、分布广

由于物流是一种大范围的活动，物流信息源也分布于一个大范围之内，所以物流信息伴随着物流活动而大量产生。多品种少量生产，多频度小数量配送，使库存、运输等物流活动信息大量增加。随着企业间合作的进一步增强和信息技术的发展，物流的信息量将会越来越大。

2) 物流信息动态性强，信息价值衰减速度快，时效性强

由于物流的各种作业活动频繁发生，物流信息的动态性增强，这就对物流信息的更新速度提出了新要求。

3) 物流信息种类多、使用难度大

物流信息的来源多种多样，包括企业内部的物流信息，企业间的物流信息和物流活动中各环节的信息。随着企业间信息交换和共享的深入，信息来源会更加复杂多样，这就加大了物流信息的使用难度。

4) 物流信息技术手段配套使用，发挥综合效果

在信息日新月异发展的时代，各种新的信息技术和手段如雨后春笋般层出不穷。要将各种信息技术和手段配套使用，除将物流信息技术和物流软件技术并用外，还应该与物流硬件设施，如仓库、配送中心、集装箱、托盘、自动分类分拣系统等匹配。

3. 物流信息的分类

1) 按信息产生和作用的领域分类

按信息产生和作用的领域，物流信息可分为物流活动所产生的信息和其他信息源产生的供物流使用的信息。一般而言，在物流信息工作中，前一类是发布物流信息的主要信息源，其作用是不但可以知道下一次物流循环，还可以提供给全社会，成为经济领域的信息。后一类信息则是信息工作收集的对象，是其他经济领域、工业领域产生的对物流活动有用的信息，主要用于指导物流活动。

2) 按物流信息作用的不同分类

按物流信息作用的不同，物流信息可分为计划信息、控制及作业信息、统计信息和支持信息 4 类。有人也将其分为控制信息、作业信息和辅助信息。

(1) 计划信息。该信息是指尚未实现的但已当成目标确认的一类信息，如物流量计划、仓库吞吐量计划、与物流活动有关的国民经济计划等信息，只要尚未进入具体业务操作领

域的，都可归入计划信息范畴之中。这种信息的特点是带有稳定性，信息更新速度较慢。计划信息常常是战略决策或大的业务决策必不可少的依据。

(2) 控制及作业信息。这种信息是物流活动过程中发生的信息，带有很强的动态性，是掌握物流现实活动状况不可缺少的信息，如库存量、载运量、运输工具状况等。这种信息的特点是动态性强，更新速度快，时效性也很强。其主要作用是用以控制和调整正在进行的物流活动和指导下一步要进行的物流活动，以实现对过程的控制和对业务活动的微调。

(3) 统计信息。这种信息是物流活动结束后，针对整个物流活动归总的一种终结性、归纳性信息，它是一种恒定不变的信息。其主要作用是正确掌握过去的物流活动规律，指导物流战略发展和制订物流计划。

(4) 支持信息。这种信息是指与物流计划、业务、操作有关的文化、科技、产品、法律、教育、民俗等方面的信息。这些信息不但对物流战略发展有价值，而且也可以对控制、操作起到指导、启发的作用，是可以从整体上提高物流服务水平的一类信息。

3) 按活动领域分类

由于物流活动的性质不同，所以信息也有所不同，按活动领域分类，有采购供应信息、仓库信息、运输信息等，甚至可细化分成集装箱信息、托盘交换信息、库存量信息、汽车运输信息等。

另外，还有不同的分类方法，比如按物流活动环节不同可分为运输信息、库存信息、包装信息和加工信息等。按照信息加工的程度可以分为原始信息和加工信息。按照信息来源分为内部信息和外部信息。按照信息的变动可分为固定信息和流动信息。

4. 物流信息的作用

物流信息在物流活动中具有十分重要的作用，这些物流信息通过收集、传递、存储、处理、输出等，可以成为决策依据，对整个物流活动起到指挥、协调、支持和保障作用，具体如下所述。

(1) 沟通联系。通过各种指令、文件、数据、报表、凭证等物流信息，可以沟通生产商、批发商、零售商、物流服务商和消费者，满足各方的需要。因此，物流信息是沟通物流活动各环节之间联系的桥梁。

(2) 引导和协调。物流信息随着物资、货币及物流当事人的行为等信息载体进入物流供应链中，同时信息的反馈也随着信息载体反馈给供应链上的各个环节，依靠物流信息及其反馈可以促进供应链结构的变动和物流布局的优化；协调物资结构，使供需之间平衡；协调人、财、物等物流资源的配置，促进物流资源的整合和合理使用等。

(3) 管理控制。通过移动通信、计算机信息网、电子数据交换(EDI)、全球定位系统(GPS)等技术实现物流活动的电子化，如货物实时跟踪、车辆实时跟踪、库存自动补货等，用信息化代替传统的手工作业，实现物流运行、服务质量和成本等的管理控制。

(4) 缩短物流管道。如果能够实时地掌握供应链上不同节点的信息，如知道在供应管道中，什么时候、什么地方、多少数量的货物可以到达目的地，那么就可以发现供应链上的过多库存并进行缩减，从而缩短物流链，提高物流服务水平。

(5) 辅助决策分析。物流信息是制定决策方案的重要基础和关键依据，物流管理决策过程的本身就是对物流信息进行深加工的过程，是对物流活动的发展变化规律性认识的过程。

(6) 支持战略计划。作为决策分析的延伸，物流战略计划涉及物流活动的长期发展方向和经营方针的制定，如企业战略联盟的形成、以利润为基础的顾客服务分析以及能力和机会的开发和提炼，作为一种更加抽象、松散的决策，它是对物流信息进一步提炼和开发的结果。

(7) 价值增值。物流信息本身是有价值的，而在物流领域，流通信息在实现使用价值的同时，其自身的价值也呈现增长的趋势，即物流信息本身具有增值特征。

二、物流信息技术

物流信息技术是指现代信息技术在物流各个作业环节中的应用，是物流现代化的重要标志。物流信息技术也是物流技术中发展最快的领域，主要由通信、软件、面向行业的业务管理系统三大部分组成，包括基于计算机、网络以及各种通信方式的全球定位系统(Global Positioning System，GPS)、地理信息系统(Geographic Information System，GIS)、条形码(Barcode)技术、射频识别系统(Radio Frequency Identification System，RFID)、电子数据交换(Electronic Data Interchange，EDI)技术等现代尖端科技。在这些尖端技术的支持下，形成以移动通信资源管理、监控调度管理、自动化仓储管理、业务管理、客户服务管理、财务管理等多种信息技术集成的一体化现代物流管理系统。

物流信息技术通过切入物流企业的业务流程来实现对物流企业各生产要素(车辆、仓库、驾驶员等)的合理组合与高效利用，降低经营成本，直接产生明显的经营效益。它有效地把各种零散数据变为商业智慧，赋予了物流企业新型的生产要素——信息，大大提高了物流企业的业务预测和管理能力。通过"点、线、面"的立体式综合管理，实现了物流企业内部一体化和外部供应链的统一管理，可以有效地帮助物流企业提高服务质量，提升物流企业的整体效益。

第二节　条 码 技 术

条码技术又称条形码技术，条码最早出现在 20 世纪 40 年代的美国，但得到实际应用和发展还是在 70 年代左右。条码技术是在计算机应用中产生和发展起来的一种数据采集、自动识别技术，是集条码理论、光电技术、计算机技术、通信技术、条码印制技术于一体的综合性技术，现已广泛应用于商业、邮政、图书管理、仓储、工业生产过程控制、交通等领域，被广泛应用于物流领域的出库、入库、上架、分拣、运输、仓储管理等过程中，是物流自动跟踪的最有力工具。条码技术具有制作简单、信息收集速度快、准确率高、信息量大、成本低和条码设备应用方便等优点，所以从生产到销售的流通转移过程中，条码技术起到了准确识别物品信息和快速跟踪物品历程的重要作用，它是整个物流信息管理工作的基础。条码技术在物流的数据采集、快速反应、运输的应用方面极大地促进了物流业的发展。

一、条码概述

(一)条码

条码(Barcode)是由一组按一定编码规则排列的条、空以及对应的字符、数字及符号组成的标记。"条"是指对光线反射率较低的部分,"空"是指对光线反射率较高的部分。这些条和空组成的数据条形码表达一定的信息,并能够用特定的设备识读,转换成与计算机兼容的二进制和十进制信息。为了方便大家对条码概念有一个更清晰的认识,下面从条码的构成和分类两个方面对条码做进一步介绍。

1. 条码的构成

一个完整的条码的组成次序为静区(前)、起始符、数据符、中间分割符,主要用于 EAN 码、符号校验符、终止符、静区(后)。如图 3-2 所示,其中两个空白区对应前后两个静区。

图 3-2　条码的构成

静区,指条码左右两端外侧与空的反射率相同的限定区域,它可以使阅读器进入准备阅读的状态,当两个条码的距离较近时,静区则有助于对它们加以区分。静区的宽度通常应不小于 6mm(或 10 倍模块宽度)。

起始/终止符,指位于条码开始和结束的若干条与空,标志着条码的开始和结束,阅读器以此确定开始处理扫描脉冲和停止处理,同时提供码制识别信息和阅读方向的信息。

数据符,指位于条码中间的条、空结构,它包含条码所表达的特定信息。

构成条码的基本单位是模块,模块是指条码中最窄的条或空,模块的宽度通常以 mm 或 mil(千分之一英寸)为单位。构成条码的一个条或空称为一个单元,一个单元包含的模块数是由编码方式决定的,有些码制中,如 EAN 码,所有单元由一个或多个模块组成;而另一些码制,如 39 码,所有单元只有两种宽度,即宽单元和窄单元,其中的窄单元即为一个模块。

2. 条码的分类

(1) 按照码制进行分类。常见的条码大概有二十多种码制,其中包括 Code39 码(标准 39 码)、Codabar 码(库德巴码)、Code25 码(标准 25 码)、ITF25 码(交叉 25 码)、Matrix25 码(矩阵 25 码)、UPC-A 码、UPC-E 码、EAN-13 码(EAN-13 国际商品条码)、EAN-8 码(EAN-8 国际商品条码)、中国邮政编码(矩阵 25 码的一种变体)、Code11 码、Code93 码、ISBN 码、ISSN 码、Code128 码(Code128 码,包括 EAN128 码)、Code39EMS(EMS 专用的 39 码)、PDF417

等条码。不同的编码规则不同，编码组织不同，主要的应用领域也有所不同。

EAN 码。通用于全世界。我们日常购买的商品包装上所印的条码一般就是 EAN 码。

UPC 码。UPC 码是美国统一代码委员会制定的一种商品用条码，主要用于美国和加拿大等国家，在美国进口的商品上可以看到。

39 码。39 码是一种可表示数字、字母等信息的条码，主要用于工业、图书及票证的自动化管理，如表示产品序列号、图书编号等。

25 码。主要应用于包装、运输以及国际航空系统的机票顺序编号等。

库德巴(Codebar)码，库德巴码也可表示数字和字母信息，主要用于医疗卫生、图书情报、物资等领域的自动识别，如血库、图书馆、包裹等的跟踪管理。

除此以外，还有许多条码码制被使用。所以，我们在使用某种条码时，一定要搞清它是哪一种码制。

(2)　按照维数进行分类，有一维条码、二维条码和多维条码。

一维条码。只是在一个方向(一般是水平方向)表达信息，而在垂直方向则不表达任何信息，其一定的高度通常是为了便于阅读器的对准。

二维条码。在水平和垂直方向的二维空间存储信息的条形码，称为二维条码 (2-dimensional barcode)。

一维条码所携带的信息量有限，如商品上的条码仅能容纳 13 位(EAN-13 码)阿拉伯数字，更多的信息只能依赖商品数据库的支持，离开了预先建立的数据库，这种条码就没有意义了，因此在一定程度上也限制了条码的应用范围。基于这个原因，在 20 世纪 90 年代发明了二维条码。

多维条码。在多维空间存储信息的条码。日本公司"Content Idea of Asia" 研发出一种三维条码。这种条码实际由 24 层颜色组成，能够承载的信息是 0.6～1.8MB。这样的容量足以容纳一首 MP3 或者一段小视频。这给我们带来很大的想象空间，假设你的手机有一个摄像头，将商品上的这个条码扫描一下，然后用专门的软件将上面的数据释放出来，你的手机就能获得一段 MP3 音乐或者视频，你可以通过手机来欣赏这段 MP3 音乐或者广告视频。

(二)条码技术

条码技术是在计算机应用实践中产生和发展起来的一种自动识别技术。它通常是研究如何把计算机所需要的数据用条码符号表示出来，即条码的编码技术、印刷技术，以及如何将条码符号所表示的数据转变成计算机可自动采集的数据，即识读条码技术。要制作条码符号，首先要有编码规则，然后采用多种印刷方法或专用的条码印刷机印刷出条码。要阅读条码符号所含的数据，需要一个扫描装置和译码装置。当扫描器扫过条码符号时，根据光电转换原理，条和空的宽度就变成了电流波，被译码器译出，转换成计算机可读数据。

由此可见，条码技术是光电技术、通信技术、计算机技术和印刷技术相结合的产物。

条码是迄今为止最经济、实用的一种自动识别技术。条码技术具有以下几个方面的优点。

(1)　输入速度快。一个每分钟打 90 个字的打字员 1.6s 可输入 12 个字符或字符串，而使用条形码做同样的工作只需 0.3s，与键盘输入相比，条码输入的速度是键盘输入的 5 倍，并且能实现"即时数据输入"。

(2) 可靠性高。键盘输入错误率约为千分之三，而利用光学字符识别技术条形码输入的错误率约为十万分之六，如果再加上校验码则出错率仅为千万分之一。

(3) 采集信息量大。利用传统的一维条码一次可采集几十位字符的信息，二维条码更可以携带数千个字符的信息，并有一定的自动纠错能力。

(4) 灵活实用。条码标识既可以作为一种识别手段单独使用，也可以和有关识别设备组成一个系统实现自动化识别，还可以和其他控制设备连接起来实现自动化管理。

另外，条码标签易于制作，对设备和材料没有特殊要求，识别设备操作容易，不需要特殊培训，且设备也相对便宜。

(三)条码识别

条码识别是指如何将条形码表示的数据转变为计算机可以自动采集的数据，通过条码识读装置可以实现此功能。识读装置由扫描器和译码器组成，扫描器只是把条码符号转换成数字脉冲信号，而译码器是把数字脉冲信号转换成条码符号所表示的信息。从光源使用上看，目前常用的条码扫描器有以下几类。

1. 笔式扫描器(Wand，俗称光笔)

笔式扫描器是一种外形像笔的扫描器，使用时以机就物，即移动光笔去扫描物体上的条码。光笔的价格亲民，但扫描的长度稍受限制，大约 32 个字元，较适合一般小商店及个人使用。

2. 固定式扫描器(Fix-mount Scanner)

固定式扫描器是一种体积较大、价格较高的扫描系统，使用时以物就机，即机器固定，以物品的移动来扫描解码，适用于输送带或一般大型超市。

3. CCD 扫描器

CCD(Change Coupled Device，光耦合装置)扫描器采用发光二极体的泛光源照明整个条码，再透过平面镜与光栅将条码符号映射到由光电二极体组成的探测器阵列上，经探测器完成光电转换，再由电路系统对探测器阵列中的每一光电二极体依次采集信号，辨识出条码符号，完成扫描。CCD 扫描器的优点是操作方便，不直接接触条码也可辨读，性能较可靠，寿命较长，且价格较镭射扫描器便宜，如图 3-3 所示。

图 3-3　CCD 扫描器

4. 镭射扫描器(Laser Scanner)

镭射扫描器借由镭射光束的扫描来读取条码的资料，由于它和光笔式扫描器一样，可自由移动到物体处扫描，因此条码的长度在容许的范围内并不会受到限制，不过光笔一定要接触到条码的表面才能辨读，镭射扫描器的扫描距离较光笔、CCD 远，故在扫描时可悬空划过条码。

二、物流条码

物流条码是在物流过程中以商品为对象、以集合包装为单位使用的条形码，用在商品装卸、仓储、运输和配送过程中的识别符号，通常印在包装外箱上，用来识别商品种类及数量，也可用于仓储批发业销售现场的扫描结账。

物流条码符号的应用面向国内储运业界(制造商、批发商、零售商)。零售店以配送包装单位当作销售单位时(如家电或整箱销售的商品)即可用外箱上的物流条形码扫描结账；批发业或零售业在进货、点货或库存盘点作业时，对以配送单位包装的商品可扫描物流条形码，对以零售单位包装的商品则扫描原印条形码。总之，其应用的场合包括自动装卸货、拣货、分货、进出货自动登录及传输以及订单收货作业。

国际上通用和公认的物流条码码制有 3 种，即储运单元条码(ITF-14 条码)、贸易单元条码(EAN-128 条码)及通用商品条码(EAN-13 码)。这三种条码标准或码制基本上可以满足物流领域的条码应用需求。

(一)EAN 码

EAN 码是由国际物品编码协会制定的国际通用商品代码，是一种模块组合型条码，它和美国统一编码委员会(UCC)制定的通用商品代码 UPC 码相互兼容。EAN/UPC 码作为一种消费单元代码，可以在全球范围内唯一标识一种商品。标准码是由 13 位数字码及相应的条码符号组成，如图 3-4(a)所示，在较小的商品上也可采用 8 位缩短数字码及其相应的条码符号，如图 3-4(b)所示。

(a) EAN-13

(b) EAN-8

图 3-4 EAN 码

标准版 EAN 由 13 位数字和条码符号组成，其代码结构由前缀码、厂商识别代码、商品项目代码和校验码组成。厂商识别代码为 7～9 位数字。通常，EAN-13 码的结构如下所述。

P1 P2 P3　　M1 M2 M3 M4　　I1 I2 I3 I4 I5　　C

其中，P1～P3 是前缀码，是由国际物品编码协会分配给它的成员国家或地区代码，即各会员国的代码。

"P1 P2 P3 M1 M2 M3 M4"是厂商识别代码，是 EAN 编码组织在 EAN 分配码的基础上分配给厂商的代码。我国的厂商识别代码由中国物品编码中心分配给申请企业，统一分配、注册，一厂一码。

"I1 I2 I3 I4 I5"是商品项目码，代表具体的商品项目，通过它能标识不同的商品属性、规格、价格等。由厂商自主分配，可标识 00000～99999 共 10 万种商品。

"C"是校验码，使用 Mod10 校验位计算法校验前面条码的正误，防止扫描阅读错误。

缩短版 EAN 由 8 位数字及条码符号组成。其结构如下所述。

P1 P2 P3　　　I1 I2 I3 I4　　C

其中，P1～P3 是前缀码，I1～I4 是商品项目代码。在我国，由中国物品编码中心分配给每项需要缩短码的商品。C 是校验码，用来校验条码的正误。

(二)ITF-14 条码

ITF-14 条码是一种定长、连续，具有自校验功能，且条、空都表示信息的双向条码。它的条码字符集、条码字符的组成和交叉二维码相同。ITF-14 条码由矩形保护框、左侧空白区、条码字符和右侧空白区组成，如图 3-5 所示。

图 3-5　ITF-14 条码

IFF-14 条码的编码结构如表 3-1 所示。

表 3-1　ITF-14 条码的编码结构

定量储运单元包装指示符	定量消费单元代码	校验码
V	$X_1 X_2 X_3 X_4 X_5 X_6 X_7 X_8 X_9 X_{10} X_{11} X_{12}$	C

V 表示定量储运单元包装指示符，其赋值区间为 1～8，用于表示定量储运单元的包装级别；X_1～X_{12} 是定量消费单元代码。

在物流系统中，常用 ITF-14 标识商品装卸、仓储、运输等储运单元，通常印在包装外箱上，用来识别商品种类与数量；也可用于仓储批发业销售现场的扫描结账。若有以重量计算的商品，还可以追加六位加长码，称为 ITF-6 条码。也就是说 ITF-14 和 ITF-6 条码结合构成变量储运单元条码，其结构如表 3-2 所示。

表 3-2　变量储运单元的编码结构

变量储运单元包装指示符	主 代 码			附 加 码	
	厂商识别代码与商品项目代码	校验码		商品数量	校验码
L1	$X_1 X_2 X_3 X_4 X_5 X_6 X_7 X_8 X_9 X_{10} X_{11} X_{12}$	C1		$Q_1 Q_2 Q_3 Q_4 Q_5$	C2

L1 指在主代码后面有附加码，其值为 9。厂商识别代码是标识厂商的代码，由中国物品编码中心统一分配。商品项目代码标识组成储运单元的产品种类。附加码是指包含在变量储运单元内，按照确定的基本计量单位计量取得的商品数量。

(三)EAN-128 码

通用商品条码与储运单元条码都属于携带信息少的标识码，在物流配送过程中，如果需要将生产日期、有效日期、运输包装序号、重量、体积、尺寸、送出地址、送达地址等重要信息条形码化，以便扫描输入，就可以使用通用商品条码-128码。

EAN-128码可携带大量的信息，所以其应用领域非常广泛，包括制造业的生产流程控制、批发物流业或运输业的仓储管理、车辆调配、货物追踪、医院血液样本的管理、政府对管制药品的控制追踪等。

EAN-128码是根据UCC/EAN-128码的定义标准将数据转变成条码符号。为识别所携带信息的意义，采用不同的应用识别码进行识别。编码时，应用识别码定义其后码的意义，而信息码则是固定或可变长度的数字。EAN-128码示例如图3-6所示。

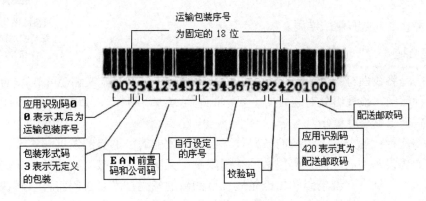

图3-6 EAN-128码示例

上述三种条形码是物流条码中常用的码制，选用条码时，要根据不同的货物和不同的商品包装，采用不同的条码码制。单个大件商品，如电视机、电冰箱、洗衣机等商品的包装箱往往采用EAN-13码。集装箱常常采用ITF-14码或UCC/EAN-128码作为标识条码，包装箱内可以是单一商品，也可以是不同的商品或多件商品小包装。

(四)物流条码的发展

随着信息量的增加，物流条码会逐步从一维条码向二维条码、复合码等包含更多信息的复杂结构条形码发展。

1. 二维条码

二维条码除了具有一维条码的优点外，还具有信息量大、可靠性高、保密、防伪性强等优点。目前，二维条码主要有PDF417码、Code49码、Code 16K码、Data Matrix码、MaxiCode码等，主要分为堆积或层排式和棋盘或矩阵式两大类。二维条码作为一种新的信息存储和传递技术，从诞生之时就受到了国际社会的广泛关注。

二维条码依靠其庞大的信息携带量，能够把过去使用一维条码时存储于后台数据库中的信息包含在条码中，可以直接通过阅读条码得到相应的信息，并且二维条码还有错误修正技术及防伪功能，增强了数据的安全性。二维条码可把照片、指纹编制于其中，可有效地解决证件的可机读和防伪问题。因此，可广泛应用于识读护照、身份证、行车证、军人证、健康证、保险卡等。另外，在海关报关单、长途货运、税务报表、保险登记表上也都有使用二维条码技术来解决数据输入及防止伪造、删改表格的例子。PDF417二维条码如图3-7所示。

图 3-7　PDF417 二维条码

资料链接 3-1：二维条码
在货物运输作业过程中
的应用方案

二维条码在生产、仓储、配送、服务等各个物流活动中有不同的应用。

资料链接 3-1 见右侧二维码。

2. 复合码

复合码是将线性符号(即一维条码)和 2D(二维条码,包括行排式和矩阵式)复合成分组合起来的一种码制。线性组分对项目的主要标识进行编码。相邻的 2D 复合组分对附加数据,如批号和有效日期进行编码。

随着物流行业的发展,传统的条码技术已经不太能适应形势的发展与需要,特别是当越来越多的信息需要表达而条码技术的空间限制却无法得到突破时,传统的条码技术尤其显得力不从心。结合一维条码和二维条码优点的新的条码技术复合码将可以解决物流行业的快速发展与传统条码的缺陷之间的冲突,如图 3-8 所示。

图 3-8　具有 CC-C 的 UCC/EAN-128 复合条码

三、条码技术在物流中的应用

在物流领域,条码技术通过与各种信息技术的综合应用,推动着物流系统的信息化、自动化和网络化的发展。对于建立一个高效、合理、快速反应的物流系统发挥着巨大的作用。下面介绍条码在物流领域的几个典型应用。

(一)生产过程跟踪

条码生产管理是产品条码应用的基础,用于建立产品识别码。在生产中应用产品识别码可以监控生产,采集生产测试数据,采集生产质量检查数据,进行产品完工检查,建立产品识别码和产品档案,有序地安排生产计划,监控生产及流向,提高产品的下线合格率。其管理思想如下所述。

(1) 制定产品识别码格式。

(2) 建立产品档案。

(3) 通过生产线上的信息采集点来控制生产信息。

(4) 通过产品标识码条码在生产线采集质量检测数据,以产品质量标准为准绳判定产品是否合格,从而控制产品在生产线上的流向及是否建立产品档案,打印合格证。

(二)物料管理

现代化生产物料配套的不协调极大地影响了产品的生产效率，杂乱无序的物料仓库、复杂的生产备料及采购计划的执行几乎是每个企业都会遇到的难题。条码技术的解决思想如下所述。

(1) 对采购的生产物料按照行业及企业规则建立统一的物料编码，从而杜绝因物料无序而导致的损失和混乱。

(2) 对需要进行标识的物料打印条码标，以便于在生产管理中对物料的单件进行跟踪，从而建立完整的产品档案。

(3) 利用条码技术，对仓库进行基本的进、销、存管理，有效地降低库存成本。

(4) 通过产品编码，建立物料质量检验档案，产生质量检验报告，与采购订单挂钩建立对供应商的评价标准。

(三)货物运输跟踪

货物承运人根据运输计划，在向货主取货，在物流中心重新集装运输以及向客户配送交货时，均可利用条码扫描设备获取承运货物的相关信息，并通过各种通信方式和总部信息中心交换各种物流信息。从而可以实时跟踪有关货物运输状态的信息(包括货物品种、数量、发货地点、货主、在途情况、到达地点、交货时间、送货车辆及责任人员等)，提高物流运输服务水平。

(四)仓库系统

商品入库时，识读商品上的条码标签，可与库存计划核对，登记相关库存信息，并输入相关的入库区位、货架、货位的指令信息；商品出库时，扫描商品上的条码，可对出库商品的信息进行确认，同时更改其库存状态；存货盘点时，通过手持终端扫描物品条码，可收集盘点商品信息，然后将收集到的信息由计算机进行集中处理，从而形成盘点报告。对于具有自动分拣设备的仓库，条码扫描设备只读需分拣的商品条码信息，完成分拣信号的输入。另外，在商品进出库时读取这些货物上的条码信息，可以建立仓储管理数据库，为决策部门提交及时准确的仓储信息，管理者可以根据该系统随时掌握各类货物进出库和库存数据，作出正确的决策。

(五)货物配送

配送前，将配送商品资料和客户订单资料分别下载到移动条码终端；到达配送客户后，打开移动终端，调出相应的客户和商品信息，挑选货物，并验证其条码标签；确认配送完一个客户的货物后，移动条码终端自动校验配送情况并进行相应的提示。

(六)产品销售

通过在销售、配送过程中采集产品的单品条码信息，根据产品单件标识条码记录产品销售过程，完成产品销售链跟踪，可以防止违规的批发商以较低的地域价格名义取得产品后，将产品在地域价格高的地方低价倾销，扰乱市场秩序。

另外，在零售商店的销售点，销售时点信息管理系统(POS)首先可对商品进行编码，将商品信息存入数据库中，待出售的商品贴上条码标签。在销售结算时，利用收款机作为终端与主计算机相连，同时通过条码扫描器读取商品的条码信息，计算机自动从数据库中查询该商品的信息，显示出商品名称、价格、数量、总金额，反馈给收款机开出收据，迅速准确地完成结算过程。通过在零售环节应用条形码技术，可以节省顾客购买结算的时间。同时销售点可以精确地实时跟踪每种库存商品的出售数据，掌握进、销、存的相关数据，也可以向渠道内的所有成员提供及时、准确的战略数据，如商品制造商可以及时了解产品销售情况，进而调整生产计划，生产适销对路的商品。

(七)产品售后跟踪服务

随着市场竞争的加剧，大件商品或一些耐用消费品的售后服务水平往往决定着其市场销售情况和市场占有率。因此，这些商品的生产者都努力提高其客户管理及售后服务水平。利用条码技术进行客户管理和售后服务管理，只要在产品出厂前进行赋码，各代理商、分销商在销售时就可读取产品上的条码，向厂商及时反馈产品流通的信息和客户信息，从而建立客户管理和售后服务管理系统。

通过产品的售后服务信息采集与跟踪，可以为企业产品的售后保修服务提供依据，同时能够有效地控制售后服务带来的困难——销售产品重要部件被更换而造成的保修损失；销售商虚假的修理报表等。

知识拓展 3-1 见右侧二维码。

知识拓展 3-1：信息化对海尔空间组织变革的驱动作用.docx

第三节　EDI 技 术

物流信息由有关公司作业的实时数据组成，包括进口物料流程、生产状态、产品库存、顾客装运以及新来的订货单等。从外界的角度来看，公司需要与买主或供应商、金融机构、运输承运人和顾客交流有关订货装运和开单的信息，而内部功能则有可能用于交换有关生产计划和控制等数据。传统的以纸为媒介的信息内外传递方式显然已经不能满足现代物流的发展要求，电子数据交换技术在物流领域开始充分发挥其作用。

EDI(Electronic Data Interchange)是现代计算机技术和远程通信技术相结合的产物。近年来，EDI 的应用范围开始从订货业务领域向其他业务领域扩展，如 POS(Point of Sale)销售信息传送业务、库存管理业务、发货送货信息和支付信息的传送业务等。由于 EDI 技术在物流领域中的广泛应用，被称为物流 EDI。EDI 在物流系统中的应用，主要表现在用计算机网络来传递信息，包括日常查询、计划、询价、合同等信息的交换等。

一、EDI 概述

不同组织从不同角度为 EDI 下的定义是不同的，下面从最常见的 EDI 概念出发对其进行介绍。

1. EDI 的概念

EDI 是由国际标准化组织推广使用的国际标准，是一种通过电子信息手段，在贸易伙伴之间传递商务交易信息的方法和标准。例如，国际贸易中的采购订单、装箱单、提货单、收据、发票、付款凭证和财务报表等数据的交换。EDI 具有信息标准化、传输电子化、计算机处理等特点。

EDI 是一种计算机应用技术。国际标准化组织将 EDI 定义为将商业或行政事务，按照一个公认的标准，形成结构化的事务处理或报文数据格式，从计算机到计算机的电子数据传输。联合国国际贸易法委员会 EDI 工作组对 EDI 的法律定义为 EDI 是用户的计算机系统之间的对结构化的、标准化的信息进行自动传送和自动处理的过程。

2. EDI 的国际标准

EDI 的标准有 4 种，即企业专用标准、行业标准、国家标准和国际标准。企业专用标准仅局限于公司、企业或集团的内部。行业标准是一个行业内企业共同遵守的标准。国家标准是适用于一个国家内部各个行业的标准。目前世界上通用 EDI 标准有两个：一个是由美国国家标准局主持制定的 X12 数据通信标准，另一个是由联合国推出的 EDIFACT 标准。

二、物流 EDI

(一)物流 EDI 的概念

物流 EDI 是指货主、承运业主以及其他相关的单位之间，通过 EDI 系统进行物流数据交换，并以此为基础实施物流作业活动的方法。物流 EDI 的参与单位有货主(如生产厂家、贸易商、批发商、零售商等)、承运业主(如独立的物流承运企业等)、协助单位(政府有关部门、金融企业等)和其他的物流相关单位(如仓库业务、配送中心等)。

EDI 是现代物流的重要发展方向，其含义是商业贸易伙伴之间，将按标准协议将规范化和格式化的经济信息通过电子数据网络，在单位的计算机系统之间进行自动交换和处理。它是电子商业贸易的一种工具，将商业文件按统一的标准制成计算机能识别和处理的数据格式，在计算机之间进行传输。现代物流中所用的电子数据交换技术主要是应用于单证的传递、货物送达的确认等。应用电子数据交换技术传输的单证种类有采购单、采购变更单、询价单、采购订单、提货单、发票、到货通知单、交货确认单等。

应用物流 EDI 给企业带来的利益体现为物流业相关各方基于标准化的信息格式和处理方法通过 EDI 共同分享信息，提高了流通效率，降低了物流成本。物流 EDI 通过更快的信息传输即减少信息登录的冗杂程序来提高生产率，通过减少数据登录的次数和个体数来提高精确度。通过物流 EDI 进行数据的内部传输与处理，可以大大提高内部生产率；通过同外部信息的传递能改善渠道关系，提高外部生产率，降低作业成本。由于 EDI 是遵循一定的语法规则和国际标准，自动进行数据投递、传输、处理，计算机应用程序对它自动响应，从而减少了人工介入和贸易过程中的纸面文件，因此，EDI 又被称为"无纸贸易"。

(二)物流 EDI 工作步骤

下面介绍一个典型的物流 EDI 模型，它涉及发送货物业主、物流运输业主和接收货物业主，如图 3-9 所示。

整个模型的运作方式如下所述。

(1) 发送货物业主(如生产厂家)在接到订货信息后制订货物运送计划，并把运送货物的清单及运送时间安排等信息通过 EDI 发送给物流运输业主和接收货物业主(如零售商)，以便物流运输业主预先制订车辆调配计划和接收货物业主制订货物接收计划。

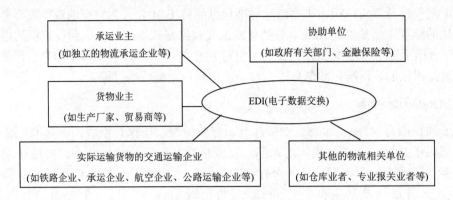

图 3-9　典型的 EDI 模型

(2) 发送货物业主依据顾客订货的要求和货物运送计划下达发货指令、分拣配货、打印出物流条形码的货物标签[即 SCM(Shipping Carton Marking)标签]并贴在货物包装箱上，同时把运送货物的品种、数量、包装等信息通过 EDI 发送给物流运输业主和接收货物业主，依据请示下达车辆调配指令。

(3) 物流运输业主在向发货货物业主取运货物时，利用车载扫描读数仪读取货物标签的物流条形码，并与先前收到的货物运输数据进行核对，确认运送货物。

(4) 物流运输业主在物流中心对货物进行整理、集装，制作送货清单并通过 EDI 向收货业主发送发货信息。在货物运送的同时进行货物跟踪管理，并在货物交纳给收货业主之后，通过 EDI 向发货物业主发送完成运送业务信息和运费请示信息。

(5) 收货业主在货物到达时，利用扫描读数仪读取货物标签的物品条形码，并与先前收到的货物运输数据进行核对确认，开出收货发票，货物入库。同时通过 EDI 向物流运输业主和发送货物业主发送收货确认信息。

物流 EDI 的优点在于供应链相关各方基于标准化的信息格式和处理方法通过 EDI 共同分享信息、提高流通效率、降低物流成本。应用传统的 EDI 成本较高，一是因为通过 VAN 进行通信的成本高，二是制定和满足 EDI 标准较为困难。但近年来，互联网的迅速普及，为物流信息活动提供了快速、简便、廉价的通信方式，所以，互联网将为企业实施物流 EDI 提供坚实的基础。

三、EDI 技术在物流企业中的应用

EDI 技术在物流行业中主要应用在采购、配送、制造、运输等过程中，涉及供应链中的制造商、批发商、运输商等各个参与方。现代物流中所用的电子数据交换技术主要是应用于单证的传递、货物送达的确认等。那么在应用电子数据交换技术时就不可避免地会引入各种形式的单证，引入的单证种类有采购单、采购变更单、询价单、采购订单、提单、发票、到货通知单、交货确认单等。

EDI 在不同类型物流企业中的应用有三种不同的目的，这些目的直接影响 EDI 的功能、人力、成本以及引入的单证种类等。具体应用情况如表 3-3 所示。

表 3-3 EDI 在不同物流企业中的应用情况

目 的	数据传输	改善作业	企业再造
功能	维持订单 减少人工输入 降低错误 降低费用	与业务系统集成 缩短作业时间 及早发现错误 提高传输可靠性	提高竞争力
参与人员	作业人员	业务主管	决策主管
初期成本	小	较小	
引入时间	1 个月	2～4 个月	1 年
条件	计算机	管理信息系统	管理信息系统

(一)配送中心的应用

配送中心扮演了连接供应商与客户的角色，它对调节产品供需、缩短流通渠道、解决不经济的流通规模及降低流通成本起到了重要的作用。由图 3-10 可以看出配送中心的交易过程。

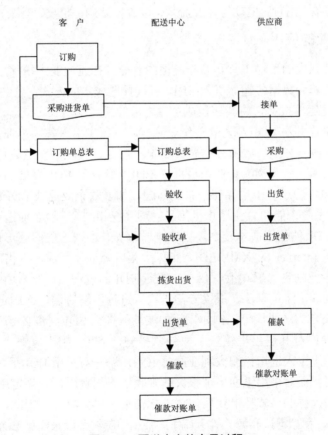

图 3-10 配送中心的交易过程

(1) 在配送中心使用 EDI 传输数据，进行出货单的接收，可以大大降低成本。

(2) 在配送中心使用 EDI 一次引入各单证，并与企业内部信息系统集成，可以逐步改善接单、配送、催款等作业流程。

(3) 在配送中心还可以借助 EDI 对企业流程进行再造。

(二)生产企业的应用

相对于物流公司而言，生产企业与其交易伙伴间的商业行为大致可分为接单、出货、催款及收款作业，其间往来的单据包括采购进货单、出货单、催款对账单及付款凭证等。

(1) 生产企业引入 EDI 是为了在传输数据时，可选择低成本的方式引入采购进货单，接收客户传来的 EDI 订购单报文，将其转换成企业内部的订单形式。

(2) 如果生产企业应用 EDI 的目的是改善作业，可以同客户合作，依次引入采购进货单、出货单及催款对账单，并与企业内部的信息系统集成，逐渐改善接单、出货、对账及收款等作业流程。

(三)批发商中的应用

批发商因其交易特性，其相关业务包括向客户提供产品以及向厂商采购商品。

(1) 批发商如果是为了数据传输而引入 EDI，可选择低成本方式。

(2) 批发商若为改善作业流程而引入 EDI，可逐步引入各项单证，并与企业内部信息系统集成，逐步改善接单、出货、催款等作业流程，或改善订购、验收、对账、付款等作业流程。

(四)运输企业的应用

运输企业以其强大的运输工具和遍布各地的营业点在流通业中扮演了重要的角色。

(1) 运输企业若为数据传输而引入 EDI，可选择低成本的方式。先引入托运单，接收托运人传来的 EDI 托运单报文，将其转换成企业内部的托运单格式。

(2) 运输企业若引入 EDI 是为改善作业流程，可逐步引入各项单证，且与企业内部信息系统集成，逐步改善托运、收货、送货、回报、对账、收款等作业流程。

近些年来，我国政府和物流企业积极推广 EDI，形成了 EDI 发展的良好局面。但我国物流企业在应用 EDI 的过程中也存在一系列问题，如多数企业反映 EDI 应用的实际效益不佳或不明显；EDI 系统未能和企业计算机信息管理系统相结合，给企业造成了额外负担；多数物流企业反映 EDI 的使用成本较高，以致难以承受。根据这些问题可以采取一些相应的对策，如采用基于 Internet 的 XML/EDI，可以大幅度降低使用成本；借鉴国外经验，对实施 EDI 的行业和企业制定优惠政策。国外在推行 EDI 的过程中，经常由政府出面，或是由一些中立组织、港口、海关牵头，成立专门机构，进行组织协调，并制定有关 EDI 的专门法律，作为推行 EDI 的法律保障。例如，新加坡港从推行 EDI 到"必行"阶段时，如企业仍不采用 EDI，港口对其进出港箱货采取罚款措施，到"封闭"阶段，如还不采用 EDI，则不允许其集装箱进出入港口；澳大利亚的悉尼港，海关对采用 EDI 报关的不另外收取费用，而对采用纸面单证报关的则收取附加费用，并规定用户的文件需按海关提供的格式标准化后，才能把信息传输到海关，因此，这些国家推行 EDI，都把港口和海关等卡口作为强制的制约手段来实施 EDI。此外，还利用经济杠杆和其他强制手段推行 EDI，也值得我们借鉴。

知识拓展 3-2 见右侧二维码。

知识拓展 3-2:
美的集团 EDI
应用案例.docx

第四节　RFID 技术

　　RFID 是一种可擦写的、使用时不需对准标的、同时可读取多个、全天候使用、不需人力介入操作的自动识别技术。可以预见，RFID 标签将高速发展，它将替代部分条形码并与条形码长期共存。RFID 作为换代性标识技术，在欧美发达国家已经表现出了高度的专业性与普及趋势，RFID 技术可应用在供应链管理、库存管理、配送等涉及产品流转的各个环节，大大提高了物流信息化水平，加快了商品流通的速度，增强了整个物流行业的竞争力。以 RFID 为代表的新技术正在深刻地影响着仓储管理系统，甚至孕育着一场"物流革命"。

一、RFID 技术概述

　　RFID(Radio Frequency Identification)俗称电子标签。RFID 是一种非接触式的自动识别技术，通过射频信号自动识别目标对象并获取相关数据，在阅读器和电子标签之间进行非接触双向数据传输，以达到目标识别和数据交换的目的。识别工作无须人工干预，可工作于各种恶劣环境。RFID 技术可识别高速运动物体并可同时识别多个标签，操作快捷方便。短距离射频产品不怕油渍、灰尘污染等恶劣的环境，可在这样的环境中替代条码，例如用在工厂的流水线上跟踪物体。长距射频产品多用于交通行业，识别距离可达几十米，如自动收费或识别车辆身份等。

　　RFID 技术是一种无线电通信技术，其基本原理是电磁理论，是利用电磁能量实现自动识别与数据采集的技术，电磁能量是自然界存在的一种能量形式。

　　近年来，无线射频识别技术在国内外发展很快，RFID 是当前自动识别领域最热门的技术。RFID 产品种类很多，像 TI、Motorola、Philips、Microchip 等世界著名厂家都生产 RFID 产品，并且各具特点，自成系列。RFID 已被广泛应用于工业自动化、商业自动化、交通运输控制管理自动化等众多领域，例如，汽车或火车等的交通监控系统、高速公路自动收费系统、物品管理、流水线生产自动化、门禁系统、金融交易、仓储管理、畜牧管理、车辆防盗等。随着电子标签成本的下降和 RFID 标准化的实施，RFID 技术将会得到更全面的发展和应用。

二、RFID 系统的组成与工作原理

　　本节从 RFID 系统的组成出发对 RFID 系统的工作原理进行简单的说明。

(一)RFID 系统的组成

　　一套完整的 RFID 系统由电子标签(TAG)、读写器(Reader)、天线(Antenna)和数据交换与管理系统四部分组成，如图 3-11 所示。

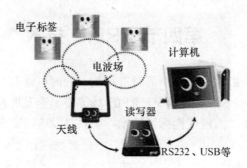

图 3-11　RFID 系统的组成

1. 电子标签

电子标签(或称射频卡、应答器、信号发射器等)是 RFID 系统的真正载体,由标签天线和标签专用芯片组成,如图 3-12 所示。每个电子标签具有唯一的电子编码附着在物体目标对象上,用来存储需要识别和传输的信息,相当于条形码技术中的条形码符号。

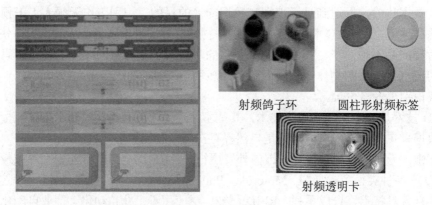

　　　　射频鸽子环　　　圆柱形射频标签

射频透明卡

图 3-12　RFID 电子标签

电子标签有很多种类,按供电方式可分为有源电子标签和无源电子标签;按功能可分为只读标签、可重写标签、微处理器标签和传感器标签;按调制方式可分为主动式标签和被动式标签,主动式标签利用自身的射频能量主动发送能量供读写器读取数据,被动式标签必须利用读写器的载波调制自己的信号发射数据。

2. 阅读器

阅读器,有时也被称为查询器、读写器或读出装置,主要由无线收发模块、天线、控制模块及接口电路等组成,用以产生发射无线电射频信号并接收由电子标签反射回的无线电射频信号,经处理后获取标签数据信息,有时还包含写入标签信息的设备。根据支持的标签类型不同与完成的功能不同,阅读器的复杂程度显著不同。其基本功能是提供与标签进行数据传输的途径,将数据管理系统的读写命令传送到电子标签,再把从数据管理系统发往电子标签的数据加密,将电子标签返回的数据解密后送到数据管理系统。

3. 天线

天线是标签与阅读器之间传输数据的发射、接收装置,用于在标签和读取器之间传递射频信号。一个 RFID 系统至少应包含一根天线(不管是内置还是外置)以发射和接收射频信号。

4. 数据交换与管理系统

数据交换与管理系统由硬件驱动程序、控制程序和数据库等组成，完成数据信息的存储、管理和电子标签的读写控制。系统可以是各种大小不一的数据库或供应链系统，也可以是面向特定行业的、高度专业化的数据库。

(二)RFID 系统的工作原理

RFID 工作时，读写器通过发射天线发射一定频率的射频信号，随着标签的目标对象进入天线工作区域时产生感应电流，电子标签凭借感应电流获得能量，发射存储在芯片中的数据信息，或者电子标签主动发射某一频率的射频信号，读写器对接收到的载波信号进行解调和解码后传输到数据管理系统；数据管理系统根据逻辑运算判断电子标签的合法性，针对不同的设置进行相应的处理和控制，如图 3-13 和图 3-14 所示。

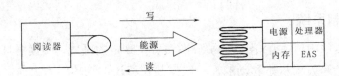

图 3-13　射频识别技术工作原理

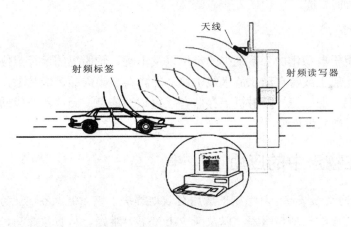

图 3-14　射频识别工作示意图

三、RFID 系统的分类

按功能可把 RFID 系统分成四种类型，即 EAS 系统、便携式数据采集系统、物流控制系统和定位系统。

(一)EAS 系统

EAS(Electronic Article Surveillance)是一种可以设置物品出入门口的 RFID 技术。这种技术的典型应用场合是商店、图书馆、数据中心等地方，当未被授权的人从这些地方非法取走物品时，EAS 系统会发出警告。在应用 EAS 技术时，首先必须在物品上黏附 EAS 标签，当物品被正常购买或者合法移出时，在结算处通过一定的装置使 EAS 标签失活，物品就可以取走。物品经过装有 EAS 系统的门口时，EAS 装置能自动检测标签的活动性，发现活动性标签后 EAS 系统会发出警告。EAS 技术的应用可以有效防止物品被盗，不管是大件的商品，还是很小的物品。应用 EAS 技术，物品不用再锁在玻璃橱柜里，可以让顾客自由地观看、检查商品，这在自选日益流行的今天有着非常重要的现实意义。典型的 EAS 系统一般由三部分组成，即附着在商品上的电子标签(电子传感器)、电子标签灭火装置(以便授权商品能正常出入)、监视器(在出口造成一定区域的监视空间)。

(二)便携式数据采集系统

它使用带有 RFID 阅读器的手持式数据采集器采集 RFID 标签上的数据。这种系统具有比较大的灵活性，适用于不宜安装固定式 RFID 系统的应用环境。手持式阅读器(数据输入终端)可以在读取数据的同时，通过无线电波数据传输方式(RFDC)实时地向主计算机系统传输数据，也可以暂时将数据存储在阅读器中，再分批向主计算机系统传输。

(三)物流控制系统

在物流控制系统中，RFID 阅读器被分散布置在既定的区域，阅读器直接与数据管理信息系统相连，而信号发射机是移动的，一般安装在移动的物体、人上面。当物体、人流经阅读器时，阅读器自动扫描标签上的信息并传送到数据管理信息系统以供存储、分析和处理，达到控制物流的目的。

(四)定位系统

该系统一般用于自动化加工系统中的定位以及车辆、轮船等的运行定位。阅读器放置在移动的车辆、轮船上或者自动化流水线中移动的物料、半成品、成品上，信号发射机嵌入操作环境的地表下面。信号发射机上存储有位置识别信息，阅读器一般通过无线或有线的方式与主信息管理系统连接。

四、RFID 在物流中的应用

RFID 技术在物流领域各个环节中的应用有效地解决了供应链上各项业务运作资料的输入与输出、业务过程的控制与跟踪，以及减少出错率等难题，从质量控制、自动化管理到装箱销售、出口验证、到港分发、零售上架等各个物流环节都因 RFID 的应用出现了难以置信的便利和高效，RFID 在物流领域的应用主要体现在以下几个方面。

(一)生产方面

无线射频技术在生产方面主要应用于自动化生产线运作。在自动化生产过程中通过应用 RFID 技术，利用标签快速准确地从种类繁多的库存中找出适当工位所需的适当的原材料和零部件，并结合运输系统及传输设备，实现物料的转移，从而实现对原材料、零部件、半成品以及最终成品在整个生产过程中的识别与跟踪，降低人工识别成本和出错率，提高生产效率和企业效益。同时，应用 RFID 技术还能对生产过程实现自动监控，及时根据生产进度发出补货信息，从而协助生产管理人员实现对流水线均衡协调，确保稳步生产。另外，也可以加强对产品质量的控制与追踪。

(二)存储方面

无线射频技术在存储方面主要应用于存取货物与库存盘点，将标签贴在每个货物的包装上或托盘上，在标签中写入货物的相关信息。同时在货物进出仓库时可在标签中写入货物存取的相关信息，在仓库内和各经销管道设置阅读器，以实现货物存取控制与库存盘点。即 RFID 系统可以自动记录入库、出库信息，入库时仓储管理系统会给出一个适当的储存位置，出库时仓储管理系统可以知道货物出自哪个存储位置、由哪辆车运走。利用标签中提供的相关产品现有库存的准确信息，管理人员可由此快速识别并统计现有库存状况，从而实现快速盘点。同时可以使商品的登记自动化，在盘点时无须人工检查或条码扫描，使盘点工作更加快速准确。因此，应用 RFID 技术既增强了作业的准确性和快捷性，提高了服务质量，降低了成本，又节省了劳动力和库存空间。

(三)运输方面

很多货物运输需要准确地知道它的位置，像运钞车、危险品、高值物品等。在途运输的货物和车辆贴上 RFID 标签，沿线安装的 RFID 设备可跟踪运输的全过程，有些还可结合 GPS 系统实施对物品的有效跟踪。

物流公司收到生产供应商的货物，通过手持读写器，不用打开包装，就能读取产品上 RFID 标签的信息，马上和生产供应商发来的数据进行比较，立即就能知道来货是否有误，是否差数，从而采取拒收或查验等措施，以避免货物的丢失和发错货。同时，更新标签上的信息(如商品存放地点和状态)，把更新后的信息传回中央数据库，并进行记录，就可以随时了解货物的实际位置，以及其他相关信息。

(四)配送方面

在配送环节，采用射频技术的主要目的是加快配送的速度和提高拣选与分发过程的效率及准确率，并能减少人工、降低配送成本。如果到达中央配送中心的所有商品都贴有 RFID 标签，在进入中央配送中心时，托盘通过一个阅读器，即可读取托盘上所有货箱的标签内容。系统将这些信息与发货记录进行核对，以检测出可能的错误，然后将 RFID 标签更新为最新的商品存放地点和状态。

(五)销售方面

RFID 可以改进零售商的库存管理，实现适时补货，有效跟踪运输与库存，提高效率，减少出错。同时，智能标签还能对某些时效性强的商品的有效期限进行监控。用于销售，商店还能利用 RFID 系统在付款台实现自动扫描和计费，从而取代人工收款。

集中式数据中心货物流转过程中所发生的每个位置变化被传回中央数据库，并进行记录，可实时了解货物的实际位置，并可全程追踪所有的流转环节。"全程追踪"可改善丢货、错货的问题，节省相关成本，从而赢得市场空间。而且"全程追踪"可使企业实时了解商品的销售、仓储等动态数据。

(六)回收方面

当发现缺陷或不合格的产品时，就可以很容易地找到问题的来源，便于回收有问题的产品。例如，当顾客买到一件不合格的商品时，他可以拿着这件商品来到零售商处要求换取合格的商品。零售商通过查询该商品的生产地，可以将这款不合格的商品退回到生产商处。生产商通过产品路径跟踪系统，可以查询出该产品在哪个工序中出了问题。从而对该产品进行改造，也可以让生产商避免再犯同样的错误。

(七)交通领域

RFID 技术在交通领域也有许多应用。

(1) 电子停车收费系统。应用 RFID 技术，通过路侧阅读器与车载电子标签之间的专用短程通信，在不需要司机停车和其他收费人员进行任何操作的情况下，就可自动完成收费处理全过程。

(2) 海关码头电子车牌系统。该系统通过对往来的车辆发放车载电子标签，并在关键的出入监控点安装 RFID 识读设备，可以使安装电子车牌的监管车辆在通过监控通道时被准确及时地识别，实现对车辆数据的采集，完成车辆身份的确认以及查询、统计和调度等功能。

(3) 车辆调度管理系统。该系统利用 RFDI 技术实现对货运车辆进出场的信息自动、准确、远距离、不停车采集，准确掌握运输车辆进出的实时动态信息，对此信息进行分析，可以掌握车辆运行规律，从而有效提高车辆管理水平。

知识拓展 3-3 见右侧二维码。

知识拓展 3-3：RFID 应用于现代化物流供应链管理案例.docx

从以上几个方面的 RFID 技术应用可以看出，在物流领域推广和使用 RFID 技术对物流活动是有益的。通过应用 RFID 技术，企业可以增强对整个物流活动过程货物信息采集的准确性和及时性，便于企业对物流活动的管理，减少了企业在人力、物力和财力方面的投入，降低了企业成本。同时也可以看出，时也可以看出，实际上在整个供应链环节中，从最初的采购到销售和服务所有的过程都是货物转移流动的过程，在这个过程中都可以应用 RFID 技术，在各个货物上贴上标签，从而完成对货物的实时跟踪与管理。

尽管 RFID 有很多优点，但在物流领域的应用也存在着很多亟待解决的问题，如成本过高(主要是电子标签价格高)、侵犯隐私；安全可靠性差(开放性使得非法用户也可以接收以及部分标签的无法识别问题)；缺乏统一标准(美国、欧洲使用 EFCGLOBAL 标准，日本使用 UID 标准，我国很多企业持观望态度，另外，频率无法统一也是一个大问题)。

虽然目前价格过高和标准不统一的问题暂时阻碍了 RFID 技术在我国物流业的广泛应用，但 RFID 技术的实现所带来的优势对物流行业具有很大的诱惑力。随着构建 RFID 系统成本的降低和相关标准的制定，RFID 技术将会给物流业带来革命性的变革。

第五节 GIS 与 GPS 概述

物流活动常处于运动和非常分散的状态，为了对物流活动的空间数据进行有效的管理，通常采用 GIS 和 GPS 技术。GIS 是在吸收和融合相关学科(地理学、地图学、测量学和计算机科学等学科)和信息技术的基础上丰富和发展起来的，它利用计算机图形和数据库技术来采集、存储、编辑、显示、转换、分析和输出地理图形及其属性数据，为用户提供图文并茂的信息，以便其进行分析和决策。GPS 是利用导航卫星进行测时和测距，能够计算出地球上任何地方的用户所处方位的一种系统，提供的位置信息是实时或者接近实时的。随着 GIS 技术和 GPS 技术的广泛应用及不断完善，其强大的地理信息分析和处理功能将使整个物流过程不断优化，使企业提高工作效率、降低物流成本，并提高企业的服务水平。

一、GIS 技术与 GPS 技术

(一)GIS 的概念

地理信息系统是以地理空间数据为基础，采用地理模型分析方法，提供多种空间和动态地理信息，为地理研究和地理决策服务的计算机技术系统。

(二)GIS 的功能

GIS 的基本功能是将表格型数据转换为地理图形显示，然后对显示结果进行浏览、操作和分析。其显示范围可以从洲际地图到非常详细的街区地图，显示对象包括人口、销售情况、运输线路以及其他内容。GIS 功能的框架如图 3-15 所示。

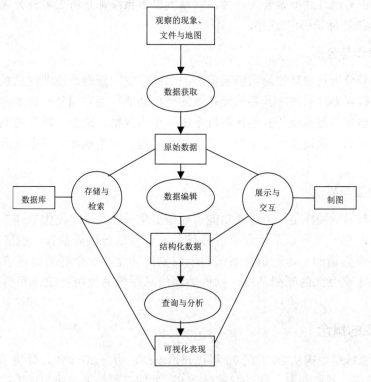

图 3-15 GIS 功能框架

地理信息系统的核心问题可归纳为五个方面的内容，即位置、条件、变化趋势、模式和模型，依据这些问题，可以把 GIS 功能分为以下几个方面。

1. 数据采集与输入

获取数据, 保证地理信息系统数据库中的数据在内容与空间上的完整性、数值逻辑一致性与正确性等, 也就是将地图、文字报告、物化数据、统计数据等转换为计算机可以识别的数据。一般而论, 地理信息系统数据库的建设占整个系统建设投资的 70%或更多。用于数据采集的技术主要有手扶跟踪数字化仪。目前, 自动化扫描输入与遥感数据集成最为人们所关注。

2. 数据编辑与更新

数据编辑主要包括图形编辑和属性编辑。属性编辑主要与数据库管理结合在一起完成; 图形编辑主要包括拓扑关系建立、图形编辑、图形整修、图幅拼接、投影变换以及误差校正等。数据更新则要求以新记录的数据来替代数据库中相对应的数据项或记录。由于空间的实体都处于发展进程中, 获取的数据只反映某一瞬时或一定时间范围内的特征。随着时间的推移, 数据会随之改变。数据更新可以满足动态分析之需。

3. 数据存储与管理

数据存储与管理是建立地理信息系统数据库的关键步骤, 涉及空间数据和属性数据的收集, 主要提供空间与非空间数据的存储、查询、修改和更新等功能。其中最为关键的是如何将空间数据与属性数据融合为一体。目前大多数系统都是将二者分开存储, 通过公共项(一般定义为地物标识码)来连接。

4. 空间查询与分析

空间查询与分析是地理信息系统最核心的功能。空间查询是地理信息系统以及许多其他自动化地理数据处理系统应具备的最基本的分析功能; 而空间分析是地理信息系统的核心功能, 也是地理信息系统与其他计算机系统的根本区别, 模型分析是在地理信息系统支持下, 用于分析和解决现实世界中与空间相关的问题, 它是地理信息系统应用深化的重要标志。

5. 图形交互与显示

图形交互与显示同样是一项重要功能。地理信息系统为用户提供了许多用于地理数据分析的工具, 其形式既可以是计算机屏幕显示, 也可以是诸如报告、表格、地图等硬拷贝图件, 尤其要强调的是地理信息系统的地图输出功能。一个好的地理信息系统应能提供一种良好的、交互式的制图环境, 以供地理信息系统的使用者设计和制作出高质量的地图。

(三)GPS 的概念

全球定位系统是美国从 20 世纪 70 年代开始研制, 历时 20 余年, 耗资 300 亿美元, 于 1994 年全面建成, 具有在海、陆、空进行全方位实时三维导航与定位能力的新一代卫星导航与定位系统。开始时只用于军事目的, 现在已经广泛应用于商业和科学研究领域。具有全能性、全球性、全天候、精度高的特点。

目前,全球定位系统有四个,即美国研制的 NAVSTAR 系统、俄联邦所拥有的 GLONASS 系统、欧洲的"伽利略"卫星导航系统和中国的"北斗"卫星导航系统。

二、GIS 和 GPS 在物流领域的应用

GIS 和 GPS 在物流领域的应用分别介绍如下。

(一)GIS 在物流领域的应用

GIS 的基本功能是将表格型数据转换为地理图形显示,然后对显示结果浏览、操作和分析。其显示对象包括人口、销售情况、运输线路以及其他内容。目前 GIS 在物流方面的应用主要通过 G1S 在智能运输系统体现出来。GIS 强大的地理数据功能为实现物流数据分析提供了强有力的支持。一个完整集成 GIS 的智能运输系统一般可以实现如下所述各种功能。

1. 车辆和路线最优化功能

在一个起点到多个终点的货物运输中决定使用多少辆车、每辆车的最优化路线等。

2. 节点间配送最优化功能

在由多个物流节点组成的网络中,寻求最有效的分配货物路径,如将货物从 N 个仓库运往 M 个商店,每个商店都有固定的需求量,因此需要确定由哪个仓库提货送给哪个商店,所耗的运费最少。

3. 分配集合功能

可以根据各个要素的相似点把同一层上的所有或部分要素分为几个组,用于解决确定服务范围和销售市场范围等问题。如某一公司要设立 X 个分销点,要求这些分销点要覆盖某一地区,而且要使每个分销点的顾客数目大致相等。

4. 节点定位功能

根据供求的实际需要并结合经济效益等原则,在既定区域内确定一个或多个节点的位置及规模,以及节点之间的流量等问题。

(二)GPS 在物流领域的应用

GPS 在物流领域的应用主要体现在导航、车辆跟踪、货物配送路线规划、信息查询、话务指挥和紧急援助六个方面。

1. 导航功能

三维导航既是 GPS 的首要功能,也是它的最基本功能。汽车导航系统是在 GPS 的基础上发展起来的一种新技术,也是在物流运输配送中应用最广的一项技术。

2. 车辆跟踪功能

GPS 导航系统与 GIS 技术、无线移动通信系统(GSM)及计算机车辆管理信息系统相结合,可以实现车辆跟踪功能。利用 GPS 和 GIS 技术可以实时显示出车辆的实际位置,并可任意放大、缩小、还原、换图;可以随目标移动,使目标始终保持在屏幕上;还可实现多

窗口、多车辆、多屏幕同时跟踪,利用该功能可对重要车辆和货物进行跟踪运输。其中 GPS 信号接收机接收卫星发回的信号,并利用相关软件精确计算出当前的经度值和纬度值,将此位置数据与 GIS 系统集成通过可视化技术即可清晰展示当前物流运输设备所在的位置,如图 3-16 所示。

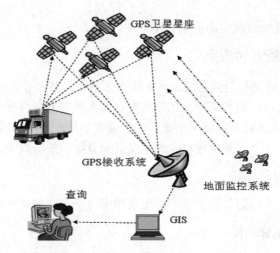

GPS卫星星座

GPS接收系统

地面监控系统

查询

GIS

图 3-16 GPS/GIS 跟踪物流状态

目前,已开发出把 GPS/GIS/GSM 技术结合起来对车辆进行实时定位、跟踪、报警、通信等的技术,能够满足掌握车辆基本信息、对车辆进行远程管理的需要,从而有效避免车辆的空载现象,同时客户也能通过互联网技术,了解自己的货物在运输过程中的细节情况。

3. 货物配送路线规划功能

货物配送路线规划是 GPS 导航系统一项重要的辅助功能,包括自动线路规划。由驾驶员确定起点和终点,由计算机软件按照要求自动设计最佳行驶路线,包括最快的路线、最简单的路线、通过高速公路路段次数最少的路线等。人工线路设计。由驾驶员根据自己的目的地设计起点、终点和途经点等,自动建立线路库。线路规划完毕后,显示器能够在电子地图上显示设计线路,并同时显示汽车运行路径和运行方法。

4. 信息查询功能

为客户提供主要物标,如旅游景点、宾馆、医院等数据库,用户能够在电子地图上根据需要进行查询。查询资料可以文字、语言及图像的形式显示,并在电子地图上显示其位置。

5. 话务指挥功能

指挥中心可以监测区域内车辆的运行状况,对被监控车辆进行合理调度。指挥中心也可随时与被跟踪目标通话,实行管理。

6. 紧急援助功能

通过 GPS 定位和监控管理系统可以对遇有险情或发生事故的车辆进行紧急援助。监控台的电子地图可显示求助信息和报警目标,规划出最优援助方案,并以报警声、光提醒值班人员进行应急处理。

为了促进 GPS 的发展,人们把 GPS 与互联网结合起来,产生了网络 GPS。网络 GPS 是指在互联网上建立起来的一个公共 GPS 监控平台,它同时融合了卫星定位技术、GSM 数字移动通信技术以及国际互联网技术等多种目前世界上先进的科技成果。它的产生给人们带来了很多便利。网络 GPS 可以降低 GPS 的使用门槛,提高普及率,它可以使物流企业从中受益,从而大大推动物流业的发展。

知识拓展 3-4 见右侧二维码。

知识拓展 3-4:白沙烟草物流公司烟草配送 GIS 及线路优化系统.docx

第六节　物流信息系统

随着物流系统的发展,物流信息量会变得越来越大,物流信息更新的速度也越来越快,如果仍对信息采取传统的手工处理方式,则会形成一系列信息滞后、信息失真、信息不能共享等信息处理瓶颈,从而影响整个物流系统的效率。因此,建立基于计算机和通信技术的物流信息系统是提高物流系统整体效率的有力保证。

另外,本章前几节介绍了目前物流中应用较广泛的几种物流信息技术,无论哪一种信息技术都会对物流活动产生巨大的影响,这些信息技术是先进的,也许有些技术还是革命性的,但单独运用这些技术的作用都是有限的,要实现这些信息技术在物流管理中的应用也必须依赖于物流信息系统。因为信息管理包括信息的采集、存储、加工处理、传递和运用等环节,信息技术都是对其中某个或者某几个环节发挥作用,而物流信息系统则是所有环节的中心,或者从技术上来说,物流信息系统就是合理地运用各种先进的信息技术来帮助物流企业进行物流活动管理。因此,我们说物流信息系统是信息技术在物流中应用的核心,当然也是物流管理的核心。

一、物流信息系统的概念

物流信息系统简单地说就是管理信息系统在物流领域的应用。目前物流信息系统还没有统一的定义,现实中存在着不同类型的物流信息系统,有物流企业的管理信息系统,有商品流通信息系统等。从管理信息系统的概念和物流的相关理论中,我们可以认为物流信息系统是管理科学理论与信息技术在物流领域的应用,运用计算机、网络通信以及信息处理等信息技术对物流信息的收集、传递、存储、加工、维护和使用进行管理的人机系统。

物流信息系统作为管理信息系统的一个分支,也必然有管理信息系统的特点,不过作为管理信息系统在物流领域的应用,物流信息系统也有自身的特点,即动态性(物流动态过程)、网络性(不是单机)、实时性(实时跟踪)和开放性(与客户进行沟通)。

二、物流信息系统的功能

物流信息系统是物流管理的神经系统,存在于物流系统的各个层次和各个方面。这里主要从物流系统的层次上进行分析。

物流信息系统从层次上可以分为日常业务管理系统、管理控制系统、辅助决策系统和战略管理系统,其功能层次结构如图 3-17 所示。由于物流信息系统层次的特点,日常业务管理系统的功能是最多的,而战略管理系统的功能是最少的,因此是典型的金字塔结构。

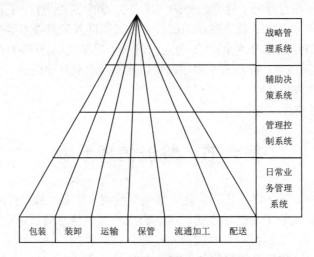

图 3-17 物流信息系统的金字塔结构

1. 日常业务管理系统

该系统最基础的作用是保证物流活动过程中信息收集的质量和及时准确性,包括记录订货内容、安排存货任务、作业程序选择、装船、运输、配送、发货、开发票以及客户查询等。交易系统的特征是格式规则化、通信交互化、交易批量化以及作业程序化。物流信息管理系统管理控制、决策分析以及战略计划制订的强化需要以强大的日常业务管理系统为基础。

2. 管理控制系统

管理控制系统可以根据客户需求,制订合理的采购计划、库存计划和运输计划等,并对与这些计划相关联的流程进行控制,保证了物流活动的正常进行。管理控制涉及评价过去的功能和鉴别各种可选方案。当物流信息系统有必要报告过去的物流系统功能时,物流信息系统是否能够在其被处理的过程中鉴别出异常情况也是非常重要的。

3. 辅助决策系统

辅助决策系统主要把精力集中在决策应用上,协助管理人员鉴别、评估和比较物流战略和策略上的可选方案。例如,策略方面可以帮助管理人员进行车辆日常运营情况的分析、库存管理的分析等,在战略方面可以帮助高层管理者选址,进行客户分析和市场分析等。

4. 战略管理系统

战略管理系统的主要功能集中在信息支持上,以期开发和提炼物流战略。这类决策往往是决策分析层次的延伸,但是通常更加抽象、松散,并且注重于长期。

知识拓展 3-5 见右侧二维码。

知识拓展 3-5:海尔
信息化 三个阶段上
三个台阶.docx

本 章 小 结

　　现代物流的发展需要许多现代化信息技术以及物流信息系统的支撑，而且这些技术还在不断地发展。本章介绍了物流信息、物流信息技术，以及物流信息系统的基本概念、特点、功能等一些基本知识，重点介绍了现代物流信息技术(条码技术、EDI 技术、RFID 技术、GIS 技术和 GPS 技术)的概念、构成、工作原理等基本知识以及这几种技术在物流中的应用。其中物流信息系统是物流管理和各种现代物流信息技术的核心。

自 测 题

1. 什么是物流信息？物流信息的作用是什么？物流信息技术包括哪些具体内容？
2. 什么是条码技术？简述条码技术在仓库系统中的应用。
3. EDI 技术在物流行业中是如何应用的？
4. 简述 GPS、GIS 的功能。GIS 和 GPS 在物流中是如何结合起来应用的？

案例分析　川航物流
供应链物流信息平台

阅读资料　"隔而不
离"，生意照做，提效
升级——中国企业以
"数字化"谋突围

第四章　物流设施选址

【学习要点及目标】通过本章的学习，使学生初步了解物流的基础设施；了解物流设施选址的意义；了解物流选址的影响因素及一般程序；掌握物流设施选址方法和评价方法的应用，并能够解决一些实际问题。

【关键概念】物流(Logistics)　选址(Location)　评价方法(Evaluation Method)

【引导案例】

顺丰电商产业园的选址

顺丰速运于1993年3月26日在广东顺德成立，是一家主要经营国际、国内快递业务的港资快递企业，其初期的业务为顺德与香港之间的即日速递业务。目前顺丰速运已成为中国速递行业中速度最快的快递公司之一。

随着线上电商的增加，线下物流业也随之蓬勃发展。顺丰为了向客户提供更加便捷的物流服务，建立了相应的电商产业园。

其中，建在江浙一带的包括江苏电商产业园、嘉兴电商产业园、诸暨电商产业园、泰州电商产业园。江浙一带经济发达、交通便利，有强大的经济技术支持，有稳定的客户群，并且有很大的潜在市场。每个产业园，在园内皆可提供电商综合服务、仓储配送服务、快递物流服务、分仓备货服务、金融服务、客服外包等园区服务。

下面以江苏顺丰电商产业园为例，围绕区位优势、政策优势进行分析。

1) 区位优势

江苏顺丰电子商务产业园位于淮安市。淮安市是苏北重要的中心城市，地处长三角经济圈与环渤海经济圈的交汇节点，是南京都市圈和长三角经济圈的成员城市。淮安目前已形成"铁、公、水、空"的立体交通网络，公路四通八达，京沪、宁连、宁徐宿、徐宿淮盐等五条高速经过淮安；淮安涟水机场已开通北京、上海、广州、深圳、香港、宁波等17条航线。清河区是淮安市的主城区，也是淮安中心城市功能核心区，商业辐射能力覆盖周边2000万人口的区域。

产业园紧邻大长江装饰城、博德五金建材广场，东靠淮安国际汽车城，北靠水渡口商圈、金融集聚区，西近淮安南站商圈，西北为钵池山公园住宅区。随着市政配套设施的逐步完善，人气的凝聚，该区域商业配套将会得到进一步提升，成为淮安商业资源最丰富、生活气息最浓厚的区域。

2) 政策优势

江苏顺丰电子商务产业园与当地政府紧密合作，为入驻企业提供税收、人才、资金、政策等优惠，扶植电商企业的发展，同时政府派驻人员现场办公，为企业提供相关业务的咨询及办理。

江苏顺丰电子商务产业园将打造成省级电子商务产业园示范基地。

2016年前创成国家级电子商务示范基地，园区总产值达到100亿元。

未来，顺丰速运还将加大投入，在现有电商产业园的基础上扩建约 $300\,000\mathrm{m}^2$，自建全智能快件中转分拨区，进一步拓展园区整体功能。

（资料来源：https://max.book118.com/html/2017/0107/81105592.shtm）

第一节　物流基础设施概述

物流产业对基础设施的依赖性很高，没有完善的基础设施，现代物流产业的发展和物流效率的提高都是不可能的。

一、物流基础设施的含义

物流基础设施主要包括仓库、运载设施和计算机及信息通信设备等。

(一)仓库

仓库是物资储存的基础设施，一般是指以库房、货场及其他设施、装置为劳动手段的，对商品、货物、物资进行收进、整理、保管和分发等工作的场所。

从物流角度看仓库主要是承担保管的功能，是物流网络中一种以储存为主要功能的节点。仓库具有储存保管功能、调节物资供需的功能、调节货物运输能力的功能、物资配送和流通加工的功能。

现代仓库的主要设备包括：①储存容器；②储存设备，包括自动仓储设备、重型货架和多品种少量储存设备；③搬运设备，包括自动化搬运设备、机械搬运设备、输送带设备、分类输送设备、堆卸托盘设备和垂直搬运设备、手推车、平板推车等；④订货拣取设备；⑤流通加工设备，该设备是完成流通加工任务的专用机械设备，包括裹包集包设备、外包装配合设备、印花条码标签设备和称重设备以及一些原料加工设备等；⑥物流周边配套设备，包括楼层流通设备、装卸平台、装卸载设施、废料处置设施等。

(二)运载设施

运输是指用设备工具将物品从一个地方运送到另一个地方的物流活动。运输是物流活动一项重要的组成部分，对物流的顺利进行起着决定性作用。

运输的方式主要有铁路运输、公路运输、水上运输、航空运输以及管道运输。

- 铁路运输，特点是运输能力大、连续性强，在长距离运输中的速度仅次于航空运输，主要分为车皮运输和集装箱运输。
- 公路运输，特点是机动灵活、投资小，受自然条件限制少，能够实现门到门的服务，对铁路、水运、空运起集散作用。
- 水上运输，主要承担大数量、长距离的运输，是在干线运输中起主力作用的运输形式。
- 航空运输，具有航线直、速度快的特点，可以飞跃各种天然障碍，能保证贵重、急需、时间性要求很强的小批物品的运输，但成本较高。
- 管道运输，是输送气体、液体、粉末状固体的一种运输方式。

运载设施主要有装卸搬运机械，包括起重机、叉车、集装箱装卸搬运设备和托盘装卸搬运设备；运输机械包括各种载重卡车、火车、船舶、飞机、管道等。

(三)计算机及信息通信设备

随着物流信息化、网络化和系统化的发展，计算机、信息网络技术在物流管理中起着举足轻重的作用。物流企业都在积极关注物流信息化、网络化技术的发展，积极开发或引进基于互联网的物流信息平台，以求把企业的业务活动提高到新的水平，并且尽快融入一体化的全球物流网络。

信息通信设备一般包括电话、电报、无线发射塔等。这些通信设备保证了信息及时快速的传递，缩短了时空距离，提高了物流效率。

二、物流基础设施的作用

物流是指物质资料从供应者到需求者的物理性流动，是创造时间和空间价值的经济活动。在物流活动中，物流基础设施起着重要的作用。

1. 提高物流效率

物流通过不断地输送产品来保证生产的正常进行，物流能够有效地提供给生产者生产所需物资。运载机械提高了物料搬运的效率，而各种通信设备能及时提供信息，也大大提高了物流的效率。

2. 降低物流成本

仓库能保管物资，调节物资的供应，这样的功能减少了物资的浪费，节约了成本。交通运输的建设和发展，节约了运输的时间成本；计算机及通信设备的发展则节约了空间成本。

3. 改善物流条件

发达的交通设施、现代化的仓库、先进的通信设备都大大地改善了物流的条件。

4. 保证物流质量

仓库储存能有效地减少物料的损耗，而发达的交通运输也能最大限度地保证物料的质量，这些都充分证明了物流的基础设施保障了物流的质量。

第二节　物流设施选址的意义及其影响因素

物流设施的选址在实际生活中是十分重要的，它直接关系到一个企业或组织的利益。另外，设施的选址要受到多方面因素的制约，要在综合考虑各方面的因素后才能找到合适的位置。

一、物流设施选址的意义

物流设施选址是物流设施规划的重要环节，也是物流网络规划的重要内容。物流设施选址决定了企业物流网络的构成，它不仅影响企业的物流能力，而且还影响企业实际物流营运效率与成本，对企业来说是非常重要的物流战略规划问题。特别是进入 21 世纪以后，生产全球化、资本全球化和市场全球化，跨国公司跨越国界的经济活动使物流设施的选址已经超越了国界，而可以在全球范围内为物流设施选址。物流设施选址对企业物流系统构建来说具有非常深远的意义。

二、物流设施选址的影响因素

(一)地区选择应考虑的因素

设施地区选择主要应考虑宏观因素，由于制造与服务业的设施考虑不一样，因此要充分考虑不同设施的不同性质和特点。一般而言，地区选择主要应考虑以下因素：目标市场情况、供应商分布、交通条件、土地条件、自然条件、政策条件等。下面针对这些因素进行说明。

1. 销售目标市场及客户分布

选址时首先应考虑的是目标市场所服务客户的分布，不论是制造业还是服务业，设施的地理位置一定要和客户接近，越近越好；要考虑地区对产品和服务的需求程度，消费水平要和产品及其服务相适应。因为如果产销两地接近，运输成本减少，就会大大降低总成本。例如零售商型配送中心，其主要客户是超市和零售店，这些客户大部分分布在人口密集的地方或大城市，配送中心为了提高服务水平及降低配送成本，应多建在城市边缘靠近客户分布的地区。

2. 资源市场及供应商分布条件

在为工业设施选址时，不同的制造行业对资源有不同的要求，如纺织厂应建在棉花产区；发电、食品酿酒都需要大量用水，必须建在水资源有保障的地区。因此在工厂设施地区选择中应该注意考虑原材料、燃料、动力、水资源等资源条件。

对供应型配送中心而言，应该考虑的因素是供货资源分布，即供应商的分布情况。因为物流的商品全部是由供应商供应的，那么配送中心越接近供应商，则商品的安全库存就越能控制在较低的水平。但是因为国内一般进货的运输成本是由供应商负担的，因此有时不重视此因素。

3. 交通便利条件

交通便利条件是影响物流成本及效率的重要因素之一。交通运输的不便将直接影响车辆配送的进行，因此必须考虑对外交通运输的通路，以及未来交通与邻近地区的发展状况等因素。地址的选择应紧邻重要的运输通路，以利于运输配送作业的进行。考虑交通方便程度的条件有高速公路、国道、铁路、快速道路、港口、交通限制规定等几种。一般配送中心应尽量选择在交通方便的高速公路、国道及快速道路附近的地方，如果以铁路或轮船作为运输工具，则要考虑靠近火车站、港口等。

4. 土地条件

土地与地形的限制。对于土地的使用，必须符合相关的法律法规及城市建设规划，尽量选在物流园区、工业园区或经济开发区。用地的形状、长宽、面积与未来扩充的可能性，则与规划内容及实际建制的问题有密切的关系。因此在物流设施地址时，有必要参考规划方案中物流设施的设计内容，在无法完全确定的情形下，必要时应修改规划方案中的内容。

另外，土地的大小与地价，在考虑现有地价及未来增值的前提下，还应兼顾未来可能扩充的需求程度，确定最适合的面积。此外，土地征用、拆迁、平整等费用，不同的选址所花的费用也不相同，对我国来说应尽量选用不适合耕作的土地作为物流设施的地址，而不应占用农业生产用地。

5. 自然条件

在物流用地的选择上，自然条件也是必须考虑的，事先了解当地的自然环境有助于降低选址不当引发的风险，例如湿度、盐分、降雨量等自然条件。有的地方靠近山边湿度比较高，有的地方靠近海边盐分比较高，这些都会影响商品的储存品质，尤其是服饰和电子产品对这些因素的敏感度较高，应特别注意。

6. 人力资源条件

在仓储配送作业中，最主要的资源需求为人力资源。由于一般物流作业仍属于劳动密集的作业形态，在配送中心内部必须有足够的作业人力，因此在决定物流设施位置时必须考虑工人的来源、技术水平、工作习惯、工资水平等因素。

7. 社会环境及政策条件

在国外选择设施时更应注意当地的政治环境是否稳定，是否邻近自由贸易区等。政策条件方面是物流设施选址的评估重点之一，尤其是物流用地取得比较困难的情况下，如果有政府政策的支持，将更有助于物流经营者的发展。政策条件包括企业优待政策(土地提供，减税)、城市计划(土地开发，道路建设计划)、地区产业政策等。最近在许多交通枢纽城市，如深圳、武汉等地都在规划设置现代物流园区，其中除了提供物流用地外，也有关于赋税方面的减免，有助于降低物流经营者的运营成本。

8. 其他条件

除了交通便利条件外，道路、邮电通信、动力、燃料管线等基础设施对建立物流设施投资的多少也有着重要的影响。

(二)对具体地点位置的影响因素

除了考虑上述因素外，在实际决定物流设施具体地点位置时，还需要考虑下列因素。

1. 城市的大小

城市的大小将影响交通运输、员工的取得、劳务设施的利用、工资水平、地价等诸多方面。

2. 地价、用地的政策限制及发展

对于土地的使用，必须符合相关的法律规章及城市规划。在考虑现有地价及未来增值的前提下，结合用地的形状、长宽、面积与未来扩充的可能性，决定最合适的面积大小。

3. 与外部的衔接

对于特定区域内可用的运输方式必须进行调查，如与主要道路的连接顺畅程度、货运公司的多少、大宗货物的邮寄能力、短程转运的计费方式等问题。应尽量使场内铁道方便地与附近车站接轨，缩短和高速公路的衔接，且不需进行复杂的土方工程。

4. 场址周边自然地理环境

场址周边自然地理环境主要是指场址地点的地形、地貌、土壤情况、风向及地下水等。如果场址内地势不平，则土建施工费用必然会大大增加，且新添土质松软，将增加基础施工的困难。风向可能会因排出废气烟尘及噪声影响住宅区居民。地下水会腐蚀混凝土及钢材，对地下建筑物及基础有破坏作用。另外，有江湖的地方还要考虑防洪防灾问题。

5. 居民的态度

决定特定区域时，附近居民的接受程度，将影响土地的取得、员工的雇用及企业的形象。

第三节　物流设施选址的一般程序

物流设施的选址是一项重要而复杂的活动，有一定的规律可循，它的选址程序可分为三个阶段，即准备阶段、地区选择阶段和具体地点选择阶段。

1. 准备阶段

准备阶段的主要工作是对选址目标提出要求，并提出选址所需要的技术经济指标。这些要求主要包括产品、生产规模、需要的物料和人力资源，以及各种要求对应的各类技术经济指标，如每年需要的供电量、运输量和用水量等。

2. 地区选择阶段

地区选择阶段的主要工作是调查研究收集资料，如走访主管部门和地区规划部门征询选址意见，在可供选择的地区内调查社会、经济、资源、气象、运输、环境等条件，对候选地区做分析比较，提出对地区选择的初步意见。

3. 具体地点选择阶段

在具体地点选择阶段要对地区内若干候选地址进行深入调查和勘测，查阅当地的有关气象、地质、地震、水文等部门调查和研究的历史统计资料，收集供电、通信、给排水、交通运输等资料，研究运输线路以及公用管线的连接问题，收集当地有关建筑施工费用、地方税制、运输费用等各种经济资料，经过研究和比较后提出数个候选场址。

各阶段都要提出相应的报告，尤其是在最后的阶段要有翔实的报告和资料，并附有各种图样以便领导和管理部门决策。小型物流设施的选址工作可以简化，阶段可以合并。

物流设施选址的一般程序如图 4-1 所示。

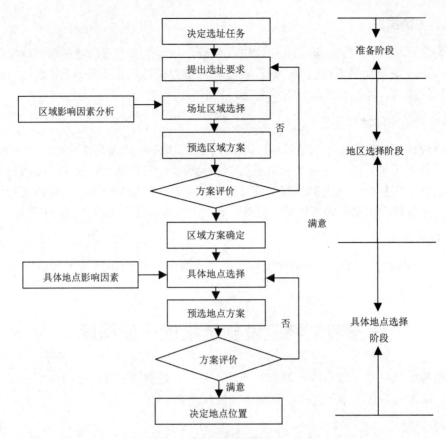

图 4-1　物流设施选址的一般程序

第四节　物流设施选址方法

　　物流设施的选址是一项复杂的活动，需要运用多种方法，主要可分为单一设施选址和多设施选址，下面我们来分别介绍。

一、单一设施选址

(一)单一设施选址模型

1. 重心法模型

　　单一设施选址最常用的一个模型是重心法模型，该模型可用来为工厂、车站、仓库或零售服务设施选址。由于考虑的因素较少，只包括运输费率和该点的运输量，所以该模型比较简单。数学上该模型可被归为静态连续选址模型。

　　设有一系列的点分别代表生产地和需求地，各自有一定量货物需要以一定的运输费率运向一个位置待定的仓库，或从仓库运出，那么仓库该位于何处呢？我们以该点的运量乘以到该点的运输费率，再乘以到该点的距离，求出上述乘积之和也就是总运输成本，再求出总运输成本最小的点。即

$$\min TC = \sum V_i R_i d_i \tag{4-1}$$

式中：TC——总运输成本；

    V_i——i 点的运输量；

    R_i——到 i 点的运输费率；

    d_i——从位置待定的仓库到 i 点的距离。

对两边微分并令其等于 0，解两个方程，可以得到工厂位置的坐标值，其精确重心的坐标值为

$$X = \sum(V_i R_i X_i / d_i)/(V_i R_i / d_i) \qquad Y = (V_i R_i Y_i / d_i)/(V_i R_i / d_i) \tag{4-2}$$

式中：X、Y——位置待定的仓库坐标；

    X_i、Y_i——产地和需求地的坐标。

距离 d_i 可由下式估计得到

$$d_i = k\sqrt{(X_i - X)^2 + (Y_i - Y)^2} \tag{4-3}$$

式中，k 代表一个度量因子，将坐标轴上的一单位指标转换为更通用的距离度量单位，如英里或公里。求解过程包括下面七个步骤。

(1) 确定各产地和需求地点的坐标值，同时确定各点货物运输量和直线运输费率。

(2) 不考虑距离因素 d_i，用重心公式估算初始选址点。

$$X = \sum V_i R_i X_i / \sum V_i R_i, \qquad Y = \sum V_i R_i Y_i / \sum V_i R_i \tag{4-4}$$

(3) 根据式(4-3)，用步骤(2)得到的 X、Y，计算 d_i，注意，此处无须使用度量因子 k。

(4) 将 d_i 代入式(4-2)，解出修正的 X、Y 坐标值。

(5) 根据修正的 X、Y 坐标值，再重新计算 d_i。

(6) 重复步骤(4)和步骤(5)，直至 X、Y 的坐标值在连续迭代过程中都不再变化，或变化很小，以致继续计算没有意义。

(7) 最后如果需要，利用式(4-1)计算最优选址的总成本。

在许多实际问题中，采用重心法通过迭代可以计算出一个接近最优解的选址点，得出最小成本解的近似值，而且当各点的位置、货物运输量及相关的成本完全对称时，还可得出最优解。

【例 4-1】 A 公司有两个工厂向仓库供货，由仓库供应三个需求中心。两个工厂 P_1、P_2 的坐标分别为(3, 8)、(8, 2)，市场 M_1、M_2、M_3 的坐标分别为(2, 5)、(6, 4)、(8, 8)，产品 b 由 P_1 供应，产品 c 由 P_2 供应。这些产品随后被运到市场，货物运输量和运输费率如表 4-1 所示。

表 4-1 货物运输量和运输费率

地　点	总运输量/吨	运输费率/(元/吨·公里)
P_1	20	5
P_2	30	5
M_1	25	7.5
M_2	10	7.5
M_3	15	7.5

利用式(4-4)可以得到

$$X = 5.16, \quad Y = 5.18$$

再由式(4-3)求 d_i 得

$d_1 = 35.52$, $d_2 = 42.63$, $d_3 = 31.36$, $d_4 = 14.48$, $d_5 = 40.02$ ，单位为公里。

我们将该解作为式(4-2)的初始解，利用上面的结果可以得到第一次迭代的坐标位置。

$$X = 5.038, \quad Y = 5.057$$

该问题经过 11 次迭代以后坐标变化将很小，迭代的结果为

$$X = 4.915, \quad Y = 5.055$$

2. 因素评分法

因素评分法由于简单易用，是使用比较广泛的一种方法。它将各种不同的因素综合起来给每一个备选地点综合评分，通过最后分值进行选取。

具体步骤如下所述。

(1) 决定一组相关的选址决策因素。

(2) 对每一因素赋予一个权重以反映这个因素在所有权重中的重要性。每一因素的分值根据权重来确定，而权重则要根据成本的标准差来确定。

(3) 对所有因素的打分设定一个共同的取值范围，一般是 1～10 或 1～100。

(4) 对每一备选地址，对所有的因素按设定范围打分。

(5) 用各个因素的得分与相应的权重相乘，并把所有因素的加权值相加，得到每一个备选地址的最终得分。

(6) 选择具有最高总得分的地址作为最佳的选址。

3. 选址度量法

该方法是一种既考虑定量因素又考虑定性因素的选址方法。具体使用步骤如下所述。

(1) 明确必要因素。在分析研究影响设施位置的各种因素时，首先明确哪些因素是必要的。凡是不符合任何一个必要因素的方案，都先被筛选掉。

(2) 对因素进行分类。将各类因素进行分类，将与成本有关且可以用货币表示的因素均归为客观因素，其他因素则归为主观因素。同时要规定客观因素和主观因素的比重。设 X 为主观因素的比重，其越靠近1，则主观因素显得越重要。

(3) 计算客观度量值。对每一个可行性位置方案，计算它的客观度量值。计算方法为

$$C_i = \sum C_{ij} M_{oj} = \left[C_i \sum (1/C_i) \right]^{-1} \tag{4-5}$$

式中： C_i ——第 i 行可行性位置方案的总成本；

C_{ij} ——第 i 行可行性位置方案中的第 j 项成本；

M_{oj} ——第 i 可行性位置方案的客观度量值；

$\sum (1/C_i)$ ——各可行性位置方案的总成本的倒数之和，如将各可行性位置的度量值相加，则其和为1。

(4) 确定主观因素评价值。鉴于各种主观因素多数为定性因素，很难用量化值直接进行比较。但可以采用其他方法，将它们间接转化为数量值表示，如采用强迫选择法衡量各个值的优劣。这种方法针对每一项主观因素，将每一个可行方案分别进行对比，较佳状态

方案的比较值定为1，较差方案的比较值定为0，然后根据各位置方案所得到的比重值和总比重值，求出某一主观因素在某一可行方案中的主观评价值。计算公式为

$$S_{ik} = W_{ik} \Big/ \sum W_{ik} \qquad\qquad (4\text{-}6)$$

式中：S_{ik}——第i行可行性位置对第k项主观因素的评比值。

W_{ik}——第i行可行性位置在第k项因素中的比重；

$\sum W_{ik}$——第k项因素的总比重值。

主观评比值是一个数字化的比较值，可以利用此数值来比较各可行位置的优劣。此数值位于$(0,1)$范围内，最接近1，则说明该位置优于其他位置。

(5) 计算主观因素度量值。在评价时，主观因素可能超过一个。同时，各主观因素的重要性也可能不完全一样。因此，对多项主观因素综合评价时，还应确定各主观因素的重要性指数。这种指数的确定方法也可应用上述的强迫选择法。然后，根据每一因素的主观评比值和该因素的重要性指数，分别计算每一可行性位置的主观度量值，其计算公式为

$$M_{x,i} = \sum (l_k S_{ik}) \qquad\qquad (4\text{-}7)$$

式中：$M_{x,i}$——第i可行性位置的主观度量值；

l_k——第k项主观因素的重要性指数；

S_{ik}——第i可行性位置对第k项主观因素的评比。

(6) 确定位置度量值。位置度量值是对某一可行性位置方案的综合评价。其计算公式为

$$M_{l,i} = X M_{x,i} + (1-X) M_{o,i} \qquad\qquad (4\text{-}8)$$

式中：$M_{l,i}$——第i类方案的位置度量值；

X——主观类因素的比重值。

(7) 决策从多种可行性位置方案中选择位置度量值最大的可行性位置方案为最优。

(二)单一设施选址模型的推广

重心法模型具有连续选点特性，而且其原理和操作都很简单，因此不论是作为一个选址模型，还是作为更复杂方法的子模型，这种模型都很受欢迎，同时也鼓舞着研究者对此模型的功效进行拓展。重心模型有许多推广模型，其中主要有考虑客户服务和收入，解决多设施选址问题，引入非线性运输成本等。

二、多设施选址

对大多数企业而言，其面临的问题往往是必须同时决定两个或多个设施的选址，多设施选址问题有时有数量限制，有时没有。虽然问题更加复杂，却更加接近实际情况。多设施选址问题很普遍，因为除了非常小的公司外，几乎所有公司的物流系统中都有一个以上的仓库。由于这些仓库不仅在经济上是相互独立的，而且可能的选址布局方案相当多，因而问题十分复杂。对于企业设施选址问题，可以归结为以下的基本命题。

(1) 物流网络中应该有多少个仓库？这些仓库应该有多大的规模，位于何处？

(2) 哪些客户指定由仓库负责供应？哪些仓库指定由各工厂、供应商或港口负责供应？

(3) 各个仓库应该存放哪些产品?哪些产品应该从工厂、供应商或港口直接运送到客户手中?

近几十年来,选址理论发展迅速,选址方法也越来越多,特别是计算机的广泛应用,促进了物流系统选址问题的研究。众多的选址方法可以分为三大类,即解析法、模拟法和启发法。

(一)解析法

解析法是指那些能够通过数学模型保证得到选址问题的数学最优解,或者至少是精确度已知条件下的解的那些方法。解析法在很多方面堪称是解决选址问题的理想方法,但该类方法将导致计算机运算时间很长,要求的内存空间巨大,而且在解决实际问题时并非所有因素都能做到精确把握。因此,这种方法在实际应用中也受到了一定的限制。采用微积分原理的多重心法和混合—整数线性规划模型都属于这类方法,下面我们将——进行介绍。

1. 多重心法

如果我们在多点布局时使用多重心法,就可以发现多设施选址问题的特点。我们知道重心法是一种以微积分为基础的模型,用来找出起讫点之间使运输成本最小的中介设施的位置。如果要确定的点不止一个,就有必要将起讫点预先分配给位置待定的仓库。这就形成了个数等于待选址仓库数量的多个起讫点群落。之后,再找出每个起讫点群落的精确重心。针对仓库进行起讫点分配的方法很多,尤其是在考虑多个仓库问题涉及众多起讫点时。方法之一就是把相互间距离最近的点组合起来形成群落,找出各群落的中心位置,再将各点重新分配到这些位置已知的仓库,找出修正后的各群落新的重心位置,继续上述过程直到不再有任何变化。这样就完成了特定数量仓库选址的计算。该方法也可以针对不同数量的仓库重复计算过程。

随着仓库数量的增加,运输成本会下降,与此相反,物流体系中总固定成本和库存持有成本会上升。最优解就是所有这些成本之和最小的解。若能评估所有分配起讫点群落的方式,这个方法就是最优的。但是考虑到实际问题的规模,计算是不现实的。即便将大量的客户分配给很少的几个仓库,也是一件极其复杂的工作。

2. 混合—整数线性规划

随着计算工具的发展,在选址问题中引入数学方法也越来越普遍,人们希望求解方法对问题的描述足够宽泛,使其在解决常见的大型、复杂的选址问题时有实际意义,同时可以得出数学上的最优解。这些方法包括目标规划法、树形搜索法、动态规划法及其他方法。其中最有前景的是混合—整数线性规划法,它也是商业选址模型中最受欢迎的方法。

该方法具有其他方法所没有的优点,它能把固定成本以最优的方式考虑进去。线性规划在整个网络需求分配过程中的优势是众所周知的,这也是该方法的核心所在。虽然这种方法的优点相当突出,但缺点也同样存在,那就是除非可以利用个别问题的特殊属性,否则计算机运行的时间将很长,需要的内存空间也非常大。除非对所有可能的方案进行评估,否则无法保证得到的是最优解,即使得到最优解,数据上的微小差距也会导致大量的计算过程。

仓库选址有多种不同的形式,人们对用整数规划法研究某个仓库选址的问题是这样描述的：某几家工厂生产数种产品，其中这些工厂的生产能力已知，每个消费区对每种产品的需求量已知，产品经由仓库运往消费区，满足需求，而每个消费区由某个仓库独家供货。

各个仓库能承受的年总吞吐量有上限和下限的要求。仓库可能的位置已知，但最终需用哪个地点要作出选择，以实现总分拨成本最低的目标。仓库成本表示为固定成本加上线性可变成本。运输成本被看成是线性的。

这样问题就转化为应该使用哪个仓库位置，在每个选定的位置，仓库的规模有多大，各个仓库该服务哪些消费区，各种产品的运输流模式是怎样的。所有这些都要在工厂生产能力和分拨系统仓库布局的约束条件下，实现以最小的分拨成本满足需求的目标要求。把这一问题用描述性语言描述如下。

找出物流网络中仓库的数量、规模和位置，使通过这样的物流网络的产品的固定成本和线性可变成本在下列约束条件下降至最低。

(1) 不能超过每个工厂的供货能力。

(2) 所有产品的需求必须得到满足。

(3) 各个仓库的吞吐量不得超过其吞吐能力。

(4) 必须达到最低吞吐量仓库才能开始运营。

(5) 同一消费区需要的所有产品必须由同一仓库供给。

该问题可以用计算机计算求解。以前即便是最先进的计算机，也无法对这类实际问题进行求解。但现在人们往往用这样一些方法，如将一个多产品问题按产品类别分成若干个子问题，去掉与解无关的部分，然后估计出近似的数据关系，弥补缺陷，使计算机能够进行计算解决问题。现在，有的研究者声称他们已经可以大大扩展可建模的网络层级数量，能将多个时期考虑进模型，并慎重处理非线性函数。

另一种方法是P—中值法。该方法不如前一种方法复杂，但是功能也不如前一种强大。该方法是通过协调点来确定需求和供给点的位置。仓库则被限制在这些需求或供给点之中。影响选址的成本是可变运价和备选仓库的年固定成本。待选址仓库的数量在求解之前就确定下来了。求解过程就是要从备选仓库中选出该特定数量的仓库位置。

混合—整数线性规划非常有吸引力，但是它的缺点也很明显，还需要研究人员进一步研究。

(二)模拟法

虽然真正提供数学最优解的选址模型看起来最好，但针对实际选址问题的最优解可能并不比模型对实际问题的描述更好。况且，这样的优化模型通常很难理解，需要许多管理人员掌握他们并不具备的技能。因此，一些人认为应首先对问题进行准确描述，这些倡导者通常使用模拟方法进行规划。他们强调对问题的准确描述，宁愿接受改良的最优解，也不要对问题进行笼统描述的最优解。

模拟设施选址模型是指以代数和逻辑语言做出的对物流系统的数学表达，在计算机的帮助下可对模型进行处理。只要有经济或统计关系的现实表述，就可以使用模拟模型来评估不同布局方法的效果。

模拟模型与算术选址模型不同，它要求管理人员必须明确网络中需要的特定设施。根据这些被挑出来的等待评估的个别仓库和它的分配方法判断这是最优的，还是接近最优的选址方式。当前用于仓库选址的经典模拟模型是亨氏公司开发的，后来又用于雀巢公司的分拨问题。该模拟模型为基本的仓库选址问题提供了解决方案,且可涉及多达4 000个客户、40个仓库、10~15个工厂,与许多解析模型相比,该模型适用性更为广泛。

模拟选址模型存在的主要问题是使用者可能无法确定所选择的仓库布局与最优值究竟有多大的差距,但我们知道选址问题的总成本曲线一般具有"平坦的底部"。因此最优区域内的两个十分接近的方案之间成本变化很小。只要已经对一定数量经过慎重选择的仓库布局进行了评估,我们就完全可以相信我们至少找到了一个令人满意的方案。

(三)启发法

启发法有助于减少求解的平均时间。有时用启发法表示指导问题解决的经验原则。当经验原则用在选址问题上时,这类积累的求解过程的经验可迅速地从大量的备选方案中找出好的解决方案。虽然启发法不一定能保证得到最优解,但由于使用该方法可以带来合理的计算机运算时间和内存的要求,可以很好地表现实际情况达到令人满意的解,所以仓库选址时人们仍然考虑使用该方法。

库恩和汉伯格建立的启发法是一种用于仓库选址问题的经典方法,并一直沿用至今,已成为仓库选址中的常用方法之一。

三、其他方法

除了上面介绍的几种方法,人们还针对某些实际问题的特殊性,设计出了相应的处理方法,这样可以获得事半功倍的效果。常用的方法有CFLP方法和运输规划法,下面介绍CFLP方法。

CFLP(Capacitated Facilities Location Problem,有容量限制的设施选址问题)方法是根据设施的规模有限的情况提出的。这种方法只需运用运输规划求解,从而使计算工作大为简化。CFLP方法的思路是:首先假定设施布局方案已确定,即给出一组初始设施设置地址。根据初始方案按运输规划模型求出各初始设施的供货范围,然后在各个供货范围内分别移动设施到其他备选地址上,以使各供货范围内的总成本下降,找到各供货范围内总成本最小的新设施设置地址,再将新设施设置地址代替初始方案,重复上述过程直至各供货范围内总成本不再下降为止。

为简单起见,以图4-2所示的物流网络结构为对象来介绍该方法的处理过程。

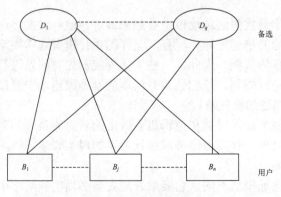

图4-2　CFLP方法

下面介绍 CFLP 方法的基本步骤。

假定某计划区域内设施备选地址已确定，需从这些备选地址中选取 q 个点作为设置设施。

步骤一：给出设施地址的初始方案。

通过定性分析，根据备选设施的中转能力和商品需求的分布情况，恰当地选择 q 个点作为设置设施的初始方案。初始方案选择是否恰当，将直接影响整个计算过程的收敛速度。

步骤二：确定各设施的供货范围。

用解运输问题的方法确定暂定物流设施的供货范围。

设暂定的物流设施为 $D_k(k=1,2,\cdots,q)$，其中最大可能设置的规模为 d_k。如果有 n 个需求用户，各用户的需求量为 $b_j(j=1,2,\cdots,n)$。以运输成本 F 最低为目标，即可构成运输规划模型。

$$\min F = \sum C_{kj} X_{kj}, \quad \sum X_{kj} \leqslant d_k, \quad \sum X_{kj} \geqslant b_j, \quad X_{kj} \geqslant 0$$

式中：C_{kj}——备选设施网点向用户供货的单位商品运输成本；

$\quad\quad X_{kj}$——备选设施网点 K 向用户 j 的供货数量；

$\quad\quad d_k$——最大可能设置的规模；

$\quad\quad b_j$——用户 j 的需求量。

求解出此运输问题，即可求得各暂定设施的供货范围。

如果考虑设施的进货成本，上公式则应为转运问题模型。解转运模型，除了得到设施的供货范围外，同时还确定了设施与资源点之间的供货关系。用 $I_k(k=1,2,\cdots,q)$ 和 J_k 分别表示各供货子区域内的设施备选地址和用户集合。

求解出运输问题的结果可能出现同一用户同属于不同的子区域的情况，但对整个问题的解决并无影响，因为这个问题只需在不同子区域的用户集合中重复考虑。

步骤三：寻求设施地址的新方案。

在各供货子区域内移动设施到其他备选地址上，并按以下费用函数计算子区域内的区域总费用。

$$F_{ki} = \sum C_{ij} X_{kj} + f_{ki}, \quad k=1,2,\cdots,q; \quad i \in I_k \tag{4-9}$$

式中，f_{ki} 为设施设置成本。

在此基础上找出各供货范围内区域总费用最小的设施设置点，即满足

$$F_k = \min\{F_{ki}\}, \quad k=1,2,\cdots,q$$

的设施地址 D_k，对所有 q 个子区域可得到新的设施位置设置方案 $\left\{D_k\big|_{k=1}^q\right\}$。

步骤四：新旧方案对比。

为便于区别，引进迭代次数的上角标 n，$n=0$ 时为初始方案。对于 $\{D_k^1\}$ 和 $\{D_k^2\}$ 新旧两个方案，分析不等式

$$\sum F_k^1 \leqslant \sum F_k^0 \tag{4-10}$$

如果 $\{D_k^1\}$ 和 $\{D_k^2\}$ 完全相同，公式(4-9)中必有等式成立，说明已获最终解，$\{D_k^1\}$ 即是满意的设施布局地址。否则，将新方案代替旧方案，重复步骤二至四，直至 $\{D_k^n\}$ 和 $\{D_k^{n-1}\}$

完全相同为止。

按以上步骤得到的最终解，虽然在理论上没有证明是最优的，但从公式(4-10)中可以看出，系统的总费用为

$$F = \sum F_k^n \tag{4-11}$$

对 $\{D_k \mid_{k=1}^q\}$ 是单调下降的，因此，我们可以相信所得到的解是满意解。

第五节　物流设施选址的评价方法

影响物流设施选址的因素有很多，归纳起来可以将这些因素分为与产品成本有直接关系的成本因素以及与成本因素无关的非成本因素两大类。下面我们就介绍几种常用的物流设施选址的评价方法。

一、加权因素法

此方法适用于比较各种非经济因素，由于各种因素的重要程度不同，需要采用加权方法，并按以下步骤实施。

(1) 针对设施选址的基本要求和特点列出考虑的各种因素。

(2) 按照各因素的相对重要程度，分别规定各因素相应的权重。通过征询专家意见或其他方法来决定各因素的权重。

(3) 对各因素分级定分，即将每个因素从优到劣分成等级，如最佳、较好、一般、较差，并规定各等级的分数为4、3、2、1。

(4) 将每个因素中各方案的排队等级系数乘以该因素的相应权数，最后比较各方案的总得分，总分数最高者为入选方案。

【例4-2】　对某一设施的选址有a、b、c、d四种方案，影响选址的主要因素有位置、面积、运输条件等8项，并设每个因素在方案中的排队等级为A、E、I、O、U五个等级。现设定：A=4分，E=3分，I=2分，O=1分，U=0分。各原始数据及评分结果如表4-2所示。

表4-2　加权因素法选址举例

序　号	考虑因素	权 重 数	各方案的等级及分数			
			K	L	M	N
1	位置	8	A/32	A/32	I/16	I/16
2	面积	6	A/24	A/24	U/0	A/24
3	地形	3	E/9	A/12	I/6	E/9
4	地质条件	10	A/40	E/30	I/20	U/0
5	运输条件	5	E/15	I/10	I/10	A/20
6	原材料供应	2	I/4	E/6	A/8	O/2
7	公用设施条件	7	E/21	E/21	E/21	E/21
8	扩建可能性	9	I/18	A/36	I/18	E/27
	合计		163	171	99	119

应用此方法的关键是对各因素确定合理的权数和等级，应该征求各上级管理部门的意见并取其平均值。

二、层次分析法

层次分析法是1973年由美国运筹学家T.L.Saaty(萨蒂)针对现代管理中存在的许多复杂、模糊不清的相关关系如何转换为定量分析的问题而提出的一种层次权重决策分析法，这是一种简明、实用的定性分析与定量分析相结合的系统分析与评价的有效方法。这种方法在物流系统的分析评价中也得到了广泛应用。

层次分析法的基本思路如下。

1. 建立递阶层次结构

在对面临的选址问题进行深入分析后，将问题中所包括的因素分为不同的层次，用框图形式说明递阶结构与因素的从属关系。

2. 构造判断矩阵

建立递阶层次结构以后，上下级之间的隶属关系就被确定了。设因素 C_k 下属的几个因素为 $A_1, A_2, \cdots, A_n$；让评价人员以会议讨论或德尔菲法的方式对下层因素 A_i 和 $A_j (i, j = 1, \cdots, m)$ 进行两两比较，根据其相对重要程度赋予比例标度。比例标度的意义如表 4-3 所示。

表 4-3　比例标度

标度值	两个因素相比，一个比另一个的重要程度
1	同样重要
3	稍微重要
5	明显重要
7	强烈重要
9	绝对重要

2、4、6、8 为上述相邻判断的中值。

若 A_i 与 A_j 比较得 a_{ij}，则 A_j 与 A_i 相比得 $a_{ji} = 1/a_{ij}$。

由此，可以得到 C_k 下的判断矩阵 $A = (a_{ij})_{n \times n}$，如表 4-4 所示。

表 4-4　判断矩阵

C_k	A_1	A_2	...	A_n
A_1	1	A_{12}	...	A_{1n}
A_2	A_{21}	1	...	A_{2n}
...	...	...	...	...
A_n	A_{n1}	A_{n2}	...	1

3. 计算排序权重

这里采用幂法求解特征值的问题。

$$AW = \lambda_{\max} W \qquad (4\text{-}12)$$

步骤如下所述。

(1) 设与判断矩阵同阶的正规化初始量 $W^0 = [1/n, 1/n, \cdots, 1/n]^\mathrm{T}$。

(2) 对于 $k = 0, 1, 2 \cdots, n$，计算 $W^{k+1} = AW^k$。

(3) 令 $\beta = \sum_{i=1}^{n} W^{k+1}$，计算 $W^{k+1} = W^{k+1}/\beta$。

(4) 对于预先给定的精确度 ε，当 $\lambda_{\max} = \left[\sum_{i=1}^{n}\left(W_i^{k+1}/W_i^k\right)\right]\Big/ n$ 时，W 即为 $A_1, A_2, \cdots, A_n$ 在 C_k 下的排序权重。

4. 一致性检验

人们对复杂的各因素进行两两比较时，不可能做到判断完全一致，而存在估计误差，这必然导致特征值和特征向量也有偏差。因此，为了应用层次分析法得到结论的合理性，需要判别矩阵的一致性，所以要进行一致性检验。具体步骤如下所述。

(1) 计算一致性指标 CI。

$$\mathrm{CI} = (\lambda_{\max} - n)/(n-1) \qquad (4\text{-}13)$$

(2) 查表 4-5 得到平均随机一次性指标 RI，RI 是多次(>500 次)重复进行随机判断矩阵特征值的计算后取算术平均值得到的。

表 4-5 重复计算 1000 次的 RI

n	1	2	3	4	5	6	7	8	9	10	11	12
RI	0.00	0.00	0.52	0.89	1.12	1.26	1.36	1.41	1.46	1.49	1.52	1.54

(3) 计算一致性比例 $\mathrm{CR} = \mathrm{CI}/\mathrm{RI}$，当 $\mathrm{CR} < 0.1$ 时，一般认为 A 的一致性是可以接受的，否则需要调整 A，直至获得满意的一致性为止。

重复上述计算过程，便可确定各项评价因素的权重。

本 章 小 结

对大多数企业而言，设施选址问题是最重要的物流战略规划问题。本章通过介绍物流设施选址一般常用的方法，便于大家将这些方法运用于实际问题的解决。从第一节介绍物流设施的基本概念开始，让大家了解物流设施的基本情况；之后又阐述了物流设施选址的意义，说明了物流设施选址的重要性；接着是物流设施选址的影响因素，使大家对选址有一个初步的认识；再接着是物流设施选址的程序，展示解决这类问题的一般步骤程序；接下来最重要的内容是物流设施选址的方法，分为单设施和多设施的选址方法，使大家对简单选址方法有一个深入的认识；最后，阐述了物流设施选址的评价方法，分别介绍了加权因素法、次分析法。

自　测　题

1. 物流基础设施包括哪些？物流基础设施的作用是什么？
2. 物流设施选址的意义是什么？选址的影响因素有哪些？
3. 物流设施选址的一般步骤是什么？

案例分析　超级医疗　　阅读资料　智慧港口
设备公司的选址　　　　"中国方案"欲走向
　　　　　　　　　　　"一带一路"

第五章　物流运输管理

【学习要点及目标】通过本章的学习，掌握运输的概念、运输的作用及功能；熟悉运输的分类；掌握五种基本的运输方式及特点；了解运输方式的选择原则、运输方式选择的评价方法；掌握单一不同起讫点问题决策的最短路线法；了解常见的不合理运输的形式；掌握影响运输合理化的因素和实现运输合理化的途径。

【关键概念】运输(Transportation)　运输管理(Transportation Management)　运输合理化(Transport Rationalization)

【引导案例】

"十三五"期间交通运输部公布亮眼成绩单

交通运输部 2020 年 10 月 22 日公布的统计数据显示，到"十三五"期末，预计铁路运营的总里程为 14.6 万千米，覆盖 99%的 20 万以上人口的城市，其中高铁运营里程大约为 3.8 万千米，居世界第一位，覆盖 95%的 100 万人口及以上的城市。

10 月 22 日下午，在国新办交通运输"十三五"发展成就新闻发布会上，李小鹏表示，"十三五"是交通运输加快发展的五年，是全面打赢交通脱贫攻坚战的五年，是交通运输有力支撑国家重大战略纵深推进的五年，也是运输服务提质增效降本和交通运输新技术新业态蓬勃发展的五年。

李小鹏 10 月 22 日表示，"十四五"期间，交通运输部将继续鼓励支持交通运输新业态发展，鼓励创新，促进新老业态融合发展。

交通运输部部长李小鹏表示，预计"十三五"期间交通运输规划目标任务可以圆满实现，交通固定资产投资将完成 16 万亿元。

目前，我国公路通车里程大约为 510 万千米，其中高速公路 15.5 万千米。高速公路通车里程也居世界第一位，覆盖了 98.6%的 20 万人口以上的城市和地级行政中心。内河高等级航道达标里程 1.61 万千米，沿海港口万吨级及以上泊位数 2 530 个。城市轨道交通运营里程 7 000 千米，民用机场 241 个，覆盖了 92%的地级市。

李小鹏介绍，"十三五"期间，我国预计累计中央投入超过 9 500 亿元的车购税资金，支持贫困地区公路项目建设，这些资金约占全国车购税总规模的 68%。五年间，新建、改建农村公路 138.8 万千米，预计到今年底可超过 140 万千米。

李小鹏介绍，"十三五"期间，中央投入的车购税资金分领域看，投资高速公路 2 869 亿元，投资国省道的改造 3 567 亿元，投资农村公路 3 102 亿元。

此外，北京大兴国际机场、港珠澳大桥、京张高铁、长江南京以下 12.5m 深水航道等重大工程陆续建成投用，为京津冀协同发展和雄安新区建设、长江经济带、长三角一体化、粤港澳大湾区、黄河流域生态保护和高质量发展、成渝双城经济圈和海南自贸港等重大战略的实施提供了有力的支撑。

李小鹏介绍，"十三五"期间，铁路货运量占全社会货运量的比例由 2017 年的 7.8%增长到 2019 年的 9.5%。水路由 14.14%提高到 16.17%。集装箱铁水联运量年均增长超过了 20%。

快递业务量年均增速超过30%。快递业务的总量和快递业务的增速连续五年稳居世界第一。

在交通运输领域的新业态方面，李小鹏介绍，到目前为止，已经有190多家网约车平台公司获得了经营许可，各地共发放网约车驾驶员证250多万张，车辆运输证约104万张，网约车的日订单量大约为2100多万单。共享单车在全国360多个城市投放运营，投入的车辆达到1945万辆。共享单车日均订单量超过4570万单，逐步走上规范发展的道路。

此外，目前全国已投入运营的共享汽车车辆超过20万辆，开通运营的城市有180多个。网络货运新业态共整合货运车辆172万多辆，占营运货车保有量的15.9%，货运市场集中度也有所提高。

李小鹏表示，"十四五"期间，交通运输部将加快建设人民满意、保障有力、世界前列的交通强国，继续鼓励支持交通运输新业态发展，鼓励创新，促进新老业态融合发展。

（资料来源：现代物流报，2020-10-23）

第一节 物流运输的重要性及功能

运输是指物品借助于运力在空间上所发生的位置移动。具体地讲，运输就是用设备和工具，将物品从一个地点向另一个地点运送的物流活动。其中包括集货、分配、搬运、中转、装入、卸下、分散等一系列操作。虽然运输过程不产生新的物质产品，但它可以实现物流的空间效用。

一、物流运输的重要性

在物流的各项业务活动中，运输是关键，物流过程中的其他各项活动，如包装、装卸、搬运、物流信息等，都是围绕着运输进行的。所以，运输起着举足轻重的作用。

(一)运输可以创造时间效用、空间效用和形质效用

物流系统可以创造物品的空间效用、时间效用和形质效用。时间效用主要由仓储活动来实现，形质效用由流通加工业务来实现，空间效用则是通过运输来实现。运输是物流系统不可缺少的构成要素。运输和库存属于物流系统的主体功能，其他如装卸、搬运和信息处理等都是从属功能。而主体功能中运输功能的主导地位更加突出，成为所有功能的核心。

(二)运输影响着物流的其他构成因素

运输在物流过程中还影响着物流的其他环节。例如，运输方式的选择决定着装运货物的包装要求；使用不同类型的运输工具决定了其配套使用的装卸搬运设备以及接收和发运站台的设计；库存储备量的大小，直接受运输状况的影响，发达的运输系统能适量、快速和可靠地补充库存，以降低储存水平。

(三)运输费用在物流费用中占有很大比重

在物流过程中，直接耗费活劳动和物化劳动，它所支付的直接费用主要有运输费、保管费、包装费、装卸搬运费和物流过程中的损耗等。其中，运输费用所占的比重最大，是

影响物流费用的一项重要因素，是降低物流费用、提高物流速度、发挥物流系统整体功能的中心环节。因此，在物流的各环节，能否搞好运输工作，开展合理运输，不仅关系到物流时间占用的多少，而且还会影响到物流费用的高低。不断降低物流运输费用，对于提高物流经济效益和社会效益都具有重要的作用。

(四)运输合理化是物流系统合理化的关键

物流合理化是指在各物流子系统合理化的基础上形成的最优物流系统总体功能，即系统尽可能以低成本创造更多的空间效用、时间效用和形质效用。或者从物流承担的主体来说，以最低的成本为用户提供更多优质的物流服务。运输是各功能的基础与核心，直接影响着物流子系统的效益，只有运输合理化，才能使物流结构更加合理，总体功能更优。

二、运输系统的功能

运输系统的功能主要包括产品和货物的转移、产品和货物的储存、物流节点的衔接等。

(一)产品和货物的转移功能

无论产品属于哪种形式，是原材料、零部件、装配件、在制品，还是制成品，也无论是在制造过程中将被转移到下一阶段，还是转移到最终客户，运输都是必不可少的。运输的主要功能就是帮助产品在价值链中来回移动。既然运输利用的是时间资源、财务资源和环境资源，那么，只有当它确实提高产品价值时，该产品的移动才是重要的。

运输之所以要利用时间资源，是因为被运输产品在运输过程中是难以存取的。被运输产品通常是指移动中的货物和产品，是各种供应链战略中所要考虑的一个因素，通过运输时间的占用，减少生产线上和配送中心的存货。

运输之所以要使用财务资源，是因为会发生驾驶员劳动报酬、运输工具的运行费用，以及一般杂费和行政管理费用的分摊，此外，还要考虑因产品灭失损坏而必须弥补的费用。

运输直接和间接地使用环境资源。在直接使用环境资源方面，运输是能源的主要消费者之一；在间接使用环境资源方面，由于运输造成拥挤、空气污染和噪声污染而发生环境费用。

运输的主要目的就是要以最低的时间、财力和环境成本，将产品从原产地转移到规定地点。此外，产品灭失损坏的费用也必须是最低的；同时，产品转移所采用的方式必须满足客户有关交付履行和装运信息的可行性等方面的要求。

(二)产品和货物的储存功能

对产品进行临时储存是一个不太常用的运输功能，也就是将运输车辆临时作为储存节点。然而，如果转移中的产品需要储存，但在短时间内(如几天后)又将重新转移的话，该产品在仓库卸下来和再装上去的成本也许会超过在运输工具中存储而支付的费用。

在仓库有限的情况下，利用运输工具储存也许不失为一种可行的选择。可以采取的一种方法是将产品装到运输车辆上，然后采用迂回线路或间接线路运往目的地。对于迂回线路来说，转移时间大于比较直接的线路。当起始地和目的地仓库的储存能力受到限制时，这样做是合情合理的。在本质上，这种运输车辆被用作一种临时储存节点，但它是移动的、满载的，而不是闲置的、静止的。

　　概括地说，用运输工具储存产品的代价可能是昂贵的，但当需要考虑装卸成本、储存能力限制、延长前置时间的能力时，从物流总成本或完成任务的角度来看这或许是合适的。

(三)物流节点的衔接功能

　　在物流系统中，如果没有一个很好的衔接，不同的物流节点就会变成一座座"孤岛"，只有把各个"孤岛"通过运输系统衔接起来，才能成为一个物流系统。在传统物流系统中，运输不仅具有实物转移功能，而且还具有信息沟通与传递功能，或者说此时运输在物流系统衔接中发挥着核心作用。在现代物流系统中，运输与信息网络并行实现物流系统的衔接，前者侧重于实物衔接，后者侧重于信息衔接。

　　事实上，如果把物流系统比作人体的生理系统，那么各个物流节点就像人体的各个器官，而运输与信息网络则是沟通各个器官的血液和神经系统。没有运输系统参与工作，整个物流系统就会像人体缺乏血液供应一样，最终导致整个系统衰亡、坏死。即使运输系统效率不高，也会对整个物流系统产生致命性的危害。

第二节　物流运输方式及选择

一、运输方式的分类

　　货物从生产所在地向消费所在地的物理性转移，是通过不同的运输方式来实现的。运输方式可以按照以下方法分类。

(一)按照运输线路分类

　　按照运输线路可将运输方式分为干线运输、支线运输、城市内运输和厂内运输。

1. 干线运输

　　干线运输是利用铁路、公路的干线，大型船舶的固定航线进行的长距离、大数量的运输，是进行远距离空间位置转移的重要运输形式。干线运输较同种工具的其他运输速度较快，成本也较低。干线运输是运输的主体。

2. 支线运输

　　支线运输是与干线相接的分支线路上的运输。支线运输是干线运输与收、发货地点之间的补充性运输形式，路程较短，运输量相对较小。支线的建设水平往往低于干线，运输工具水平也往往低于干线，因而速度较慢。

3. 城市内运输

　　城市内运输是一种补充性的运输形式，路程较短。主要是干线、支线运输到站后，站与用户仓库或指定接货地点之间的运输，由于是单个单位的需要，所以运量也较小。

4. 厂内运输

　　厂内运输是在工业企业范围内，直接为生产过程服务的运输。一般在车间与车间之间、车间与仓库之间进行。小企业中的这种运输以及大企业车间内部、仓库内部的运输，则不称"运输"，而称"搬运"。

(二)按照运输的作用分类

按照运输的作用可将运输方式分为集货运输和配送运输。

1. 集货运输

集货运输是将分散的货物汇集集中的运输形式，一般是短距离、小批量的运输，货物集中后才能利用干线运输形式进行远距离及大批量运输，因此，集货运输是干线运输的一种补充形式。

2. 配送运输

配送运输是将站点中已按用户要求配好的货分送各个用户的运输。一般是短距离、小批量的运输，从运输的角度讲是对干线运输的一种补充和完善。

(三)按照运输的协作程度分类

按运输的协作程度可将运输方式分为一般运输、联合运输及多式联运三类。

1. 一般运输

孤立地采用不同运输工具或同类运输工具而没有形成有机协作关系的运输为一般运输，如汽车运输、火车运输等。

2. 联合运输

联合运输简称联运，是使用同一运送凭证，由不同运输方式或不同运输企业进行有机衔接接运货物，利用每种运输手段的优势充分发挥不同运输工具效率的一种运输形式。

采用联合运输方式，对用户来讲，可以简化托运手续、方便用户，同时可以加快运输速度，也有利于节省运费。经常采用的联合运输形式有铁海联运、公铁联运、公海联运等。

3. 多式联运

多式联运是联合运输的一种现代形式。一般的联合运输规模较小，在国内大范围物流和国际物流领域，往往需要反复地使用多种运输手段进行运输。在这种情况下，进行复杂的运输方式衔接，并且具有联合运输形式的称作多式联运。

(四)按照运输设备及运输工具分类

按照运输设备及运输工具可将运输方式分为公路运输、铁路运输、水运、航空运输和管道运输五类。这五种运输方式就是我们所说的基本运输方式。

二、运输基本方式及特点

物流中运输是重要环节，在物流中采用的运输方式有很多，而每种运输方式都有其自身的特点和独特的经营方式。了解各种运输方式及其特点，对合理选择和正确利用各种运输工具具有重要意义。

(一)公路运输

公路运输是最普遍的一种运输方式。公路运输的主要优点是灵活性强、建设周期短、投资较低，易于因地制宜，对收到站设施要求不高，可以采取"门到门"的运输形式，即从发货者门口直到收货者门口，而不需转运或反复装卸搬运。

公路运输的运输单位一般较小，运输量和汽车台数与操作人员数成正比，不能产生大批量输送的效果。动力费和劳务费较高，特别是长距离输送缺点较为显著。此外，由于在运行中司机的自由意志起主要作用，容易发生交通事故，对人身、货物、汽车本身造成损失。由于汽车数量的增多，会产生交通阻塞，使汽车运行困难，同时产生的废气、噪声也造成了环境污染。

高速公路和封闭式公路的建设为公路的长途运输创造了便利条件。公路运输也可作为其他运输方式的衔接手段。公路运输的经济半径，一般在200km以内。

(二)铁路运输

铁路运输是陆地长距离运输的主要方式，主要承担长距离、大数量的货运，在没有水运条件的地区，几乎所有大批量货物都依靠铁路运输，其货车在固定轨道线路上行驶，可以自成系统，不受其他运输条件的影响，按时刻表运行。而且铁路运输还有轨道行驶阻力小、不需频繁地启动制动、可重载高速运行及运输单位大等优点，从而可以降低运费和劳务费。主要缺点是灵活性差，只能在固定线路上实现运输，需要与其他运输手段配合和衔接，铁路运输经济里程一般在200km以上。

(三)水运

水运是使用船舶运送客货的一种运输方式。

水运主要承担大数量、长距离的运输，是在干线运输中起主力作用的运输形式。在内河及沿海，水运也常作为小型运输方式使用，担任补充及衔接大批量干线运输的任务。水运的主要优点是成本低，能进行低成本、大批量、远距离的运输。但是水运也有显而易见的缺点，主要是运输速度慢，受港口、水位、季节、气候影响较大，因而一年中中断运输的时间较长。

水运有沿海运输、近海运输、远洋运输和内河运输四种形式。

(四)航空运输

航空运输的单位成本比较高，因此，主要适合运载的货物有两类，一类是价值高、运费承担能力很强的货物，如贵重设备的零部件、高档产品等；另一类是紧急需要的物资，如救灾抢险物资等。

航空运输的主要优点是速度快，不受地形的限制，在火车、汽车都达不到的地区也可依靠航空运输。

在实际物流运作中，航空运输主要采取班机运输、包机运输和集中托运三种方式。

(五)管道运输

管道运输是利用管道输送气体、液体和粉状固体的一种运输方式，其运输形式是靠物体在管道内顺着压力方向循序移动实现的，和其他运输方式的重要区别在于，管道设备是静止不动的。

管道运输的主要优点是，由于采用密封设备，在运输过程中可以避免散失、丢失等损失，也不存在其他运输设备本身在运输过程中消耗动力所形成的无效运输问题。适合于运输量大、定点、单向的流体运输。

管道运输的缺点是在输送地点和输送对象方面具有局限性。一般适用于气体、液体，如天然气、石油等，但是也发展到粉粒体的近距离输送，如粮食、矿粉等，并且还发明了将轻便物体放在特定的密封容器内，在管道内利用空气压力进行输送的方法，如书籍文件、实验样品的输送。随着技术的进步，输送对象的范围正在不断扩大。

以上几种运输方式的综合比较如表 5-1 和表 5-2 所示。

表 5-1　几种运输方式的综合比较

运输方式	适用情况	优　点	缺　点
公路运输	小批量、短距离	活性强、建设期短、投资较低	长距离运输运费相对昂贵，易污染和常发生事故，消耗能量多
铁路运输	长距离、大数量的货运	速度快、不大受自然条件限制、载运量大、运输成本较低	灵活性差，只能在固定线路上实现运输
水运	大数量、长距离的运输	适合长距离运输，成本低、批量大、承载量大	速度慢，受港口、水位、季节、气候影响较大
航空运输	高价值货物和紧急物资	速度快，不受地形的限制	成本高
管道运输	气体、液体和粉状运输	运输量大，适合于大量连续不断运送的物资	灵活性差

表 5-2　几种运输方式的营运特征比较

营运特征	公　路	铁　路	水　运	航空运输	管道运输
运价	2	3	5	1	4
速度	2	3	4	1	5
可得性	1	2	4	3	5
可靠性	2	3	4	5	1
能力	3	2	1	4	5

三、运输方式的选择

选择运输方式时，可以使用单一运输方式，也可以将两种以上的运输方式结合使用。因此，合理选择运输方式是合理组织运输、保证运输质量、提高运输效益的一项重要内容。

(一)单一运输方式的选择

在决定运输方式时，应以运输工具的服务特性作为判断的基准，一般要考虑以下一些因素。

运费——高低。

运输时间——到货时间长短。

频度——可以运、配送的次数。

运输能力——运量大小。

货物的安全性——运输途中的破损及污染等。

时间的准确性——到货时间准确性。

适用性——是否适合大型货物运输。

伸缩性——是否适合多种运输需要。

网络性——和其他运输机具的衔接。

信息——货物所在位置的信息。

这些因素必须根据不同的运输需要来确定，一般认为运费和运输时间是最为重要的选择因素，具体进行选择时应从运输需要的不同角度综合加以权衡。从物流运输功能来看，速度快是货物运输的基本要求。但是，速度快的运输方式，其运输费用往往较高。同时，在考虑运输的经济性时，不能只从运输费用本身来判断，还要考虑因运输速度加快，缩短了货物的备运时间，使货物的必要库存减少，从而减少了货物保管费的因素。若要保证运输的安全、可靠、迅速，成本就会增多等。这里必须注意的是运输服务与运输成本之间、运输成本与其他物流成本之间存在"效益背反"关系，所以在选择运输方式时，应当以总成本作为依据，而不能仅考虑运输成本。

(二)多式联运的选择

多式联运就是选择使用两种以上的运输方式联合运送货物。多式联运的主要特点是在不同的运输方式之间可以自由变换运输工具，以最合理、最有效的方式实现货物运输过程。例如，将卡车上的集装箱装上飞机，或铁路车厢被拖上船等。多式联运的组合方法有很多，但在实际运用中，这些组合并不都是实用的，一般只有铁路与公路联运、公路或铁路与水路联运得到较为广泛的运用。

铁路与公路联运，即公铁联运(或称驮背运输)，是指在铁路平板车上载运卡车拖车，通常运距比正常的卡车运输长。它综合了卡车运输的方便、灵活与铁路长距离运输经济的特点，运费通常比单纯的卡车运输更低。这样，卡车运输公司可以延伸其服务范围，而铁路部门也能够承揽到某些一般只有卡车公司单独运输的业务，同时托运人也可得以在合理价格下享受长距离"门到门"服务的便捷。因此，铁路与公路联运成为最受欢迎的多式联运方式。

公路或铁路与水路联运，也称鱼背运输，即将卡车拖车、火车车厢或集装箱转载驳船或船舶上进行长途运输。这种使用水路进行长途运输的方式，是最便宜的运输方式之一，在国际多式联运中应用广泛。

此外，航空与公路联运的应用也较广泛，即将航空货物运输与卡车运输两种方式综合使用，其灵活性可与公路直达运输相比拟。

由于两种以上运输方式的连接所具有的经济潜力，所以多式联运吸引了托运人和承运人。多式联运的发展可以给物流计划者带来很大的经济效益，这种发展增加了系统设计中的可选方案，从而可以降低物流成本，改善服务质量。

四、运输方式选择的评价方法

一般而言，对于运输方式有两种选择方法，即成本比较法和考虑竞争因素法。

(一)成本比较法

如果不以运输服务作为竞争手段，那么使该运输服务的成本与该运输服务水平导致的相关库存成本之间达到平衡的运输服务就是最佳方案。也就是说，如果选择速度慢、可靠性差的运输服务，物流渠道中就需要有更多的库存，这样就需要考虑库存成本有可能升高，从而抵消运输服务成本降低所获得的效益。因此，最合理的选择就是既能满足客户需要又能降低成本的运输方式。

(二)考虑竞争因素法

对于买方来说，良好的运输服务意味着可以降低库存水平和保持较确定的运作时间。为了获得期望的运输服务，从而降低成本，买方对该供应商会有更多的惠顾。由于提供较好服务的供应商能获得买方更大的购买份额，并且能从交易额扩大得到的更多利润中支付由于提供更佳的运输服务而增加的成本，所以这必将激励运输供应商去寻求更能满足买方需要的运输服务方式，而不是单纯地追求降低成本。如此，运输方式的选择就成为供应商和买方共同的决策。

【例 5-1】某制造商分别从两个供应商处购买了共 3 000 个零件，每个零件单价为 100元。目前这 3 000 个零件由两个供应商平均提供，如供应商缩短运输时间，则可以多得到交易份额，每缩短一天，便可从总交易中多得 5%的份额，即 150 个零件。供应商从每个零件可赚得零件价格(不包括运输费用)20%的利润(不考虑存在运输服务供应商的竞争对手做出反应的情况)。各种运输方式的运输费率和运输时间如表 5-3 所示。供应商 A 考虑，如将运输方式从铁路转到公路运输或航空运输是否有利可图？

表 5-3 各种运输方式的运输费率和运输时间

运输方式	运输费率/(元/件)	运输时间/天
铁路	2.50	7
公路	6.00	4
航空	10.35	2

解：供应商 A 只是根据他能获得的潜在利润来对运输方式进行选择决策，计算结果如表 5-4 所示。

表 5-4 供应商净利润核算表

运输方式	零件销售量/件	毛利/元	运输成本核算/元	净利润/元
铁路	1 500	30 000	3 750	26 250
公路	1 950	39 000	11 700	27 300
航空	2 250	45 000	23 287.50	21 712.50

如果制造商对能提供更好的运输服务的供应商给予更多交易份额的承诺兑现，则供应商 A 应当选择公路运输。当然，与此同时供应商 A 要密切注意供应商 B 可能作出的竞争反应行为，评估供应商 B 的竞争反应行为对削弱自己可能获得的利益的影响。

五、国际多式联运

国际多式联运是一种利用集装箱进行联运的新的运输组织方式。与传统的杂货散运方式相比，它具有运输效率高、经济效益好及服务质量优的特点。它通过采用海、陆、空等两种以上的运输手段，完成国际上的连贯货物运输，从而打破了过去海、铁、公、空等单一运输方式互不连贯的传统做法。如今，提供优质的国际多式联运服务已成为集装箱运输经营人增强竞争力的重要手段。

国际多式联运通常是以集装箱为运输单元，将不同的运输方式有机地组合在一起，构成连续的、综合性的一体化货物运输。它与传统的单一运输方式有很大的不同，主要特点是可以在不同的运输方式间自由变换运输工具。根据 1980 年《联合国国际货物多式联运公约》(简称"多式联运公约")以及 1997 年我国交通部和铁道部共同颁布的《国际集装箱多式联运管理规则》的定义，国际多式联运是指"按照多式联运合同，以至少两种不同的运输方式，由多式联运经营人将货物从一国境内接管货物的地点运至另一国境内指定地点交付的货物运输"。

国际多式联运的基本特点如下所述。

1. 必须具有一份多式联运合同

该合同明确规定了多式联运经营人与托运人之间权利、义务、责任与豁免的合同关系和运输性质，也是区别多式联运与一般货物运输方式的主要依据。

2. 必须使用一份全程多式联运单证

全程多式联运单证是指证明多式联运合同以及证明多式联运经营人已接收货物并负责按照合同条款交付货物所签发的单据。它与传统的提单具有相同的作用，也是一种物权证书和有价证券。该单证应满足不同运输方式的需要，并按单一运费率计收全程运费。

3. 必须是至少两种不同运输方式的连续运输且必须是国际上的货物运输

国际各式联运必须是至少两种不同运输方式的连续运输，而且必须是国际上的货物运输，这不仅可以区别于国内货物运输，主要还涉及国际运输法规的适用问题。

4. 必须由一个多式联运经营人对货物运输全程负责

该多式联运经营人不仅是订立多式联运合同的当事人，也是多式联运单证的签发人。当然，在多式联运经营人履行多式联运合同所规定的运输责任的同时，可将全部或部分运输业务委托他人(分承运人)完成，并订立分运合同。但分运合同的承运人与托运人之间不存在任何合同关系。

由于国际多式联运具有其他运输组织形式无可比拟的优越性，因而这种国际运输方式在世界许多国家和地区得到广泛的应用和推广，其组织形式主要包括海陆联运、陆桥运输和海空联运。

第三节　物流运输路线规划

在物流系统中，当物流节点相对稳定时，在各个节点之间会形成若干条不同的运输路线，不同的运输路线由于节点数目或顺序的差异会产生不同的运输效果，满足不同物流节点的需求。因此，运输路线的规划不仅是运输系统规划的主要内容，也是整个运输战略的充分体现。

一、运输路线选择的要素

物流运输路线选择要素包含流体、载体、流向、流量、流程、流速和流效。

1. 流体

流体是指物流的对象，即物流中的"物"，一般指物质实体，包括的商品信息有商品品种、规格、商品类别、包装类型、包装材料、包装单位、商品批次、托盘代码、运输包装(外包装)代码、中包装(内包装)代码、销售包装代码、商品性质、出厂日期、保质期、储存和运输条件、装载要求、对物流的其他要求等。

2. 载体

载体是指流体借以流动的设施和设备，包括运输方式和具体的设施设备的信息。

3. 流向

流向是指流体从起点到终点的流动方向，包括正向和反向。

4. 流量

流量是指通过载体的流体在一定流向上的数量表现。

5. 流程

流程是指通过载体的流体在一定流向上行驶路径的数量表现。

6. 流速

流速是指单位时间流体转移的空间距离大小。

7. 流效

流效是指物流的效率(efficiency)和效益(effectiveness)，流效信息包含服务、成本和技术。

二、运输路线选择的原则

选择运输路线一般应遵循以下几个原则。

1. 费用最小原则

运输成本最小是物流管理的首要追求目标，运输线路的规模越大、数目越多，产品的在途量就越大，相应的运输成本自然也就越高。

2. 动态性原则

运输线路选择的诸多因素并不是一成不变的，例如，用户的数量和需求、经营成本、交通状况等都是动态因素。所以对运输线路的规划设计应该有一定的弹性，以便将来能适应环境的变化。

3. 简化流程原则

减少或消除不必要的作业流程，是提高企业生产率和减少消耗最有效的方法之一。在设计运输线路时，应尽量直达运输，减少中间的装卸环节。

4. 适度原则

规划运输线路时不仅要考虑运输费用，还要综合考虑其他物流费用，如营运费、配送费、存储费、发货费等。

三、运输路线选择的方法

运输管理在于运输路线的决策，主要的决策方法有以下几种。

(一)单一不同起讫点问题决策

1. 最短路线法

对分离的、单个起点和终点的网络运输选择问题，最简单和最直观的方法是最短路线法。它对于解决起讫点不同的单一问题的决策很有效。网络由节点和线组成，点与点之间由线连接，线代表点与点之间运行的成本(距离、时间或时间和距离加权的组合)。初始，除起点外，所有节点都被认为是未解的，即均未确定是否在选定的运输路线上。

最短路问题是对一个赋权的有向图 D，若 D 的每条弧都对应一个实数 $\omega(e)$（称为 e 的权)，从图 D 中指定的两个点 v_s 和 v_t。找到一条从 v_s 到 v_t 的路，使这条路上所有弧的权数 $\omega(e)$ 的和最小，那么这条路被称为 v_s 到 v_t 的最短路，这条路上所有弧的权数的和被称为从 v_s 到 v_t 的距离。类似的问题在通信、石油管线铺设、公路网等建设过程中都普遍存在。

求最短路有两种算法，一是求从某一点至其他各点之间最短距离的狄克斯特拉(Dijkstra)算法；另一种是求网络图上任意两点之间最短距离的矩阵算法。

2. 计算方法及步骤

若用 d_{ij} 表示图 D 中两相邻点 i 与 j 的距离，若 i 与 j 不相邻，令 $d_{ij} = \infty$，显然 $d_{ii} = 0$；若用 L_{si} 表示从 s 点到 i 点的最短距离，现要求从 s 点到某一点 t 的最短路线，用 Dijkstra 算法的步骤如下所述。

(1) 从 s 点出发，因 $L_{ss} = 0$，将此值标注在 s 点旁的小方框内，表示 s 点已标号。

(2) 从 s 点出发，找出与 s 点相邻的点中距离最小的一个，设为 r。将 $L_{sr} = L_{ss} + d_{sr}$ 的值标注在 r 旁的小方框内，表明点 r 也已标号。

(3) 从已标号的点出发，找出与这些点相邻的所有未标号点 p。若有

$L_{sp} = \min \{ L_{ss} + d_{sp}; L_{sr} + d_{rp} \}$，则对 p 点标号，并将 L_{sp} 的值标注在 p 点旁的小方框内。

(4) 重复第(3)步，一直到 t 点得到标号为止。

3. 最短路线法举例

【例 5-2】 如图 5-1 所示是一段高速公路网，求该图中 v_1 到 v_7 的最短路线。

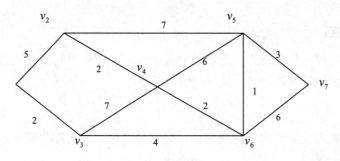

图 5-1　高速公路网络

(1) 从 v_1 点出发，对 v_1 标号，将 $L_{11} = 0$ 标注在 v_1 旁的小方框内，如图 5-2 所示。

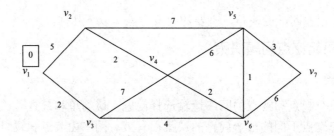

图 5-2　对 v_1 标号

(2) 同 v_1 相邻的未标号点有 v_2, v_3，$L_{1r} = \min \{ d_{12}, d_{13} \} = \min \{ 5, 2 \} = 2 = L_{13}$，即对点 v_3 标号，将 L_{13} 的值标注在 v_3 旁的小方框内。将 $[v_1, v_3]$ 加粗，如图 5-3 所示。

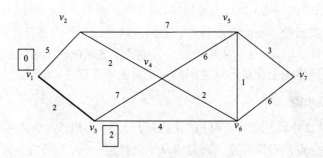

图 5-3　对 v_3 标号

(3) 同标号点 v_1, v_3 相邻的未标号点有 v_2, v_4, v_6，因为

$$L_{1p} = \min \{ L_{11} + d_{12}, L_{13} + d_{34}, L_{13} + d_{36} \} = \min \{ 0 + 5, 2 + 7, 2 + 4 \} = 5 = L_{12}$$

故对 v_2 标号，将 L_{12} 的值标注在 v_2 旁的小方框内。将 $[v_1, v_2]$ 加粗，如图 5-4 所示。

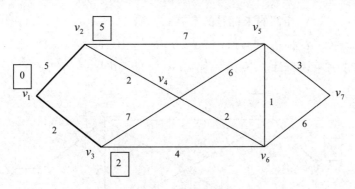

图 5-4　对 v_2 标号

(4)　同标号点 v_1, v_2, v_3 相邻的未标号的点有 v_5, v_4, v_6，有

$$L_{1p} = \min\{L_{12} + d_{25}, L_{12} + d_{24}, L_{13} + d_{34}, L_{13} + d_{36}\} = \min\{5+7, 5+2, 2+7, 2+4\}$$
$$= 6 = L_{16}$$

故对点 v_6 标号，将 L_{16} 的值标注在 v_6 旁的小方框内。将 $[v_3, v_6]$ 加粗，如图 5-5 所示。

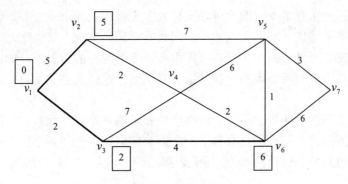

图 5-5　对 v_6 标号

(5)　同标号点 v_1, v_2, v_3, v_6 相邻的未标号的点有 v_5, v_4, v_7，有

$$L_{1p} = \min\{L_{12} + d_{25}, L_{12} + d_{24}, L_{13} + d_{34}, L_{16} + d_{66}, L_{16} + d_{65}, L_{16} + d_{67}\}$$
$$= \min\{5+7, 5+2, 2+7, 6+2, 6+1, 6+6\} = 7 = L_{14} = L_{15}$$

故对点 v_4 和 v_5 同时标号，将 $L_{14} = L_{15} = 7$ 的值分别标注在 v_4 和 v_5 旁的小方框内。

将 $[v_2, v_4]$、$[v_6, v_5]$ 加粗，如图 5-6 所示。

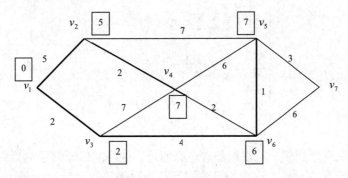

图 5-6　对 v_4 和 v_5 标号

(6) 同标号点 v_5、v_6 相邻的未标号的点有 v_7，有

$$L_{17} = \min\{L_{15} + d_{57}, L_{16} + d_{67}\} = \min\{7+3, 6+6\} = 10$$

故对点 v_7 旁小方框内标注 $L_{17} = 10$，加粗 $[v_5, v_7]$，如图 5-7 所示。

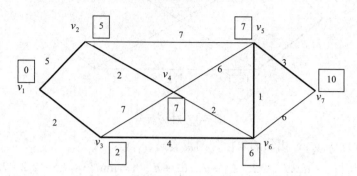

图 5-7 对 v_7 标号

(二)多起讫点问题决策

多起讫点问题是指有多个货源地可以同时为多个销售点或市场服务，我们面临的问题就是，要确定各供求地点之间的供应关系，同时要找到供货地、目的地之间的最佳路径。该问题经常发生在多个供应商、工厂或仓库服务于多个客户的情况下。如果各供货地和需求地之间的供应与需求有特殊限制，如禁运、专供等，则问题会更复杂。这类问题常常被称为运输问题。

运输问题可以利用线性规划模型、网络模型和运输表等方法来解决。这里给出单一品种物资的运输问题描述：某种物资有若干个产地和销地，若已知各个产地的产量和销地的销量以及各个产地到各个销地的单位运价(或运输距离)。应该如何组织调运，使总运费(或总运输距离)最少？

将此问题具体化，假设有 m 个产地，n 个销地，其中

a_i：第 i 产地的供应量，$i = 1, 2, 3, \cdots, m$。

b_j：第 j 销地的需求量，$j = 1, 2, 3, \cdots, n$。

c_{ij}：从产地 i 到销地 j 的单位运费，$i = 1, 2, \cdots, m$；$j = 1, 2, \cdots, n$。

x_{ij}：从产地 i 到销地 j 的调运量。

为了求解使总运费(或总运输距离)最少的调运方案，我们列出如下数学模型：

$$
\begin{cases}
\min f = \sum_{i=1}^{m} \sum_{j=1}^{n} c_{ij} x_{ij} \\
\text{s.t} \begin{cases}
\sum_{j=1}^{n} x_{ij} \leqslant a_i (i = 1, 2, \cdots, m) \\
\sum_{i=1}^{m} x_{ij} \geqslant b_j (j = 1, 2, \cdots, n) \\
x_{ij} \geqslant 0 (i = 1, 2, \cdots, m; \ j = 1, 2, \cdots, n)
\end{cases}
\end{cases}
$$

如果从任一供应地到任一需求地都有道路通行，这样的运输问题称为完全的运输问题。如果总供应量等于总需求量，这样的运输问题称为供需平衡的运输问题；如果总供应量和

总需求量不相等，这样的运输问题称为供需不平衡的运输问题。运输问题的产销平衡表如表 5-5 所示。在求解的过程中，可以把供需不平衡的运输问题先转化成供需平衡的运输问题再求解。

表 5-5　产销平衡表

产地＼销地	B₁	B₂	⋯	Bₙ	产　量
A₁					a₁
A₂					a₂
⋯					⋯
Aₘ					aₘ
销量	b₁	b₂	⋯	bₙ	

(三)起讫点重合的问题决策

物流管理人员经常会遇到起讫点相同的路径规划问题，尤其是在企业自己拥有运输工具并进行运输作业时。常见的例子有，从某仓库送货到零售点然后返回的路线(从中央配送中心送货到食品店或药店)；从零售点到客户所在地配送的路线设计(商店送货上门)；小车、送报车、垃圾收集车和送餐车等的路线设计。这类路径问题是起讫点不同的问题的扩展形式，但是由于要求车辆必须返回起点行程才结束，问题的难度加大了。需要找出途经点的顺序，使其满足必须经过所有点且总出行时间或总距离最短的要求。

根据常识可以知道，合理的经停路线中各条线路之间是不交叉的，并且只要有可能路径就会呈凸形或水滴形。根据这两条原则，在解决规模相对较小的问题时，分析员能很快画出路线规划图。

这类问题又被称为"旅行推销员(TSP)"问题，属于 NP 难题。如果某个问题中包含的点的个数很多，要找到最优路径是不切实际的，对这类问题往往采用的是近似算法。下面简要介绍 TSP 的两种近似算法。

1. 最近点连接法

选定起始地点后，比较其余 $n-1$ 个地点与该地点的距离，取距离最短者作为第二个地点。对于第二个地点，就其余的 $n-2$ 个地点作同样的处理。以此类推，直至遍历所有地点为止，最后，返回其初始地点。

最近点连接法极为直观与简单，但结果的满意程度往往较差。

2. 最优插入法

其步骤如下所述。

首先，选出 $d^* = \min\{d_{ij} | i, j = 1, 2, 3, \cdots, n\}(i \neq j)$，与其关联的节点计作 v_1、v_2。

其次，选节点 v_3，使 v_3 与 v_1、v_2 的距离之和最小，得到三角形(v_1, v_2, v_3)。

设已得到一个包含 k 个节点的圈，其排列为$(v_1 v_2 v_3 \cdots)$，对尚未入圈的 $n-k$ 个节点，逐个进行如下操作：检查对 $v_1 \cdots v_k$ 的所有插入方式，即插在其中哪两个节点之间，引起已有圈

长的增加量为

$$\delta_l = d_{il} + d_{i+1,l} - d_{i,i+1} \quad (1 \leqslant i \leqslant k, \ k+1 \leqslant l \leqslant n)$$

再取这些增量的最小值，记作 $\delta^* = \min\left\{\delta_l \mid k+1 \leqslant l \leqslant n \right\}$。

由此选定第 $k+1$ 个入圈点 v_{k+1}。重复此过程，直至最后，形成一个由 n 个节点连成的圈，即为近似解。最优插入法所得近似解的总长度，不超过最优解总长度的 2 倍。

第四节　物流运输合理化

运输合理化是为了避免不合理运输的出现，因为不合理运输是对运力的浪费，会造成运输费用不必要的增加，从而使运输费用及服务失衡。

一、物流运输合理化须解决的问题

不合理运输是指在现有条件下可以达到的运输水平而未达到，从而导致运力浪费、运输时间增加、运费超支等运输形式。目前一般存在的不合理运输形式有以下几个方面。

1. 返程或起程空驶

可以说这是不合理运输的最严重形式。在实际运输组织中，有时候必须调运空车，从管理上不能将其看成不合理运输。但是，因调运不当，货源计划不周，不采用运输社会化而形成的空驶，是不合理运输的表现。造成空驶的不合理运输主要有以下几种原因。

(1) 能利用社会化的运输体系而不利用，却依靠自备车送货提货，这往往导致出现单程重车、单程空驶的不合理运输现象。

(2) 由于工作失误或计划不周，造成货源不实，车辆空去空回，形成双程空驶。

(3) 由于车辆过分专用，无法搭运回程货，只能单程实车，单程回空周转。

2. 对流运输

对流运输也称"相向运输""交错运输"，是指同一种货物，或彼此间可互相代用而又不影响管理、技术及效益的货物，在同一线路上或平行线路上做相对方向的运送，而与对方运程的全部或一部分发生重叠交错的运输。如图 5-8 所示，将某物资 10 吨从 A1 运到 B2，而又有同样的物资 10 吨在同一期间从 A2 运到 B1，于是 A1 和 A2 之间就出现了对流运输。

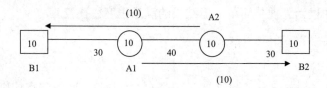

图 5-8　出现对流的运输流量

如果把运输流量图改成如图 5-9 所示的情形，即将 A1 的 10 吨运到 B1，而将 A2 的 10 吨运到 B2，就消灭了对流，可以节省运输流量 2×10×40=800(吨公里)。

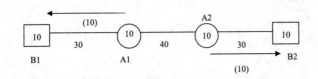

图 5-9　消灭了对流运输的流量

3. 迂回运输

迂回运输是舍近取远的一种运输方式，即不选取短距离路线，却选择较长距离路线进行运输的一种不合理形式。一般指在交通图成圈的时候，如果内流长或外流长超过整个圈长的一半，就称为迂回运输。如图 5-10 所示就是一次迂回运输，内流长大于全圈长的一半，如果改成如图 5-11 所示的运输方式，就消灭了迂回，可以节省运输流量 5×6-5×4=10(吨公里)。

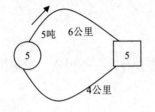

图 5-10　迂回运输　　　　　　图 5-11　无迂回运输

4. 重复运输

把可以直线运输的物资进行不必要的中转，称为重复运输。这不仅会浪费装卸劳力，增加作业和负担，而且还会增加物资损耗和出入库手续，延缓了流通速度，造成运输费用增加和占用多等不利情况。

5. 倒流运输

倒流运输是指货物从销地或中转地向产地或起运地回流的一种运输现象。

6. 过远运输

调运物资舍近求远，近处有资源不调而从远处调，这就造成了可采取近程运输而未采取，拉长了货物运距的浪费现象。过远运输占用运力的时间长、运输工具周转慢、物品占压资金时间长、远距离自然条件相差大，又容易出现货损，增加了费用支出。

过远运输有两种表现形式：一是销地完全有可能由距离较近的供应地购进所需要的相同质量的物美价廉的货物，但却超出货物合理流向的范围，从远距离的地区运来；二是两个生产地生产同一种货物，它们不是就近供应邻近的消费者，却调给较远的消费地，如图 5-12 所示是过远运输示意图，图 5-13 所示是消灭了过远运输的示意图。

7. 运力选择不当

如果未按照各种运输工具的优势选择运输工具，或不正确地使用运输工具，就会导致运力选择不当，使运输费用支出加大。

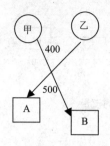

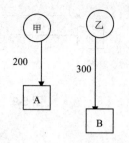

图 5-12　过远运输示意图　　　　　图 5-13　合理的运输路线图

8. 托运方式选择不当

对于货主而言，托运方式选择不当是指可以选择最好的托运方式而未选择，造成运力浪费及费用支出加大的一种不合理运输。

二、影响运输合理化的因素

运输合理化的影响因素很多，起决定性作用的有五方面的因素，被称作合理运输的五要素。

(一)运输距离

在运输过程中，运输时间、运输货损、运费、车辆或船舶周转等运输的若干技术经济指标，都与运距有一定的比例关系，运距长短成为运输是否合理的一个最基本因素。缩短运输距离从宏观、微观方面都会带来好处。

(二)运输环节

每增加一次运输，不但会增加起运的运费和总运费，而且还会增加运输的附属活动，如装卸、包装等，各项技术经济指标也会因此下降。所以，减少运输环节，尤其是同类运输工具的环节，对合理运输有促进作用。

(三)运输工具

各种运输工具都有其使用的优势领域，对运输工具进行优化选择，按运输工具的特点进行装卸运输作业，最大限度地发挥所用运输工具的作用，是运输合理化的重要一环。

(四)运输时间

运输时间尤其是远程运输，在整个物流时间中占绝大部分，因此运输时间的缩短对整个流通时间的缩短有决定性作用。运输时间短有利于运输工具的加速周转，充分发挥运力的作用，有利于货主资金的周转，对运输合理化有很大贡献。

(五)运输费用

运输费用在全部物流费用中占很大比例，运输费用的高低在很大程度上决定了整个物流企业的竞争能力。实际上，运输费用的降低，无论是对货主企业来讲还是对物流经营企业来讲，都是运输合理化的一个重要目标。

以上五个要素并不是相互独立的，而是紧密相连的。如运输时间与运输成本是不同运输方式相互竞争的重要条件，运输时间与成本的变化必然促使所选择的运输方式也随之变化。

三、实现运输合理化的途径

可以说，实现运输合理化，提高运输效率是物流的关键。实现运输合理化主要有以下若干途径。

(一)提高运输工具实载率

实载率有两个含义：一是单车实际载重与运距之乘积和标定载重与行驶里程之乘积的比率，这在安排单车、单船运输时，是判断装载合理与否的重要指标；二是车船的统计指标，即一定时期内车船实际完成的货物周转量(以吨公里计)占车船载重吨位与行驶公里之乘积的百分比。在计算时车船行驶的公里数，不但包括载货行驶，也包括空驶。

提高实载率的意义在于充分利用运输工具的额定能力，减少车船空驶和不满载行驶的时间，减少浪费，从而求得运输的合理化。

(二)采取减少动力投入、增加运输能力的有效措施求得合理化

这种合理化的要点是少投入、多产出，走高效益之路。运输的投入主要是能耗和基础设施的建设，在设施建设已定型和完成的情况下，尽量减少能源投入，是少投入的核心。做到了这一点就能大大节约运费，降低单位货物的运输成本，达到合理化的目的。

(三)发展社会化的运输体系

运输社会化的含义是发展运输的大生产优势，实行专业分工，打破自成的运输体系。

自成运输体系，车辆自有，自我服务，不能形成规模，且一家一户运量需求有限，难以自我调剂，因而容易出现空驶、运力选择不当(因为运输工具有限，选择范围太窄)、不能满载等浪费现象，且配套的接、发货设施，装卸搬运设施也很难有效地运行，所以浪费颇大。实行运输社会化，可以统一安排运输工具，避免出现对流、倒流、空驶、运力不当等多种不合理现象，不但可以追求组织效益，而且可以追求规模效益，所以发展社会化的运输体系是运输合理化非常重要的措施。

(四)尽量发展直达运输

直达运输是追求运输合理化的重要形式，其对合理化的追求要点是通过减少中转过载换载，从而提高运输速度，省却装卸费用，降低中转货损。直达的优势，尤其是在一次运输批量和用户一次需求量达到了一整车时表现最为突出。此外，在生产资料、生活资料运输中，通过直达，建立稳定的产销关系和运输系统，也有利于提高运输的计划水平，可以考虑用最有效的技术来实现这种稳定运输，从而大大提高运输效率。

(五)配载运输

配载运输是指充分利用运输工具的载重量和容积，合理安排装载的货物及使用合理的载运方法以求得合理化的一种运输方式。配载运输也是提高运输工具实载率的一种有效形式。配载运输往往是轻重商品的混合配载，在以重质货物运输为主的前提下，同时搭载一

些轻泡货物,如海运矿石、黄沙等重质货物,在舱面捎运木材、毛竹等,铁路运矿石、钢材等重物,上面搭运轻泡、农副产品等,在基本不增加运力投入、基本不减少重质货物运输的前提下,解决了轻泡货物的搭运,因而效果显著。

(六)发展特殊运输技术和运输工具

科技进步是运输合理化的重要途径。例如,专用散装及罐车,解决了粉状、液状物运输损耗大、安全性差等问题;袋鼠式车皮、大型半挂车解决了大型设备整体运输问题;"滚装船"解决了车载货的运输问题。

(七)通过流通加工,使运输合理化

由于产品本身形态及特性不同,有时很难实现运输的合理化,如果进行适当加工,就能够有效解决合理运输问题,例如将造纸材料在产地预先加工成干纸浆,然后压缩体积运输,就能解决造纸材料运输不满载的问题。轻泡产品预先捆紧包装成规定尺寸,装车就容易提高装载量;水产品及肉类预先冷冻,就可提高车辆装载率,并降低运输损耗。

本 章 小 结

本章共分四节,分别介绍了物流运输管理的基本概念和基本理论知识。第一节重点讲述了物流运输的重要性和物流运输的功能;第二节重点讲述了物流运输中几种基本的运输方式、每种运输方式的特点、运输方式的选择方法和运输方式选择的评价方法;第三节讲述了进行运输路线选择时的影响要素和选择原则,并给出了几种常见的运输路线选择算法;第四节主要介绍了物流运输合理化的相关理论,包括运输中常见的不合理运输现象、运输合理化的作用、运输合理化的影响因素和实现运输合理化的若干途径。

自 测 题

1. 什么是运输?物流运输具有哪些重要性?
2. 基本的运输方式包括哪五种?各有什么特点?
3. 选择运输方式时,要遵循哪些原则?
4. 常见的不合理运输形式有哪些?
5. 试说明影响运输合理化的因素。
6. 可以通过哪些途径实现运输合理化?

案例分析 物联网+
航运:开启智慧生态
新时代

阅读资料 聚焦网络
货运:如何胜在
起跑线?

第六章 库存管理

【学习要点及目标】通过本章的学习，熟悉库存的概念、库存的作用及库存管理成本的构成；了解库存的分类；了解 ABC 库存管理法、定量订货法、定期订货法、MRP 库存管理的原理；掌握定量订货法、定期订货法的应用；熟悉零库存管理、供应商管理库存与联合库存管理方法。

【关键概念】库存(Inventory)　库存管理(Inventory Management)　物料需求计划(MRP)　供应商管理库存(VMI)

【引导案例】

亚马逊的库存管理——"混乱"才是王道

总部位于西雅图的亚马逊公司创建于 1995 年，其所创造的网上零售帝国是无数中国电子商务创业者模仿的对象。

大多数商家的仓储中心其摆放的货物井然有序，一般都会按照商品的属性、特征、定义等分类，将相似的商品存放在一起。但进入亚马逊的仓储中心，最直观的感受就是"乱"，货架不是分门别类地摆放，而是各种类型的商品杂乱地摆在一起，比如塑料餐盒旁边塞个毛绒玩具，儿童书包可能和厨房用品在一起，负责码放商品的员工，对那些基于商品属性的复杂分类规则无须考虑，只需要满足少量简单分类(流通属性)、储存环境的温度和湿度要求即可，推着一车可以杂放的各类货品走进货架，见到空隙就把推车上的商品塞进去。在亚马逊仓储看来，货物的这种随机摆放可以最大限度地利用空间，同时也并没有牺牲操作效率。

1) 所谓的"混乱"管理

"混乱"不代表没有逻辑胡乱操作，但它也并不是自动化的管理系统，因为全自动化系统操作一个混乱系统虽然可行，但是成本太高。亚马逊通过模拟存储过程的试验发现，雇用适当的库存管理员工比使用全自动化的系统更能节省成本。

2) 存储商品的摆货过程

随机存储是亚马逊重要的运营技术，但这种随机存储并不是随便存储，是有原则性的，无论是畅销商品还是非畅销商品，都要考虑先进先出的原则，同时随机存储与最佳路径也有重要关系。每个理货员仅需要手持一个终端扫描设备，在摆放货物的同时，通过扫描货物的条形码和货架条形码就可以确定每件商品的位置。亚马逊的 Cubi 扫描仪还会对新入库的较小体积商品进行尺寸测量，根据这些商品信息优化入库作业，大大提升新品上架速度，给供应商提供了很大方便；亚马逊数据库也可以存储这些关于商品尺寸的数据，进行共享，其他库房就可以直接利用这些后台数据。

3) 订单商品的取货过程

信息系统内置的智能算法模型可以提供最优的拣货路径。亚马逊信息系统的后台有一套数据算法模型，它会给每个拣货人员即时提供优化后的拣货路径，不走回头路，确保全部拣选完之后，路径最短。通过这种智能的计算和推荐，可以把传统作业模式的拣货行走路径减少至少 60%, 还能确保在任何时间点、任何区域、任何通道, 基本上都不会出现很多人围在一起的现象。当订单产生取货需要时, 电脑会自动输出一组提货单。根据数据库内的数据信息, 系统会提示提货单上显示的商品、距离具体负责拣选该商品的员工最近的有哪些, 精准而高效。现在, 随着亚马逊 Kiva 机器人系统的投入运行, 存放目标货物最近的货架还可以发出指令到人工操作点, 实现"货物找人"。每个货品从货架取下时都需要再扫描一次, 以保证数据库的即时更新。

4) "混乱"库存的商品适用范围

除商品储存期短、重量重、体积大以及那些易腐商品外, 其他商品均可适用混乱仓储系统。

5) "混乱"库存的技术保障

所有商品都必须有专属的条形码, 且将这些信息录入到稳定的数据库系统, 计算需要有类似于 GPS 导航系统的路径优化模型, 能够计算出最佳提货路径。

6) "混乱"管理给亚马逊带来的实际好处

减少了摆放货物和取货的时间, 减少了存储空间的占用, 提高了准确度。作为综合电商企业, 消费者所下订单的商品类别跨度较大, 所以分类存放商品的优势在综合电商企业的仓库不能完全体现, 相反, 亚马逊的"混乱"存放, 由于被取商品和相邻商品之间的差异甚大, 所以在取货的时候误取率就会更低。

最后, 需要说明的是, "混乱"库存只是从视觉角度上对亚马逊存储方式的一种称呼, 从库存信息处理层面来讲, 这依然是一种精确的存储方式。

(资料来源: https: //wenku.baidu.com/view/eab06c1a770bf78a64295470.html)

第一节　库存的概念及分类

人类社会对库存的认识, 经历了一个变化发展的过程, 最早的概念是"库存为企业的财产", 是企业实力的标志, 认为库存越多越好。后来到了资本主义垄断时期, 采用机械化大生产方式, 虽然垄断企业的产品得到极大丰富, 但是消费者十分贫穷, 无力购买产品, 产品没有市场, 压得企业喘不过气来, 有的甚至因此倒闭。这时, 库存对企业来说不是资产, 而是负债, 甚至认为企业有库存就是自掘坟墓。随后, 市场逐渐成熟起来, 形成了广大的消费市场, 产品只要适合消费者的需要就可以销售出去, 这个时期产生了"保有适当库存"的概念。随着市场竞争的进一步加剧, 又出现了零库存的概念, 人们认为只要能满足客户要求, 应当实行最大限度的节约, 向零库存进军。

那么对于企业来讲, 究竟什么是库存, 为什么会产生库存? 我们应当秉持什么样的库存观念才是合适的呢?

一、库存的概念

库存(Inventory)是指处于储存状态的物品。广义的库存还包括处于制造加工状态和运输状态的物品。从这种意义上讲, 库存是指为了满足未来的需求而暂时闲置的资源, 与其是否放在仓库中没有关系。资源停滞的位置, 可以是在仓库里、生产线上或车间里, 可以是在非仓库中的任何位置，如汽车站、火车站及机场码头等类型的流通节点上，甚至也可以是在运输途中。这些资源是为了未来的需要而闲置的，就是库存。

二、库存的作用

自从有了生产，就有了库存物品的存在。库存对市场的发展、企业的正常运作与发展，既有积极的作用，也有消极的作用。

(一)库存的积极作用

库存是为了满足未来的需求而暂时闲置的资源，在特定的情况下维持一定量的库存对企业的经营具有积极的作用。

1. 增强生产计划的柔性

库存储备能减轻生产系统要尽早生产出产品的压力。也就是说，生产提前期宽松了，在制订生产计划时，就可以通过加大生产批量使生产流程有条不紊，并降低生产成本。生产准备完成后，若生产批量比较大的话，将能使昂贵的生产成本得以分摊。

2. 克服原料交货时间的波动

在向供应商订购原材料时，有许多原因都将导致材料到达延误：发运时间的变化，供应商工厂中原材料短缺而导致订单积压，供应商工厂或运输公司发生意外的工人罢工、订单丢失及送达材料有缺陷等。

3. 缩短订货提前期

当制造商维持一定量的成品库存时，顾客就可以很快采购到他们所需的物品，这样就缩短了顾客的订货提前期，加快了产品生产的速度，也可以使供应厂商争取到顾客。

4. 平衡流通资金的占用

库存的材料、在制品及成品是企业流通资金的主要占用部分，因而库存量的控制实际上也是一种对流通资金的平衡。例如，加大订货批量会降低企业的订货费用，保持一定量的在制品库存与材料会节省生产交换次数，提高工作效率，但这两方面都要寻找最佳控制点。

5. 稳定作用

在当代激烈竞争的市场环境中，外部需求的不稳定性是正常现象。生产的均衡性又是企业内部组织生产的客观要求；外部需求的不稳定性与内部生产的均衡性是矛盾的。要保证满足需方的要求，又使供方的生产均衡，就需要维持一定量的成品库存。成品库存可将外部需求和内部生产分隔开，像水库一样发挥稳定的作用。

6. 分摊订货费用

需要一件采购一件，可以不需要库存，但不一定经济。订货需要一笔费用，这笔费用若摊在一件物品上将是很高的。如果一次采购一批，分摊在每件物品上的订货费用就会减少，但这样会有一批物品一时用不上，导致库存增加。对生产过程，采取批量加工方式，可以分摊调整准备费用，但批量生产就会造成库存。

7. 防止中断

在生产过程中维持一定量的在制品库存，可以防止生产中断。显然，当某道工序的加工设备发生故障时，如果工序间有在制品库存，其后续工序就不会中断。同样，在运输途中维持一定量的库存，可以保证供应，使生产正常进行。

(二)库存的消极作用

库存的作用是相对的，它也会给企业带来一定程度的副作用，任何企业都希望最大限度地降低库存，以此来降低库存成本。库存的消极作用主要表现在以下几个方面。

1. 占用大量的流动资金

通常情况下，库存资金占企业总资产的比重大约为20%～40%，库存管理不当还会造成大量资金的沉淀，形成积压库存。

2. 增加企业的产品成本和管理成本

库存材料的成本增加直接增加了产品成本，而相关库存设备、管理人员的增加也增加了企业的管理成本。

3. 掩盖了企业众多管理问题

库存掩盖了企业众多管理问题，如计划安排不当、采购不力、生产控制制度不健全、产品质量不稳定、需求预测不准确、产品成套性差及市场销售不力等问题。

此外，如产品设计不当、工程改动、生产过程组织不适当等，都可以用提高库存量来掩盖。这些严重影响着企业的竞争能力。因此库存数量的确定必须经济合理，过少可能造成停工待料，过多则造成物资积压，影响物资周转，增加储存费用。这都不利于企业的生产经营，影响企业的经济效益。

三、库存的分类

按照不同的方法和标准，可以对库存进行如下分类。

(一)按照经济用途分类

按照库存的经济用途，可以将其分为流通库存、制造库存和其他库存。

1. 流通库存

流通库存是为了满足生产或消费的需要，补充生产和消费储备的不足而建立的库存。其中有批发商、零售商为了保证供应和销售而建立的商品库存，以及在运输途中的商品。

2. 制造库存

制造库存是制造商为了满足将来生产的需要，保证生产的顺利进行而建立的物资储备，具体包括以下几类。

(1) 原材料。原材料是指企业通过采购或其他方式取得的用于制造并构成产品实体的物品，以及取得的供生产耗用但不构成产品实体的辅助性材料等，外购半成品一般也归于此类。

(2) 在制品。在制品是指正处于加工过程中，有待进一步加工制造的中间物品。

(3) 半成品。半成品是指企业部分完成的产品，它在销售以前还需要进一步加工，但也可以作为商品对外销售。

(4) 产成品。产成品是指企业已经全部完工，可供销售的制成品。

3. 其他库存

其他库存是指除了上述各种库存外，供企业一般消耗的物品及为生产经营服务的辅助性物品。这类库存主要是为了满足企业的各种消耗性需要，而不是为了转售或加工成产成品再销售。

(二)按照经营过程的角度分类

按照经营过程的角度，可以将库存分为经常库存、在途库存、安全(或缓冲)库存、投机库存、促销库存、季节性库存和积压库存等。

1. 经常库存

经常库存是指企业在正常的经营环境下为满足日常的需要而建立的库存。这种库存随着每个月的需求量不断减少，当库存量降低到一定的水平时，就要进行订货来补充库存。经常库存的前提是需求和前置期预期是稳定的。如果某产品每天销售50单位，前置期总是10天，则在经常库存之外不再需要额外库存。稳定的需求和前置期预期会减少库存管理的复杂性。

2. 在途库存

在途库存是指正处于运输或停放在相邻两个工地之间或两个组织之间的库存。这种库存是一种客观存在，不是有意设置的。在途库存的大小取决于运输时间及该期间内的平均需求。

3. 安全(或缓冲)库存

安全(或缓冲)库存是为了防止不确定因素(如大量突发性订货、交货期延期等)而准备的安全(或缓冲)库存。这种库存对突发事件具起预防和缓冲作用，一般不会动用，一旦动用，必须在下批订货到达时进行补充。

4. 投机库存

投机库存是指为了满足正常需求之外的某种意外需求而准备的库存，如为了避免价格上涨造成损失或为了从商品价格上涨中获利而准备的库存。

5. 促销库存

促销库存是指为了应付企业开展促销活动导致的预期销售量增加而建立的库存。

6. 季节性库存

季节性库存是投机库存的一种形式，是指为了满足特定季节中出现的特定需要而建立的库存，或指对季节性出产的商品在出产的季节大量收购所建立的库存。这类库存经常发生在农产品和季节性产品中，如夏季对空调的需要。

7. 积压库存

积压库存是指那些已储存一段时间且没有需求的商品库存，包括因物品的品质损坏不再具有使用价值或因没有市场销路而卖不出去的商品库存。

(三)按照库存的性质分类

按照库存的性质，可以将其分为储备库存、周转库存和中转库存。

1. 储备库存

储备库存，是指为了预防日后的突发事件而进行的有计划的物资储备。例如为预防战争、灾害而进行的粮食储备、石油储备、药品储备等，如国家储备仓库，这种仓库单纯以储存保管为目的，一般实行较长时间的储存，只有遇到紧急情况时才动用。这类库存在一定时间内要以旧换新，以保持物资的使用价值。

2. 周转库存

周转库存，是指生产企业或流通企业为进行生产或流通周转而进行的一些临时的、不断流转的库存，包括仓库储存和临时堆放。例如流通企业的仓库，以及柜台上存放的货品，不断地销售出去，又不断地进货补充。生产企业的原材料库、半成品库、成品库以及生产工序后的临时堆放，不断地被领用消耗，又不断地采购进货补充。这类库存都是周转库存，它是保证生产或流通顺利进行的前提条件。

3. 中转库存

中转库存是指为衔接不同的运输方式、不同运输环节而设立的物资中转运输储存。例如火车运输换汽车运输时，在交接口处往往设有中转物资仓库，进行中转物资的储存。中转仓库一般也是要收取仓储费或中转费的。

(四)按照库存需求的相关性分类

按照库存需求的相关性，可以将其分为独立性需求库存和相关性需求库存。

1. 独立性需求库存

当一种物品的库存需求与另一种物品的库存需求无关时，称为独立性需求库存。它一般是指将要被消费者消费或使用的制成品的库存，如汽车生产企业的汽车库存。制成品需求的波动受市场条件的影响，而不受其他库存产品的影响。这类库存往往建立在对外部需求预测的基础上，通过一些库存模型的分析，制定相应的库存政策来对库存进行管理，如订货时间与订货量等。

2. 相关性需求库存

相关性需求的库存物品，是指这些库存物品的需求与其他库存物品的需求有着直接的关系，即按产品结构，一个低层次物料的需求取决于上一层部件的需求，该层次部件的需求又取决于其上一层部件的需求，以此类推，直至最终产品的需求。它一般是指将被用来制造最终产品的材料或零部件的库存。自行车生产企业为了生产自行车要保持很多种原材料或零部件的库存，例如车把、车梁、车轮、车轴等。这些物料的需求彼此之间有一定的相互关系，如一辆自行车需要两个车轮，如果生产 100 辆自行车，就需要 100×2=200(个)车轮。这些物料不需要预测，通过相互之间的关系就可以计算出来。

第二节　库存管理概述

库存的存在占用了企业大量的资金，造成了机会损失等一系列消极后果。因此，对库存要进行有效的控制，寻求服务水平与总成本的最佳结合点，在保障供应的前提下尽可能降低成本。

一、库存管理的概念

库存管理也称库存控制，是指对制造业或服务业生产、经营全过程的各种物品、产成品以及其他资源进行管理和控制，使其储备保持在经济合理的水平上，是企业根据外界对库存的要求与订购的特点，预测、计划和执行一种库存的行为，并对此行为进行控制。库存控制的关键在于确定如何订货、订购多少、何时订货等。

库存管理控制不当会导致库存的不足或剩余。库存管理基于两个方面：一是用户服务水平，即在正确的地点、正确的时间，有合适数量的产品。另一个是订货成本与库存持有成本的关系。

二、库存管理在物流管理中的作用

如果从供应商、制造商、批发商和零售商的角度考虑库存问题，就会发现有问题的库存数量将会大大增加。过去，各经营者之间的关系是买卖关系，相互之间不进行库存信息的交流与共享，从而形成了不必要的大量库存，同时又降低了客户的满意度。如过去组成供应链的各经营者对各自的供应商及时、准确交货的承诺不能完全相信，因此，他们的储存往往为实际需要库存量的(1+x)倍，以防止出现供应商延期交货或不能交货等问题。这种超过实际需要量的库存常常被称作缓冲库存。同样，在过去，组成供应链的各经营者相互之间缺乏必要的信息交换，导致对客户的需求，尤其是最终消费者的实时需求很难把握，往往依赖预测来安排生产，从而产生库存不足或过剩的现象。另外，为了满足客户的大量突发性订货，往往准备缓冲库存。有关资料表明，这种缓冲库存大概占整个零售业库存的1/3。因此，从供应链整体来看，过去这种传统交易习惯导致的不必要库存给企业增加了持有成本，而这些成本最终将反映在销售给客户的产品价格上，从而降低了客户的满意度。

因此，在整个物流范围内进行库存管理不仅可以降低库存水平，减少资金积压和库存持有成本，而且还可以提高客户满意度。当然，实现真正意义上的零库存，在现实中几乎是不可能的，这只是经营策略及时跟进方式下的努力目标。目前，已经出现了许多在维持或改进客户服务水平基础上优化企业内部和整个供应链库存的方法和灵活运用的技巧。随着物流和供应链的发展，企业间的关系也逐步向基于共同利益的协作伙伴型关系转变，先进的库存管理方法和技术的出现也可以使供应链各个经营者之间更好地进行信息交换，协调进行库存管理。

三、库存管理的内容

通常，根据物品需求的重复程度可将库存分为单周期库存和多周期库存。单周期库存也叫一次性订货，这种需求的特征是偶发性和物品生命周期短，很少重复订货；多周期库存需求是在一段时间内需求重复发生，库存需要不断补充。多周期库存根据物品需求之间的相关性又可分为独立需求库存和相关需求库存两种。所谓独立需求是指需求变化独立于人的主观控制能力之外，因而其数量与出现的概率是随机的、不确定的、模糊的。相关需求的需求数量和需求时间与其他变量存在一定的相互关系，可以通过一定的数学关系推算得出。但不管是独立需求还是相关需求的库存管理，都要解决下列问题。

(1) 如何优化库存成本。

(2) 怎样平衡生产和销售计划，以满足一定的交货要求。

(3) 怎样避免浪费，避免不必要的库存。

(4) 怎样避免需求损失和利润损失。

库存管理的难点是如何正确处理充分发挥库存功能与尽可能降低库存成本之间的矛盾，因此在进行库存管理时应该侧重完成以下几项任务。

1. 保障生产供应

库存的基本功能是保证生产的正常进行，以维持适度的库存，避免因供应不足而出现非计划性的生产间断，是传统的库存控制的主要目标之一，现代的库存控制理论虽然对此提出一些不同的看法，但保障生产供应仍然是库存控制的主要任务。

2. 控制生产系统的工作状态

一个精心设计的生产系统，一般都会保持一种正常的工作状态。此时，生产按部就班地有序进行，生产系统中的库存物品，特别是在制品的数量，与该生产系统所设定的在制品定额相近。反之，如果一个生产系统的库存失控，该生产系统也难以保持正常的工作状态。因此，现代库存管理理论将库存控制与生产控制结合为一体，通过对库存物品的监控，达到生产系统整体控制的目的。

3. 降低生产成本

控制生产成本是生产管理的重要工作之一，无论是生产过程中的物资消耗，还是生产过程中的物流资金的耗用，均与生产系统的库存控制相关。有资料表明，工业生产中，物资消耗常常占总成本的60%，同时，库存常常占用企业流动资金的80%以上。

因此，通过有效的库存控制方法，使企业在保障生产的同时完成减少库存量，提高库存物资利用率，降低生产成本是控制的重要任务。随着竞争日益激烈，产品供给愈加丰富，顾客选择的余地越来越大，企业一旦缺货，顾客一般会转向其他企业。为了提高竞争力，扩大市场份额，增强盈利能力，企业会尽力提高服务水平。但顾客需求通常无法准确预测，因此生产系统通常采用增大库存储备的方法提高服务水平。库存增加后，当用户的需求发生变化时，企业生产一时无法满足用户需求，则可以通过动用企业库存使用户需求得以满足。增加库存量意味着企业会占用更多的流动资金，付出更多的成本，盲目地增加库存量并不一定会给企业带来期望的经济效益，因此库存管理的目的是在低库存成本和高服务水平之间找到一个最佳平衡点。

第三节　库存管理方法

进行库存管理的方法很多，本节主要讨论 ABC 库存管理法、订货点订货法和 MRP 库存管理法。

一、ABC 库存管理法

一般来说，企业的库存物资种类繁多，每个品种的价格与库存数量也不相等，有的物资品种不多，但价值很高；有的物资品种很多，但价值不高。由于企业的资源有限，对所有库存品种均给予相同程度的重视和管理是不可能的，也是不切实际的。为了使有限的时间、资金、人力等企业资源能得到更有效的利用，应对库存物资进行分类，将管理的重点放在重要的库存物资上，进行分类管理，即依据库存物资重要程度的不同，分别进行管理，这就是 ABC 库存管理法。

(一)ABC 库存管理法概述

ABC 库存管理法是从 ABC 曲线转化而来的一种管理方法。ABC 曲线又称帕累托曲线。意大利经济学家维尔弗雷多·帕累托(Vilfredo Pareto)在研究人口与收入的关系问题时，经过对一些统计资料的分析后提出了一个关于收入分配的法则：社会财富的 80%掌握在 20%的人手中，而余下的 80%的人只占有 20%的财富。这种由少数人拥有大量财富而多数人拥有少量财富的理论，被广泛应用到现实生活中，并称之为 Pareto 原则，即所谓"关键的少数和一般的多数"原则，也就是我们平时所提到的 80/20 原则。所谓的 ABC 库存管理法，就是以某类库存物资品种数占物资品种数的百分数和该类物资金额占库存物资总金额的百分数大小为标准，将库存物资分为 A、B、C 三类，进行分级管理。

ABC 库存管理法的基本原理：对企业库存(物料、在制品、产成品)按其重要程度、价值高低、资金占用等进行分类、排序，一般 A 类物资品种数目占全部库存物资的 10%左右，而其金额占总金额的 70%左右；B 类物资品种数目占全部库存物资的 20%左右，而其金额占总金额的 20%左右；C 类物资品种数目占全部库存物资的 70%左右，而其金额占总金额的 10%左右。这样就能分清主次，抓住重点，并分别采用不同的管理方法。其重点是从中找出关键的少数(A 类)和次要的多数(B 类和 C 类)，并对关键的少数进行重点管理。

当然，ABC 库存品种的分类并不局限于将库存分为三类，可以根据企业的需要进一步细分。但经验表明，库存品种的分类超过五类，会使库存管理成本明显上升。

进行 ABC 库存品种的分类，除了按其重要程度、价值高低、资金占用等指标分类外，还可以使用销售量、销售额、订货提前期、缺货成本等指标分类。企业经常使用的指标是库存消耗额指标。即利用库存中每一品种的年消耗额(库存品种的年消耗量×库存品种单价)占企业总库存物资年消耗额的比重进行 ABC 类库存品种的划分。将年消耗金额高的划分为

A 类，次高的划分为 B 类，最低的划分为 C 类，如表 6-1 所示。

表 6-1　库存品种 ABC 分类的比重

级　别	年消耗金额/%	品种占额/%	管理类别
A	60～80	5～15	重点管理
B	15～25	20～30	可重点管理，也可一般管理
C	5～15	60～70	一般管理

(二)ABC 库存管理法的实施步骤

具体运用 ABC 库存管理法时，最基础、最麻烦的工作是做好全部物资的 ABC 分类。仓库库存物资的 ABC 分类可按以下步骤进行。

1. 确定一个统计期

该统计期应能比较客观地反映当前和今后一段时间的库存状况，一般取比较靠近当前的、消耗比较正常的一段时期作为统计期。

2. 收集数据

按分析对象和分析内容，确定分类标准，收集有关数据。一般来说，需要收集的资料有每种库存物资的平均库存量、每种物资的单价等。

3. 处理数据

对收集来的数据资料进行整理，按要求计算和汇总，统计出统计期内每种物资的消耗数量、单价和资金额。

4. 编制 ABC 分析表

将每种物资按金额从大到小的顺序排队，并计算品种和金额的累计百分比，如表 6-2 所示。

表 6-2　库存 ABC 分析表

物料编号	品种百分数/%	品种百分数累计/%	单价/元	数量	金额/元	金额累计/元	金额累计百分数/%
1	2.22	2.2	480	3 820	1 833 600	1 833 600	
2	2.22	4.4	470	1 680	789 600	2 623 200	
3	2.22	6.7	200	1 060	212 000	2 835 200	
4	2.22	8.9	8	23 750	190 000	3 025 200	66.80
5	2.22	11.1	29	6 000	174 000	3 199 200	
6	2.22	13.3	45	3 820	171 900	3 371 100	
⋮	⋮	⋮	⋮	⋮	⋮	⋮	
13	2.22	28.9	1.5	40 000	60 000	4 012 365	88.60

续表

物料编号	品种百分数/%	品种百分数累计/%	单价/元	数量	金额/元	金额累计/元	金额累计百分数/%
14	2.22	31.1	10.2	4 880	49 776	4 062 141	
15	2.22	33.3	11.25	3 700	41 625	4 103 766	
⋮	⋮	⋮	⋮	⋮	⋮	⋮	
44	2.22	97.8	12	1 838	22 056	4 527 607	
45	2.22	100.0	1.0	1 060	1 060	4 529 213	100.0

5. 根据 ABC 分析表确定库存分类

按照 ABC 分析表，对库存品种进行分类。观察第三栏品种累计百分数和第八栏耗用资金额累计百分数，将累计品种百分数为 5%～15%，而金额累计百分数为 70% 左右的前几种物品，确定为 A 类；将累计品种百分数为 20%～30%，而金额累计百分数为 15%～25% 的前几种物品，确定为 B 类；其余的确定为 C 类，其累计品种百分数为 60%～70%，而资金累计百分数仅为 5%～15%，如表 6-3 所示。

表 6-3　库存 ABC 分类表

类别	金额/元	品种数量/个	品种百分数/%	品种百分数累计/%	资金总额/元	金额百分数/%	金额百分数累计/%
A	190 000 以上	4	8.9	8.9	3 025 200	66.80	66.80
B	60 000～190 000	9	20.0	28.9	987 165	21.80	88.60
C	60 000 以下	32	71.1	100.0	250 783	11.40	100.0

6. 绘制 ABC 分析图

以累计库存品种百分数为横坐标，以累计耗用金额百分数为纵坐标，按 ABC 分析表第三栏和第八栏所提供的数据，在坐标图上取点，并连接各点，绘成 ABC 曲线。利用 ABC 分析曲线所对应的数据，按 ABC 分析表确定 A、B、C 三类的方法，在图上标明 A、B、C 三类，制成 ABC 分析图，如图 6-1 所示。

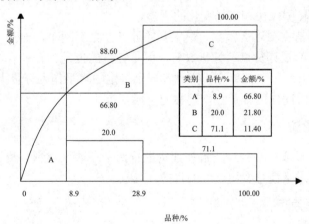

图 6-1　ABC 分析图

分类后，就可以对 A、B、C 三类物资分别确定管理方法和制定管理细则，实行分类管理。

对 A、B、C 类库存品种管理控制的准则可以归纳为如表 6-4 所示。

表 6-4　ABC 分类库存品种的管理控制准则

分类及管理方法		A	B	C
定额的综合程度		按品种或规格	按大类品种	按该品种总金额
定额的查定方法	消耗定额	技术计算法	现场查定法	经验估算法
	周转库存定额	按库存理论的数学模型计算	按库存理论的数学模型计算	经验统计法
检查		经常检查	一般检查	以季或年度检查
统计		详细统计	一般统计	按金额统计
控制		严格控制	一般控制	金额总量控制
安全库存		控制较低水平	较大	允许较高

二、订货点订货法

库存按照需求的相关性分类，可以分为独立性需求库存和相关性需求库存，对于相关性需求的库存，最基本的库存控制方法就是订货点订货法。

订货点，就是仓库必须确定订货的警戒点。到了订货点，就必须订货，否则就会缺货。因此，订货点也就是订货的启动控制点，是仓库订货的时机。由于订货与库存控制密切相关，所以订货点也是库存控制的一个决策变量。

订货点采购的基本原理，就是在库存运行中，设定一些订货控制点，控制订货进货，使仓库的库存量能在满足用户需求的条件下实现库存量最小化。满足用户的需求是很困难的事情，因为这里的用户需求，都是指未来的用户需求量，还没有实际发生，我们只能依据用户需求的历史和现状去预测或估计。因此，未来实际发生的用户需求量可能与我们的预测估计值差别甚大。为了尽量缩小这种差别，需要提高我们的预测水平。这就需要深刻地分析掌握需求变化的规律和市场变化的规律。

控制订货，就是控制订货参数。最主要的订货参数有两个，一是订货时机，二是订货数量。订货时机，就是订货点；订货数量，就是订货的批量。在库存的运行中，我们把订货的时机作为订货点。如果把库存下降到某一个特定的水平作为订货点，称为定量订货法，如果把某个确定的时间作为订货点，则称为定期订货法。

(一)定量订货法

定量订货法主要依靠控制订货点和订货批量两个参数来控制订货进货过程，达到既能最好地满足用户需求又使总费用最低的目的。

1. 定量订货法原理

定量订货法的原理是预先确定一个订货点 Q_K，在销售过程中，随时检查库存，当库存

下降到 Q_K 时，就发出一个订货批量，订货批量取经济订货批量 Q^*。这种情况下，库存量的变化如图6-2所示。

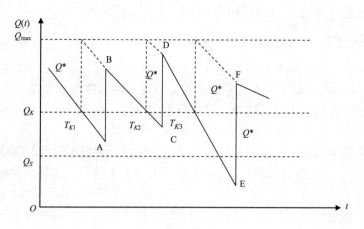

图6-2 定量订货法原理

图6-2所示为库存量变化的一般情况，其中 $R_1 \neq R_2 \neq R_3 \neq, \cdots, T_{K1} \neq T_{K2} \neq T_{K3} \neq, \cdots$，$R_i$ 和 T_{Ki} 都是随机变量。其中：R_i 表示第 i 个阶段的需求速率，T_{Ki} 表示第 i 个阶段的订货提前期。

事先确定订货点为 Q_K，订货批量为 Q^*。在第一阶段，库存以 R_1 的速率下降，当库存下降到 Q_K 时，就发出一个订购批量 Q^*，"名义库存"升高了 Q^*，达到 $Q_{max} = Q_K + Q^*$。进入第一个订购提前期 T_{K1}，在 T_{K1} 内库存继续以 R_1 的速率下降到图中的A点(正好等于 Q_S，在 Q_S 线上)，新订购物到达，T_{K1} 结束，实际库存由 Q_S 上升到 $Q_S + Q^*$，增加了 Q^*，到达B点，进入第二销售阶段。设第二阶段以 R_2 速率下降，因为 $R_2 < R_1$，所以库存消耗周期长一些。当库存下降到 Q_K，又发出一个订购批量 Q^*，"名义库存"又上升到 $Q_{max} = Q_K + Q^*$，进入 T_{K2}，库存下降到C点，第二订购批量 Q^* 到货，T_{K2} 结束，实际库存又升高了 Q^*，到达D点。因为 R_2 小，T_{K2} 又短，所以第二个订购提前期 T_{K2} 内库存消耗量少，C点库存较高，因而D点库存也较高。之后又进入第三个周期，由于 R_3 比 R_1 和 R_2 都大，T_{K3} 比 T_{K1}、T_{K2} 都长，所以在 T_{K3} 内库存消耗量最大，E点最低，还动用了 Q_S，差不多把安全库存量都用完了。新订购物到达后，升高了 Q^* 到F点，所以F点也是新订购物到达库存量最低的点。库存量就这样周期变化不止。

由上述分析可以得到下述结果。

(1) 订货点 $Q_K = \overline{D}_L + Q_S$ ($\overline{D}_L$ 为订货提前期的平均销售量，Q_S 为安全库存)。

当 $R_1 \neq R_2 \neq R_3 \neq \cdots$，$T_{K1} \neq T_{K2} \neq T_{K3} \neq \cdots$ 时，$D_{L1} \neq D_{L2} \neq D_{L3}$。

当 $R_1 = R_2 = R_3 = \cdots$，$T_{K1} = T_{K2} = T_{K3} = \cdots$ 时，$D_{L1} = D_{L2} = D_{L3} = \overline{D}_L$。

(2) 在整个库存变化中所有的需求量均得到满足，没有缺货现象，都是由订货点库存量满足的。其中 T_{K1} 和 T_{K2} 期间还没有动用安全库存 Q_S，但是第三阶段的销售动用了安全库存 Q_S，库存满足率达到100%。如果安全库存量 Q_S 设定太小的话，则 T_{K3} 期间的库存曲线会下降到横坐标线以下，出现负库存，即表示缺货。而且 Q_S 越小，缺货量就越大。因此安全库存的设置是必要的，设置安全库存的作用，就是降低了缺货率，提高了库存满足率。

(3) 由于控制了订货点 Q_K 和订货批量 Q^*，使整个系统的库存水平得到了控制，名义库存 $Q_{\max}$ 不会超过 $Q_K + Q^*$，实际最高库存不会超过 $Q_K + Q^* - \bar{D}_L$。

2. 订货点的确定

订货点是指订货时仓库里该品种保有的实际库存量。订货点是一个决策变量，它是直接控制库存水平的关键。订货点要适中，如果订货点太高，库存量过大，占用资金就越多，导致库存费用上升，成本增加；同样，订货点不能太低，如果过低，则可能导致缺货，一方面增加缺货成本，另一方面导致对客户的服务水平下降。

影响订货点确定的主要因素有需求速率、订货提前期和安全库存。需求速率就是货物需求的速度，用单位时间内的需求量 R 来表示。需求速率越高，订货点越高。订货提前期是指从发出订货单到收到货物为止所需要的时间，用 T_K 来表示，它取决于供货时间的长短，与产品生产、运输路途远近和运输速度有关。订货提前期越长，订货点越高。安全库存是指为了防止货物发生短缺而设置的库存，用 Q_S 表示。

订货点的确定方法要根据不同的情况来分析。

(1) 当客户需求速率和订货提前期都稳定不变时，不需要设置安全库存量。即 $R_1 = R_2 = R_3 = \cdots$，$T_{K1} = T_{K2} = T_{K3} = \cdots$时，$Q_S = 0$。此时

订货点=需求速率×订货提前期=$R \times T_K$

例如，某仓库每天的库存商品业务量为 80 箱，订货提前期为 10 天，则订货点为

订货点=需求速率×订货提前期=80×10=800(箱)

(2) 在客户需求速率和订货提前期变化的情况下，即

当 $R_1 \neq R_2 \neq R_3 \neq \cdots$，$T_{K1} \neq T_{K2} \neq T_{K3} \neq \cdots$时，需要设置安全库存。此时

$$订货点=订货提前期内平均需求量+安全库存$$
$$=平均需求速率×平均订货提前期+安全库存$$
$$=\bar{R} \times \bar{T}_K + Q_S$$

3. 订货批量的确定

订货批量就是每一次订货的数量。订货批量的高低，直接关系到库存量和库存成本的高低，也直接影响着物资供应的满足程度。订货批量过大，虽然可以充分满足用户需求，但是库存成本较高；订货批量过小，虽然减少了库存量及相关成本，但不一定能满足用户的需求。订货批量的大小主要受需求速率和经营费用的影响。需求速率越高，订货批量就越大；同样，经营费用越低，订货批量就越大。通常取订货批量为一个经济订货批量。

经济订货批量(Economic Order Quantity，EOQ)是指在一定条件下使库存总成本最小的订货量。经济订货批量模型提供了一种简单有效的订货批量决策方法。

在确定经济订货批量时，应做如下基本假设。

(1) 假设每次订货的订货费用相同，且与订货批量的大小无关。

(2) 假设单位物品在单位时间内的保管费用与购买单价成正比。

(3) 假设单位时间内的需求量不变。

(4) 订货提前期固定。

由图 6-3 可知，库存保管费用随订货量增大而增大，订购费用随订货量增大而减少。采购成本固定，当保管费用与订购费用相等或总费用曲线最低点对应的订购量即为经济订货批量。

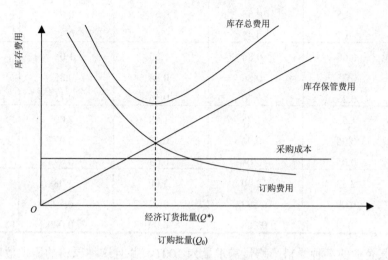

图 6-3　理想的经济订货批量模型

4. 安全库存量的确定

安全库存又称保险库存，是指为了防止和减少由于不确定性因素导致的缺货而设置的储备库存。安全库存在一般情况下不动用，一旦动用，则必须在下批订货到达时进行补充。

安全库存的数量除了受需求和供应的不确定性影响外，还与企业希望达到的顾客服务水平(或订货满足率)有关，这些是制定安全库存决策时主要考虑的因素。许多企业都会考虑保持一定数量的安全库存，但是困难在于确定需要保持多少安全库存。安全库存越大，出现缺货的可能性就会越小，而安全库存太多则意味着多余的库存。

安全库存量可以按照以下方法来计算。

(1) 需求量变化，提前期固定($R_1 \neq R_2 \neq R_3 \neq \cdots$，$T_{K1} = T_{K2} = T_{K3} = \cdots$)。假设需求的变化服从正态分布，由于提前期是固定的数值，因而可以根据正态分布图，直接求出在提前期内的需求分布的均值和标准差，或通过直接的期望预测，以过去提前期内的需求为依据，确定需求的期望均值和标准差。

在这种情况下，安全库存量的计算公式为

$$Q_S = \alpha \cdot \sqrt{T_K} \cdot \sigma_R$$

式中：T_K——提前期的长短；

σ_R——提前期内的需求速率的标准差；

α——一定顾客服务水平下需求量变化的安全系数，它可根据预定的服务水平 p 或缺货率 q，由正态分布表(见表 6-5)查出。

表6-5　安全系数表

α	0.0	0.13	0.26	0.39	0.54
P	0.5	0.55	0.6	0.65	0.70
q	0.5	0.45	0.4	0.35	0.30
α	0.68	0.84	1.00	1.04	1.28
P	0.75	0.80	0.84	0.85	0.90
q	0.25	0.20	0.16	0.15	0.10
α	1.65	1.75	1.88	2.00	2.05
P	0.95	0.96	0.97	0.977	0.98
q	0.05	0.04	0.03	0.023	0.02
α	2.33	2.40	3.00	3.08	3.09
P	0.99	0.992	0.998 7	0.999 9	1.000 0
q	0.01	0.008	0.001 3	0.000 1	0.000 0

例如，某企业的某种原料平均日需求量为100T，并且这种原料的需求数量服从标准差为10T/天的正态分布，如果提前期是固定常数5天，如要求顾客服务水平不低于98%，试确定安全库存的大小。

由题目可知：σ_R=10T/天，T_K=5天，且由服务水平p=98%，查表得α=2.05，代入公式得

$$Q_S = \alpha \cdot \sqrt{T_K} \cdot \sigma_R = 2.05 \times 10 \times \sqrt{5} = 46 (\text{T})$$

即在满足98%的客户满意度的前提下，安全库存量为46T。

(2) 需求量固定，提前期发生变化($R_1 = R_2 = R_3 = \cdots$，$T_{K1} \neq T_{K2} \neq T_{K3} \neq \cdots$)。当提前期内的顾客需求固定不变、提前期的长短随机变化时，安全库存量的计算类似于需求量变化、提前期固定，不同的是，提前期内需求量是通过不变需求量与提前期的标准差相乘求出的。

此时，安全库存量的计算公式为

$$Q_S = \alpha \cdot R \cdot \sigma_T$$

式中：α——一定顾客服务水平下的安全系数；

R——需求速率；

σ_T——订货提前期的标准差。

在上例中，如果原料的日需求量为固定常数100T，提前期是随机变化的，而且服从均值为5天、标准差为1天的正态分布，求98%的顾客满意度下的安全库存量。

由题意：R=100T/天，σ_T=1天，由服务水平p=98%，可查得α=2.05，代入公式得

$$Q_S = \alpha \cdot R \cdot \sigma_T = 2.05 \times 100 \times 1 = 205 (\text{T})$$

即在满足98%的顾客满意度的前提下，安全库存量为205T。

(3) 需求量和提前期都随机变化($R_1 \neq R_2 \neq R_3 \neq \cdots$，$T_{K1} \neq T_{K2} \neq T_{K3} \neq \cdots$)。在现实中，多数情况下提前期和需求都是变化的，此时，要通过建立联合概率分布求出需求量水准和提前期延时的不同组合的联合概率(联合概率分布值域为从以最小需求量和最短提前期的乘积

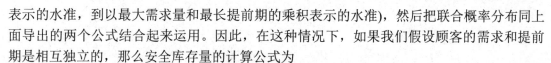

表示的水准，到以最大需求量和最长提前期的乘积表示的水准)，然后把联合概率分布同上面导出的两个公式结合起来运用。因此，在这种情况下，如果我们假设顾客的需求和提前期是相互独立的，那么安全库存量的计算公式为

$$Q_S = \alpha \cdot \sqrt{\overline{T}_K \cdot \sigma_R^{\ 2} + \overline{R}^2 \cdot \sigma_T^{\ 2}}$$

式中：$\overline{R}$——平均需求速率；

　　　$\overline{T}_K$——平均提前期长度。

例如，在上面的例子中，假设日需求量和提前期是相互独立的，而且它们的变化均严格服从正态分布，日需求量满足均值为100T、标准差为10T/天的正态分布，提前期满足均值为5天、标准差为1天的正态分布，求98%的顾客满意度下的安全库存量。

由题意：R=100 吨/天，σ_R=10 吨/天，$\overline{T}_K$=5 天，σ_T=1 天，当服务水平为98%时，α=2.05，代入公式得

$$Q_S = \alpha \cdot \sqrt{\overline{T}_K \cdot \sigma_R^{\ 2} + \overline{R}^2 \cdot \sigma_T^{\ 2}} = 2.05 \times \sqrt{5 \times 10^2 + 100^2 \times 1^2} = 210(\text{T})$$

即在达到98%的服务水平的前提下，安全库存量为210T。

5. 定量订货法的评价

定量订货法有如下一些优点。

(1) 订货点、订货批量一经确定，定量订货法的操作就很简单了。

(2) 当订货量一定时，收货、验收、保管和批发可以利用现成的规格化器具和结算方式，以减少搬运、包装等方面的工作量。

(3) 定量订货法充分发挥了经济订货批量的作用，可以使平均库存量和库存费用最低。

定量订货法的主要缺点有以下所述各种。

(1) 物资储备量控制不够严格。

(2) 要随时盘存，花费较大的人力和物力。

(3) 订货模式过于机械，灵活性小。

(4) 订货时间不能预先确定，所以难以严格管理，也难以预先制订较精确的人员、资金、工作等安排计划。

(二)定期订货法

定期订货法，是按预先确定的订货时间间隔进行订货，其中订购时间固定，每次订购量不确定。该方法的关键在于确定一个订货周期 T 和一个最高库存量$Q_{\max}$，此后每隔一个周期 T，就检查库存发出订货单。订货量的大小，就是最高库存量与当时的实际库存量之差。只要订货周期和最高库存量控制合理，就可以实现既保障需求、合理存货，又节省库存费用的目标。

1. 定期订货法原理

定期订货法的原理是：预先确定一个订货周期T和一个最高库存量$Q_{\max}$，周期性地检查库存，求出当时的实际库存量Q_{ki}、已订货还没有到货的在途物资量I_i及已经售出但尚未发货的物资数量B_i，然后发出一个订货批量Q_i单。

在这种情况下库存量的变化曲线如图6-4所示。

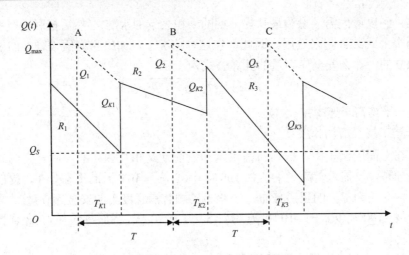

图6-4 定期订货法的原理图

如图 6-4 所示为库存量变化的一般规律，$R_1 \neq R_2 \neq R_3 \neq \cdots$，$T_{K1} \neq T_{K2} \neq T_{K3} \neq \cdots$，在第一个周期，库存以 R_1 的速率下降。因为预先已经确定了订货周期 T，也就是规定了订货时间。到了订货时间，不论库存量还有多少，都要发出订货单。所以当到了第一次订购时间(A 点)时，就检查库存，求出当时的库存量 Q_{K1}，并发出一个订购批量 Q_1 单，使库存上升到 Q_{max}。然后进入第二个周期，经过 T 时间又检查库存，得到此时的库存量 Q_{K2}，并发出一个订购批量 Q_2 单，使库存又上升到 Q_{max}。如此反复循环。

从上述分析可以得出下述结果。

(1) 采用定期订货法可以控制库存量。整个运行过程的最高库存量不会超过 Q_{max}。实际上，刚订购时，包括订购量在内的"名义库存"量最高就是 Q_{max}，待经过一个订购提前期销售，所订货物实际到达时，实际最高库存量比 Q_{max} 还少一个提前期平均需求量。因此 Q_{max} 是最高库存量的控制线，它是定期订购法用以控制库存量的一个关键参数。

(2) 可以满足用户需求。采用定期订货法保证库存需求与定量订货法不同，定量订货法是以订货提前期来满足需求的，其订货量用于满足订货提前期内库存的需求。定期订货法不是以满足订货提前期内需求为目的，而是以满足订货周期内的需求量和提前期内用户的需求量为目的，即以满足 $T + T_K$ 期间的用户总需求量为目的。它根据 $T + T_K$ 期间的用户总需求量来确定 Q_{max}。

(3) 由于在 $T + T_K$ 这个期间的库存需求量会随机发生变化，因此根据 $T + T_K$ 期间的库存需求量确定的最高库存量 Q_{max} 也是随机变量，它包括 $T + T_K$ 期间的库存平均需求量和防止需求波动或不确定因素而设置的安全库存量 Q_S。

因此，定期订货法的实施需要解决三个问题，即确定订货周期、确定最高库存量和每次的订货批量。

2. 订购周期 T 的确定

订购周期实际上就是定期订购的订货点，其间隔时间总是相等的。订购间隔期的长短直接决定着最高库存量的大小，即库存水平的高低，从而也决定了库存成本的多少。所以订货周期不能太长，否则会使库存成本上升；也不能太短，太短则会增加订购次数，使库存费用增加，从而增加库存总成本。

从费用角度出发，如果要使总费用达到最小，我们可以取经济订货周期为一个订货周期。经济订货周期与经济订货批量一样，都是在不允许缺货、瞬时到货的前提下根据使总费用最低的原理计算出来的。如果经济订购周期记为 T^*，则 T^* 可以表示为

$$T^* = \sqrt{\frac{2c_0}{c_1 R}}$$

其中变量的含义与经济订货批量的计算公式一样。

在实际操作中，经常结合供应商的生产周期或供应周期调整经济订货周期，从而确定一个合理可行的订货周期。有时，也可以结合人们的习惯，取周、旬、月、季、年等为订货周期。

3. 最高库存量 Q_{max} 的确定

在定量订货法中，我们把订货提前期的需求量作为制定订货点的依据。在定期订货法中，我们则把订货周期和其后一个订购提前期合在一起，即 $T + T_K$ 的长度作为一个时间单元，把 $T + T_K$ 期间内的需求量 D_{T+T_K} 作为制定 Q_{max} 的依据。

(1) 在客户需求速率和订货提前期都稳定不变的前提下，不需要设置安全库存量。即 $R_1 = R_2 = R_3 = \cdots$，$T_{K1} = T_{K2} = T_{K3} = \cdots$ 时，$Q_S = 0$。此时

$$Q_{max} = D_{T+T_K} = R \times (T + T_K)$$

(2) 在客户需求速率和订货提前期发生变化的前提下，即：当 $R_1 \neq R_2 \neq R_3 \neq \cdots$，$T_{K1} \neq T_{K2} \neq T_{K3} \neq \cdots$ 时，需要设置安全库存。此时

$$Q_{max} = \bar{D}_{T+T_K} + Q_S = \bar{R} \times (T + T_K) + Q_S$$

4. 每次订购量的确定

在定期订购法中，每次订购量一般都不相同，与每次订货时还剩下的库存量有关，当然还与订货时是否有已订未到量和已经销出但现在还未提货的数量有关。虽然每次的 Q_{max} 一样，但是由于当时的实际库存量、已订货未到量、已售出但未发货量不一样，所以每次的订货数量都是不同的。第 i 次的订货量由下式确定。

$$Q_i = Q_{max} - Q_{Ki} - I_i + B_i$$

式中，Q_{Ki}、I_i、B_i 分别是第 i 次盘点时求出的实际库存量、已订未到量和已售出尚未发货量。

5. 定期订货法的评价

定期订货法有如下所述各种优点。

(1) 由于订货间隔期间确定，因而多种货物可同时进行采购，这样不仅可以降低订单处理成本，还可降低运输成本。

(2) 不需要经常检查和盘点库存，避免了定量订货法需经常盘存的缺陷，减少了工作量，提高了工作效率。

(3) 库存管理的计划性较强，有利于工作计划的准确实施。

定期订货法的缺点有以下几种。

(1) 安全库存量设置较大。因为它的保险周期 $T + T_K$ 较长，因此，$T + T_K$ 期间需求量也较大，需求标准偏差也较大，因此需要较大的安全库存来保证库存需求。

(2) 每次订货的批量不固定，无法确定经济订货批量，因而运营成本较高，经济性较差。

三、MRP 库存管理法

1965 年，美国 J. A. 奥列基博士提出独立需求和相关需求的概念，并指出订货点订货法只适用于解决独立需求物品的库存控制问题，它并不能令人满意地解决生产系统内发生的相关需求问题。而且，订货点订货法不适于订货型生产企业。随着 20 世纪 60 年代计算机应用的普及和推广，人们可以应用计算机制订生产计划。美国生产管理和计算机应用专家 Oliver W.Wight 和 George W.Plosh 首先提出了物料需求计划，IBM 公司首先在计算机上实现了 MRP 处理。MRP 可以精确地确定组件的需求数量和时间，消除订货点盲目性，实现低库存与高服务水平的并存。

MRP(Material Requirement Planning，物料需求计划)是一种工业制造企业内的物资计划管理模式。它的出发点是根据成品的需求，自动计算部件、零件以至原材料的相关需求量；根据成品的交货期计算出各部件、零件生产进度日程与外购件的采购日程。也就是说，MRP 是一种保证既不出现短缺又不积压库存的计划方法，解决了制造企业所关心的缺件与超储的问题。

(一)MRP 的原理

MRP 的基本原理是由主生产进度计划(Master Production Schedule，MPS)和主产品的层次结构，逐层逐个地求出主产品所有零部件的出产时间、出产数量，即物料需求计划。其中，如果零部件靠企业内部生产，需要根据各自的生产时间提前安排投产时间，形成零部件投产计划；如果零部件需要从企业外部采购，则要根据各自的订货提前期来确定提前发出各自订货单的时间及确定采购的数量，形成采购计划。严格按照投产计划进行生产和按照采购计划进行采购，就可以实现所有零部件的出产计划，从而不仅能够保证产品的交货期，而且还能够降低原材料的库存，减少流动资金的占用。

MRP 的逻辑原理如图 6-5 所示。由图可以看出，物料需求计划是根据主生产进度计划、主产品结构与物料清单(Bill of Materials，BOM)和库存文件制订的。

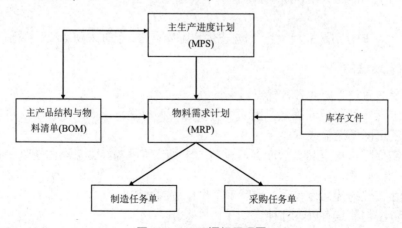

图 6-5　MRP 逻辑原理图

主产品就是企业用以供应市场需求的产成品。例如，冰箱生产厂生产的冰箱、电视机厂生产的电视机等，都是各自企业的主产品。

主产品结构与物料清单(BOM)主要反映出主产品的层次结构以及所有零部件的结构关系和数量组成。根据主产品结构与物料清单，可以确定主产品及其各个零部件需要的时间和它们相互之间的装配关系。

主生产进度计划又称主产品进度计划，主要描述主产品及由其结构文件 BOM 决定的零部件的出产进度，表现为各时间段内的生产量，有出产时间、出产数量或者装配时间、装配数量等。

产品库存文件包括主产品和其所有的零部件的库存量、已订但未到量和已分配但还没有提走的数量。制订物料需求计划有一个指导思想，就是要尽可能减少库存。产品优先从库存物资中供应，仓库中有的，就不再安排生产和采购。仓库中有但数量不够的，只安排不够的那一部分数量投产或采购。根据物料需求计划再制订产品投产计划和产品采购计划，根据产品投产计划和采购计划组织物资的生产和采购，生成制造任务单和采购任务单，交生产部门生产或交采购部门采购。

(二)MRP 系统的评价

MRP 系统有以下优点。

(1) 维持合理的安全库存，尽可能地降低库存水平。

(2) 能够较早地发现问题和可能发生的供应中断，及早采取预防措施。

(3) 它的生产计划是基于现实需求和对最终产品的预测。

(4) 它并不是孤立地考虑某一个设施，而是综合考虑整个系统的订货量。

(5) 它适合于批量生产或间歇生产或装配过程。

MRP 系统的缺点体现在以下几个方面。

(1) 在使用中，它是高度计算机化的，难以调整。

(2) 降低库存导致的小批量购买增加了订货成本和运输成本。

(3) 它对短期的需求变动不如订货点订货法敏感。

(4) 系统很复杂，有时不像预想的那样有效。

第四节　供应链环境下的库存管理策略

库存是社会化大生产的必然产物，它的出现可以保障并推动社会生产率的迅速提高，但随着经济运转速度的进一步加快，库存渐渐表现出了对生产的阻碍作用。传统的企业库存管理侧重于优化单一的库存成本，从存储成本和订货成本出发确定经济订货量和订货点。从单一的库存角度看，这种库存管理方法有一定的适用性，由于企业之间的供求关系日益密切，要促进生产效率的进一步提高，传统的库存管理方法必须根据供应链管理的需求加以完善。

本节我们将介绍供应链环境下的几种库存管理方法，包括零库存管理、供应商管理库存和联合库存管理。

一、零库存管理

零库存管理可以追溯到 20 世纪六七十年代。当时的日本丰田汽车公司实行准时化生产方式，并在管理手段上采用看板管理、单元化生产等技术，实行拉式生产方式，以实现在生产过程中基本没有积压的原材料和半成品。这样大大减少了生产过程中的库存和资金的积压，也提高了相关生产活动的管理效率。

(一)零库存的含义

零库存是一种特殊的库存概念，是库存管理的理想状态，它并不是指企业所有的原材料、半成品、成品的库存为零，而是指在确保企业生产经营活动顺利进行的条件下，采用各种科学的管理方法，对库存进行合理的计算和有效的控制，尽可能降低库存量的一种方法。零库存并不等于不要储备和没有储备，也就是说某些经营实体不单独设立库存和储存物资，并不等于取消其他形式的储存活动。实际上，企业为了应付各种意外情况，如运输时间延误、到货不及时、生产和消费发生变化等，常常要储备一定数量的原材料、半成品和成品，只是这种储备不是采取库存形式而已。从理论上讲，经营实体储备一定数量的产品，并以此形成"保险储备"，也是一种合理的行为，它与实现零库存的愿望并不矛盾。有人把零库存的使用范围无限扩大，认为零库存就是"零储备"，实现零库存即意味着可以从根本上取消库存，这种观点是片面的。

(二)供应链环境下实现零库存的途径

采用供应链管理模式实现零库存需要从以下几个环节入手。

1. 整合供应链业务流程，为订单而采购，减少库存

这就要求企业以顾客的需求为生产经营的起点，企业的采购、存货储备、生产和销售都由顾客的订单来支配，并围绕订单而运作。库存管理是以客户订单为依据，根据需求信息向前反馈；企业则根据订单将销售计划、生产计划和采购计划编制成整体计划。

2. 充分采用供应商库存和联合管理库存的方式，降低库存水平

采用供应商管理库存的方式，加强了供应商的责任，使供应商可以根据需求状况和变化趋势，确定库存水平和补给策略，以对市场需求实现快速反应；而需求方不设库存或少设库存，可以减少资金占用。联合管理库存是供需双方同时参与，共同制订库存计划，使供应链成员单位之间对需求的预期保持一致的一种库存管理方式，可以消除需求变异放大现象，提高供应链同步化程度和整体运作水平，进而降低库存规模。

3. 强化库存定额管理

强化库存定额管理，即供应链上的供应商和需求方，根据需求物资的重要性、使用频率快慢、价值高低、采购难易程度、制造周期长短、可替代程度等对物料进行分类，并对不同类别的物料进行综合分析，确定库存定额和订货周期，并严格按照库存定额编制采购计划，避免无计划采购。

4. 加强信息化基础建设

加强信息化基础建设，其目的是通过计算机和电子网络的广泛应用，及时掌握库存信息并反馈，实现供应链内外部信息系统集成和信息共享，从而有效地控制库存。

知识拓展 6-1 见右侧二维码。

知识拓展 6-1 海尔的
零库存管理.docx

二、供应商管理库存

长期以来，流通中的库存各自为政。在供应链管理环境下，供应链各个环节的活动都应该是同步进行的，而传统的库存管理方法无法满足这一要求。近年来，在国外出现了一种新的供应链库存管理方法——供应商管理库存(VMI)。这种库存管理方法打破了传统的各自为政的库存管理模式，体现了供应链的集成化思想，是一种新兴的有代表性的库存管理思想。

(一)供应商管理库存的含义及特点

《中华人民共和国国家标准物流术语》中对供应商管理库存的定义为：供应商管理库存是供应商等上游企业基于其下游客户的生产经营、库存信息，对下游客户的库存进行管理与控制。

可以看出实施 VMI 的双方无论是供应商和制造商之间、供应商和零售商之间，还是制造商和零售商之间，其实都是供应链上游企业和下游企业之间的关系。为研究表述方便统称负责供应并进行库存管理的一方为上游企业，接受库存管理服务的一方为下游企业。

VMI 能有针对性地解决供应链环境下的库存问题，降低供应链的不确定性，避免需求放大效应，减少信息传递延迟和失真的发生。VMI 的特点是一方面信息共享，零售商帮助供应商更有效地制订供应计划，供应商从零售商处获得销售点数据并使用该数据来协调其生产库存活动及零售商的实际销售活动；另一方面供应商完全管理和拥有库存，直到零售商将其售出为止，但是零售商对库存有看管义务，并对库存物品的损伤或损坏负责。具体地讲，VMI 的特点主要表现在以下几个方面。

1. 合作性

VMI 模式的成功实施，客观上需要供应链上各企业在相互信任的基础上密切合作，其中，信任是基础，合作是保证。在实施该策略时，相互信任与信息透明是很重要的，供应商和用户都要有较好的合作精神，才能够相互较好地合作。

2. 互利性

VMI 追求双赢的实现，即 VMI 主要考虑的是如何降低双方的库存成本，而不是考虑如何就双方成本负担进行分配的问题。通过该策略使双方的成本都得以减少。

3. 互动性

VMI 要求企业在合作时采取积极响应的态度，以实现反应快速化，努力降低因信息不畅而引起的库存费用过高的状况。

4. 协议性

VMI 的实施，要求企业在观念上达到目标一致，并明确各自的责任和义务，具体的合作事项都通过框架协议明确规定，以提高操作的可行性。

5. 连续改进性

连续改进性使供需双方能共享利益和消除浪费，VMI 的主要思想是供应商在用户的允许下设立库存，确定库存水平和补给策略，拥有库存控制权。

(二)VMI 的实施方法和步骤

实施 VMI 策略，首先要改变订单的处理方式，建立基于标准的托付订单处理模式。供应商和批发商一起确定供应商订单业务处理过程所需要的信息和库存控制参数，然后建立一种标准订单处理模式，如 EDI 标准报文最后把订货、交货和票据处理各个业务功能集成在供应商一方。

销售信息和库存信息共享(对供应商)是实施供应商管理客户库存的关键。供应商能够随时跟踪和检查销售商的库存状态，快速、准确地作出补充库存的决策，对企业的生产(供应)状态进行相应的调整，从而敏捷地响应市场需求变化，因此需要建立一种能使供应商和分销商库存信息共享的信息系统，而 EDI、Internet、Intranet 等技术则能实现信息共享。

供应商管理库存的策略实施可以概括为以下几个步骤。

1. 建立客户需求数据库

供应商要有效地管理销售库存，必须获得真实地反映市场需求变化的需求信息。通过建立市场需求信息的数据库，掌握市场的需求变化，把由分销商进行的需求预测与分析功能集成到供应商的系统中。

2. 建立物流网络管理系统

供应商要有效地管理库存，必须建立起完善的物流网络管理系统，保证自己的产品需求信息和物流畅通。目前已有许多企业开始采用 MRP 或 ERP 企业资源计划系统，这些软件系统都集成了物流管理的功能，通过对这些功能的扩展，就可以建立完善的物流网络管理系统。

3. 订立供应商与分销商的合作框架协议

供应商和分销商一起通过协商，确定订单处理的业务流程以及库存控制的有关参数，如补充订货点、最低库存水平、库存信息的传递方式(如 EDI 或 Internet)等。

4. 组织机构的变革或业务重组

VMI 策略改变了供应商的组织模式，供应商的订货部门增加了一个新的职能——负责控制客户的库存，实现库存补给和高服务水平。

知识拓展 6-2 见右侧二维码。

知识拓展 6-2 台湾世平国际公司苏州分公司的供应商管理库存案例.docx

三、联合库存管理

联合库存管理，就是供应链上的各类企业通过对消费需求认识和预测的协调一致，共同进行库存管理和控制，利益共享，风险同担。

(一)联合库存管理的含义

联合库存管理是一种基于协调中心的库存管理方法，是在 VMI 的基础上发展起来的上游企业和下游企业权利责任平衡以及风险共同承担的库存管理模式，联合库存管理强调供应链上合作方之间的合作关系，不仅体现了战略联盟的新型企业合作关系，也同时强调了供应链企业之间合作各方的互利共赢的合作关系。因此联合库存管理是一种风险共同承担的库存管理模式。联合库存管理是为了解决供应链系统中由于各节点企业的相互独立库存运作模式而导致的需求放大现象，一种提高供应链运作的同步化程度的比较有效的方法。联合库存管理不仅强调共同制订库存计划，也特别强调合作方的同时参与，每个库存管理者都应从供应链的大局考虑相互之间的协调性，从而实现相邻节点企业库存的预期需求保持相互的一致性，达到消除牛鞭效应(即需求的放大现象)。相邻节点的供需双方共同协商彼此的需求，使彼此的运作过程不再独立，而是相互支持和影响。

(二)联合库存管理的实施

为了发挥联合库存管理的作用，通常实施如下几种策略。

1. 建立资源管理系统

在供应链库存管理中应充分利用目前比较成熟的两种资源管理系统，即 MRP Ⅱ 和 DRP 系统。而产品联合库存协调管理中心则应采用物资资源配送计划 DRP，原材料库存协调管理中心应采用制造资源计划系统 MRP Ⅱ，在实际运用中应将这两种资源管理系统很好地结合起来，加强供应链中各参与者的协作关系与协调平衡，以提高供应链上资源的集成度。

2. 建立一种信息沟通的渠道或系统信息共享机制

为了提高整个供应链上需求信息的一致性与稳定性，减少多重预测带来的需求信息扭曲，应使供应链各方及时准确地获得需求信息。为了达到这一要求，供应链上应建立一种信息沟通的渠道和系统，以保证需求信息流通的畅通和准确。在充分利用因特网的基础上，集成销售时点信息管理系统(POS)和 EDI、条码技术、扫描技术，在供应链合作各方之间建立畅通的信息沟通桥梁和纽带。

3. 建立快速反应系统

快速反应首先在美国服装业发展起来，后来被广泛应用到制造企业。快速反应系统需要供应链各方企业的密切合作，其核心理念为追求企业所有方面提前期的减少，实行产品的快速设计和制造，以改进质量并实现低成本运作，降低库存，快速满足客户需求。因此，联合库存管理的建立可以为快速反应系统发挥更大的作用创造有利条件。

(三)联合库存管理的优势

联合库存管理不仅提高了供应链的整体运行效率，也减少了物流环节、降低了物流成本和简化了供应链库存层次。在联合库存管理下，供应商的库存直接存放在核心企业的仓库中，不但能保证核心企业可以对库存统一调度、统一管理、统一控制，也能保障核心企业零部件、原材料的供应，取用也方便，为核心企业迅速高效地生产运作提供了强有力的保障。

联合库存管理系统把供应链系统进一步集成为上游和下游的两个协调管理中心，从而部分消除了由于需求信息的扭曲和由于供应链节点之间不确定性而导致的库存波动。通过协调供需双方共享需求信息，协调管理中心，大大提高了供应链的稳定性。

知识拓展 6-3
SYMG 公司的库存
管理策略.docx

从供应链整体上来看，联合库存管理降低了库存点的数量，降低了相应的仓储作业费和库存设立费，从而减少了供应链系统的总库存成本。

知识拓展 6-3 见右侧二维码。

本 章 小 结

本章共分四节，分别介绍了库存管理的基本概念和理论知识。第一节重点讲述了库存的概念、库存的作用，并给出几种常见的库存分类方法；第二节重点讲述了库存管理的相关知识，包括库存管理的含义、库存管理在物流管理中的作用、库存管理的内容和库存管理中的成本分析；第三节重点讲述了 ABC 库存管理法、订货点订货法和 MRP 库存管理法等几种常见的库存管理方法；第四节重点讲述了在供应链环境下的库存管理策略，包括零库存管理、供应商管理库存和联合库存管理等。

自 测 题

1. 什么是库存？库存具有哪些作用？
2. 试分析库存成本的构成。
3. 如何理解库存掩盖管理问题？
4. MRP 库存管理的原理是什么？
5. 什么是零库存？什么是供应商管理库存和联合库存管理？
6. 某企业物资订货提前期内的销售量服从正态分布，过去六个提前期内的销售量分别为 80、70、90、100、110、120 台，如果要保证用户满足率不小于 95%，求订货点和安全库存量。
7. 在苏宁电器，某手机每周的需求量服从正态分布，且均值为 300，标准差为 200，手机的供货提前期为 2 周，苏宁电器设定顾客服务水平为 95%，并对库存采取连续监控方式，那么，苏宁电器应该持有多少安全库存？

案例分析　每年的
"双十一" 电商仓库
如何保障库存准确率

阅读资料　啤酒游戏

第七章 配送管理

【学习要点及目标】通过本章的学习，认识配送的特点、类型与主要模式，掌握配送成本的构成和主要核算体系，了解一定的配送成本控制策略，对配送中心的功能与作用有较好的理解，能够结合实例分析配送中心的管理要点。

【关键概念】 配送(Distribution)　配送中心(Distribution Center)　配送作业(Distribution Process)

【引导案例】

7-11 的物流配送管理

每一个成功的零售企业背后都有一个完善的配送系统支撑。在美国电影新片《火拼时速Ⅱ》(RushHourⅡ)中，唠叨鬼詹姆斯·卡特有一个绰号叫 7-11，意思是他能从早上 7 点起床开始一刻不停地唠叨到晚上 11 点睡觉。其实 7-11 这个名字来自遍布全球的便利名店 7-11，名字的来源是这家便利店在建立初期的营业时间是从早上 7 点到晚上 11 点，后来这家 70 多年前发源于美国的商店成为全球最大的便利连锁店，前身是成立于 1927 年的南大陆制冰公司。

当时由于电冰箱并未普及，冷藏用的冰块成为生活中不可缺少的必需品。在南大陆制冰公司销售冰块的约翰·杰夫森·戈林，非常关心顾客服务的改善，他作出了夏季店铺天天开、每天营业 16 小时的决定，这项服务深受当地居民的欢迎。不仅如此，戈林通过仔细调查当地居民的购买意愿和需求，发现当地居民不仅希望他能销售冰块，而且还希望他能适时地销售其他生活用品。比如：牛奶、鸡蛋、面包等。为此，戈林提议南大陆公司为自己负责的店铺提供更多的便利商品，并得到了公司的首肯。

就这样南大陆制冰公司不仅销售冰块，还开始销售牛奶、鸡蛋等商品，开创了新的经营领域和利益增长点，被誉为美国便利店的萌芽。最初店铺被称为"图腾店"，放在店铺旁边的图腾柱成为便利店的标志。由于店铺的营业时间是从早上 7 点开始到晚上 11 点结束，1946 年南大陆制冰公司正式将图腾店改名为 7-Eleven，从而真正揭开了便利店时代的序幕。目前 7-Eleven 店铺遍及全世界 18 个国家和地区。

日本 7-11 是有着日本最先进物流系统的连锁便利店集团。7-11 原是美国一个众所周知的便利店集团，后被日本的主要零售商伊藤洋华堂引入，日本 7-11 作为下属公司成立于 1973 年，后由台湾统一集团代理进入中国港台地区和中国内地。

日本 7-11 把各单体商店按 7-11 的统一模式管理。自营的小型零售业，例如小杂货店或小酒店在经日本 7-11 许可后，按日本 7-11 的指导原则可改建为 7-11 门店，日本 7-11 随之提供独特的标准化销售技术给各门店，并决定每个门店的销售品类 。7-11 连锁店作为新兴零售商特别受到年轻一代的欢迎，从而急速扩张。现在 ，全日本有 4 000 多家 7-11 商店。

便利店依靠的是小批量的频繁进货，只有利用先进的物流系统才有可能发展，因为它可以使小批量的频繁进货得以实现。

典型的 7-11 便利店非常小，场地面积平均仅 100m² 左右，但就是这样的门店提供的日常生活用品却多达 3 000 多种。虽然便利店供应的商品品种广泛，通常却没有储存场所，为提高商品销量，售卖场地原则上应尽量大。这样，所有商品必须能通过配送中心得到及时补充。如果一个消费者光顾商店时不能买到本应有的商品，商店就会失去一次销售机会，并使便利店的形象受损。所有的零售企业都认为这是必须应首先避免的事情。

JIT 体系不完全是交货时间上的事，它也包含以最快的方式通过信息网络从各个门店收到订货信息的技术，以及按照每张特定的订单最有效率地收集商品的技术，这有赖于一个非常先进的物流系统支持。

为每个门店有效率地供应商品是配送环节的重要职责。首先要从批发商或直接从制造商那里购进各种商品，然后按需求配送到每个门店。配送中心在其中起着桥梁作用。

为了保证有效率地供应商品，日本 7-11 不得不对旧有分销渠道进行合理化改造。许多日本批发商过去常常把自己定性为某特定制造商的专门代理商，只允许经营一家制造商的产品。在这种体系下，零售商要经营一系列商品的话，就不得不和许多不同的批发商打交道，每个批发商都要单独用卡车向零售商送货，送货效率极低，而且送货时间不确定，但人们往往忽视了配送系统的低效率。

日本 7-11 在整合及重组分销渠道上进行改革。在新的分销系统下，一个受委托的批发商被指定负责若干销售活动区域，授权经营来自不同制造商的产品。此外，7-11 通过和批发商、制造商签署销售协议，能够开发有效率的分销渠道，与所有门店连接。

批发商是配送中心的管理者，为便利店的门店送货。而日本 7-11 本身并没在配送中心上投资，即使它们成为分销渠道的核心。批发商自筹资金建设配送中心，然后在日本 7-11 的指导下进行管理。通过这种协议，日本 7-11 无须承受任何沉重的投资负担就能为其门店建立一个有效率的分销系统。为了与日本 7-11 合作，许多批发商也愿意在配送中心进行必要的投资；作为回报，批发商得以进入一个广阔的市场。

日本 7-11 重组了批发商与零售商，改变了原有的分销渠道，由此，配合先进的物流系统，使各种各样的商品库存保持适当水平，保管良好，并有效率地配送到所有的连锁门店。

从给便利店送货的卡车数量下降上可以体现出物流系统的先进程度。如果是在十几年前，每天为便利店送货的卡车就有 70 辆，现在只有 12 辆左右。显然，这来自新的配送中心有效率的作业管理。

总结：

物流配送活动重在高效和现代，因此选择好配送活动的主要运作方式非常重要，7-11 的配送管理将物流配送的高效率作为基础目标，联结了分销渠道上的各方主体，从而获得了更好的市场回报。

(资料来源: http://www.docin.com/p-1542077873.html)

第一节　配　送　概　述

配送系统是物流系统的一个子系统，而且是直接面对用户提供物流服务的子系统。由于服务的对象不同，配送物品的性质不同，用户要求的多样化，特别是定制化服务的需求，使配送系统的要素、配送模式和服务等也呈现出多样化。深入认识配送体系的构成，正确选择配送系统模式，对提高物流效率和经济效益具有重要意义。

一、物流配送的含义及特点

配送是物流中一种特殊的、综合的活动形式，是商流与物流的紧密结合，包含了商流活动和物流活动，也包含了物流中若干功能要素的一种活动形式。

(一)配送的含义

对配送的理解，不同的学者从不同的角度进行过阐述，但配送的本质内涵都是基本相通的。

1. 定义

对物流配送较为通俗的理解是配送是按客户的订货要求，以较为现代的送货方式，在物流节点间进行货物配备，继而将产品送交客户，实现资源最终配置的经济活动。在国家标准《物流术语》中，将物流配送(Distribution)定义为：在经济合理区域范围内，根据客户要求，对物品进行拣选、加工、包装、分割、组配等作业，并按时送达指定地点的物流活动。

有学者从资源配置的角度出发说明配送，认为"配送是以现代送货形式实现资源配置的经济活动"。进一步理解为：①配送是资源配置的一部分；②配送是"最终配置"，因而是接近客户的配置；③配送的主要经济活动是送货，强调"现代"两字；④配送是接近客户的那一段流通领域，有其局限性。

另有定义从实物运动形态的角度出发，认为配送是"按用户订货要求，在配送中心或物流节点进行货物配备，并以最合理的方式送交用户的经济活动"。就后一种定义(或释义)而论，上述学者提出了五个要点：①配送是接近用户的资源配置的全过程；②配送的本质是送货，不是偶然行为，是一种固定形态，甚至是有确定组织、确定渠道，有一套装备和管理力量、技术力量，有一套制度的体制形式，是现代高水平的送货形式；③配送是一种"中转"形式的物流运动；④配送是配与送的有机结合形式；⑤配送是以用户要求为出发点的活动。

2. 内涵理解

(1) 配送是"配"和"送"的结合。配送利用有效的分拣、配货等理货行为，使送货达到一定的规模，以降低送货成本。配送活动中，"配"是核心工作，是决定配送服务水平的关键，"送"是配送的外在表现，今后，"送"的职能会不断增强，这恰恰为更高级的"配"提供了可能。

(2) 配送以客户为中心。通过与客户建立长期、稳定的合作关系，能够实现配送的合理化、计划化、准时化、系统化等目标。配送的对象就是不同的客户，配送在一定意义上也是服务，所以配送能力与服务水平的高低是企业获得竞争优势的重要来源。

(3) 配送活动受地域和空间限制。从经济合理的角度来看，配送服务的对象和地域越来越呈现出复杂性，配送难度也越来越大。区域划分越来越细，销售市场的需求日益多样化、及时化，因此建立高效快捷的配送网络，是提高客户满意度、降低配送成本和节约资源的必经之路。

(4) 配送是一种有目的的行为。配送不是简单的、重复的行为，它是有计划、主动、复杂的行为，通常具有明确的配送组织、配送技术、配送设施、配送渠道、配送路线等一套完整的体系。

(5) 配送具有综合性。从物流的角度来看，配送几乎包括了所有的物流功能要素，是物流活动的统一与综合，配送不仅仅是送货，还是流通加工、整理、拣选、分类、配货、末端物流等一系列活动的有机结合。

(二)配送的特点

从以上对配送的解释不难看出，配送活动具有其自身的特征，与其他物流活动有联系也有区别。

1. 配送是一种专业化的增值服务

整个配送体系必须具有明确的经营组织——专业配送中心，稳定的商品供应渠道，现代化、自动化装备，专业化管理水平。配送是一种专业化的分工方式。配送可为客户提供定制化的服务，根据客户的订货要求准确及时地为其提供物资，在提高服务质量的同时可以通过专业化的规模经营获得单独送货无法得到的低成本效益。

2. 配送全过程有现代化技术和装备作保证

物流配送面对的是成千上万的供应厂商和消费者，还有不断变化的市场环境，这就决定了拥有现代化的配送设施和完善的配送网络是做好物流配送的前提条件，是扩大物流配送规模的必要手段。同时，配送联系着供应链的上游和下游，其运作管理具有很强的复杂性，在运营中会运用很多的配送技术与设备，如 GIS 技术、GPS 技术、自动分拣系统、自动立体化仓库等。

3. 配送活动可以有效地联结物流与商流

配送是重要的物流手段，是重要的商流形式，配送将销售与供应有机地结合起来，使物流与商流一体化。成功的配送活动一般具备以下重要功能。

(1) 准确而又稳定的配送活动可以在保证供给的同时，最大限度地降低生产企业或流通企业的商品库存量，从而降低销售总成本。

(2) 集中而高效的配送活动可以在简化流通程序、缩短流通渠道的同时，提高物流系统本身的效率及服务水平，这是赢得消费者的有效手段。

(3) 合理而顺畅的配送活动，可以提高车辆的利用率，节约能源，降低成本，减少交通拥挤和城市污染，与此同时也可以降低物流系统的单体成本。

二、配送的类别

配送是物流中一种特殊的、综合的活动形式，是商流与物流的紧密结合，是一种包含了商流活动和物流活动，也包含了物流中若干功能要素的活动形式。根据不同的标准有不一样的配送形式。

(一)按配送主体所处的行业不同分类

从事物流配送的企业或是组织在配送服务方式上具有较大的差异，从而可以按配送主体所处的行业不同进行分类。

1. 制造业配送

制造业配送是围绕制造企业所进行的原材料、零部件的供应配送，各生产工序上的生产配送及企业为销售产品而进行的对客户的销售配送。由此可见，制造业配送由供应配送、生产配送和销售配送三部分组成，各个部分在客户需求信息的驱动下可以连成一体，通过各自职能的分工与合作，贯穿于整个制造业配送中。

2. 农业配送

农业配送是在农业生产资料、农产品的送货基础上发展起来的。农业配送是指在与农业相关的经济合理区域范围内，根据客户的要求，对农业生产资料、农产品进行分拣、加工、包装、分割、组配等作业，并按时送达指定地点的农业物流。

3. 商业配送

商业企业的主体包括批发企业和零售企业，批发企业配送一般是对零售商业企业的配送活动，要求配送系统必须不断满足零售客户多批次、少批量的订货及流通加工等方面的需求。而零售企业的配送客户是流通环节终点的消费者，由于经营场所的限制，零售企业希望上游的供应商(包括批发企业)能向其提供小批量的商品配送，同时为了满足不同客户的需求，又希望尽可能配备多种商品种类。

4. 物流企业配送

物流企业是专门从事物流活动的组织，主要根据所服务客户的要求，为客户提供定制化的配送支持与服务，比较常见的第三方物流公司、快递业等都能提供"门到门"的配送服务。

(二)按实施配送节点的不同分类

配送节点具有物流节点的一般功能属性，不同的物流配送节点在业务范围和工作重点等方面都不尽相同，因此按实施配送节点的不同进行分类，配送一般包括以下几类。

1. 配送中心配送

配送中心是较为专业和完善的物流节点，规模较大，功能较全，和客户有固定的配送关系，提供计划性配送服务，主要承担工业生产所需主要物资的配送及向配送商店实行补充性配送等，是现代配送组织体系中最重要的形式。配送中心的服务半径较宽，覆盖范围较广，配送网络较复杂，因此，必须建立一套完善的配送组织并规划作业，同时具备现代化的配送技术与设备。从实施配送较为发达的国家与地区来看，配送中心配送占有绝对的优势地位。

2. 仓库配送

仓库配送一般以仓库为节点开展配送活动，具有普通仓储与配送两方面的功能。在此物流节点内，配送的规模较小，专业化程度普遍较低，仍以存储为核心作业内容。但仓库配送可以完全改造升级成配送中心模式，也可以在原有功能基础上进行专业化配送分工，因此具有较好的灵活性。

3. 商店配送

此节点的主要组织者是商业或物资的门市店面，主要承担商品的零售业务，其规模不大，经营品种较为齐全，除日常零售销售外，还可以按客户的要求组织配送工作，或代客户订购一部分本店面不经营的商品，与商店的自有商品结合，统一配送给客户。商店配送是配送中心配送的辅助形式，主要适用于零星商品的业务组织，常见的有两种方式，即兼营配送和专营配送。

4. 生产企业配送

配送的组织者是生产企业，尤其是进行多品种生产的生产企业，可直接由本企业进行配送，而无须再将产品发运到配送中心，避免了物流中转，有一定优势。但是现代生产企业往往是进行大批量、单一品种、低成本生产，不能像配送中心那样依靠产品凑整来取得运输上的优势，因此此配送类型难以成为配送的主体。

(三)按配送企业专业化程度不同分类

现代配送服务正在向专业化与系统化方向发展，但是由于物流现代化的实现程度不同，配送企业的专业化程度也不同，一般可分为综合配送和专业配送两类。

1. 综合配送

综合配送是指配送商品种类较多，不同专业领域的产品由一个配送网点向客户配送。这一类配送由于综合性较强，故称之为综合配送。

综合配送可减少客户为组织所需全部物资进货的负担，只需和少数配送企业联系，便可解决多种需求。因此，它是对客户服务意识较强的配送形式。

综合配送的局限性在于，由于产品性能、形状差别很大，在组织时技术难度较大。因此，一般只是在性状相同或相近的不同类产品方面实行综合配送，差别过大的产品难以综合化或者存在不经济性而无法实现综合配送。

2. 专业配送

专业配送是一种按产品性状不同适当划分专业领域的配送方式。专业配送并非越细分越好，实际上同一性状而类别不同的产品也是有一定综合性的。

专业配送的主要优势是可按专业的共同要求优化配送设施，优选配送机械及配送车辆，制定适用性强的工艺流程，从而大大提高配送各环节工作的效率。现在已形成的专业配送方式如下所述。

(1) 中、小件杂货的配送。大部分按标准规格包装的不同类别的中、小产品，由于包括领域较广，也可看成是一种综合性配送，是当前开展较广泛的一种配送活动。中、小件杂货包括各种百货、小机电产品、轴承、工具、标准件、小零件、土产品、书籍等。

(2) 金属材料的配送。包括各种金属材料及金属制品。

(3) 燃料煤的配送。包括各种煤炭和煤制品。

(4) 水泥的配送。包括各种包装形式的水泥。

(5) 燃料油的配送。包括各种燃油成品。

(6) 木材的配送。包括原木及加工木。

(7) 平板玻璃的配送。包括各种规格的平板玻璃及制品。

(8) 化工产品的配送。包括各种液体及固体化工产品。

(9) 生鲜食品的配送。包括各种保质期较短的食品。

(10) 家具及家庭用具的配送。包括各种家具及家用大件用具。

除了上述的分类标准，另外还有下述几种。

(1) 按配送时间和数量的不同可分为定时配送、定量配送、定时定量配送、定时定线配送和即时配送。

(2) 按配送经营形式的不同可分为销售配送、供应配送、销售与供应一体化配送和代存代供配送。

(3) 按加工程度的不同可分为加工配送和集疏配送。

(4) 按配送商品的种类和数量的不同可分为单(少)品种大批量配送，多品种少批量配送、成套配套配送。

三、配送的模式

不同的配送模式具有不同的优势，因此研究配送模式有助于更好地进行配送系统优化与资源整合，提供具有特色的配送服务。

1. 企业自营型配送模式

自营配送是指企业物流配送的各个环节由企业自身筹建并组织管理，实现对企业内部及外部货物配送的模式。这是国内目前生产、流通或综合性企业所广泛采用的一种物流模式，通过独立组建物流中心，实现对内部各部门、场、店的物品供应。一般自营型配送模式具有较好的运作优势，主要体现在下述几方面。

(1) 企业对供应链各个环节有较强的控制能力，易于与生产和其他业务环节密切配合，全力服务于本企业的经营管理，确保企业能够获得长期稳定的利润。对于竞争激烈的产业，企业自营物流配送模式有利于企业对供应和分销渠道的控制。

(2) 可以合理地规划管理流程，提高物流作业效率，减少流通费用。对于规模较大、产品单一的企业而言，自营物流可以使物流与资金流、信息流、商流结合更加紧密，从而大大提高物流作业乃至全方位的工作效率。

(3) 可以使原材料和零配件采购、配送以及生产支持从战略上一体化，实现准时采购，增加批次，减少批量，调控库存，减少资金占用，降低成本，从而实现零库存、零距离和零营运资本。

(4) 反应快速、灵活，企业自营物流配送模式由于整个物流体系属于企业内部的一个组成部分，与企业经营部门关系密切，以服务于本企业的生产经营为主要目标，能够更好地满足企业在物流业务上的时间、空间要求，特别是要求物流配送较频繁的企业，自建物流能更快速、灵活地满足企业要求。

由此可见，一般此模式比较适用于规模较大的集团公司，或对物流的控制能力较强、产品线单一的企业。

2. 社会化中介型配送模式

这种模式主要是由具有一定规模的物流设施设备(库房、站台、车辆等)及专业经验、技能的批发、储运或其他物流业务经营企业，利用自身业务优势，承担其他生产性企业在该区域内市场开拓、产品营销而开展的纯服务性配送活动。

这种配送模式可减少用户组织所需全部物资的进货负担，他们只需要和少数配送企业联系，便可满足多种配送需求。因此，这是对用户服务较强的配送形式。但此配送方式需要企业具有较强的组织和协调能力，同时，稳定性也较差，因为企业要与上、下游的几家企业形成互用网络，就必须保证上、下游企业都是正常运营的，如果某个企业出现问题，那么这种模式就会受到影响，甚至损害企业自身利益。

在这种模式中，从事配送业务的企业通过与上游企业(生产、加工企业)建立广泛的代理或买断关系，与下游商家(零售店铺)形成较稳定的契约关系，从而将生产、加工企业的商品或信息进行统一组合、处理后，按客户订单的要求配送到店铺。

3. 共同配送模式

按照日本工业标准(JIS)的解释，共同配送(Common Delivery)是指"为提高物流效率，许多企业一起进行配送的配送方式"。即为提高物流效率对某一地区的用户进行配送时，由许多配送企业联合在一起进行的配送。它是在配送中心的统一计划、统一调度下展开的，有两种运作形式。

(1) 由一个配送企业对多家用户进行配送。即由一个配送企业综合某一地区内多个用户的要求，统筹安排配送时间、次数、路线和货物数量，全面进行配送。

(2) 仅在送货环节上将多家用户待运送的货物混载于同一辆车上，然后按照用户的要求分别将货物运送到各个接货点，或者运到多家用户联合设立的配送货物接收点。这种配送有利于节省运力和提高运输车辆的货物满载率。

共同配送可以提高效率，降低成本；可以实现社会资源共享。共同配送还可以帮助厂商对市场需求作出快速反应，例如，药品与保健品公司是共享配送网络的最大客户之一，这是因为为了快速履行订单，他们必须在主要的销售点附近保存少量的存货，因为这些销售点相对来说空间很小，为保证在有限的空间内陈列更多的商品，就不能保有太多的库存，因此采用共同配送进行及时补货是非常适合的。对于厂商来说，采用共同配送所需的成本只是实际的货运量带来的变动成本，节省了固定成本，因此他们可以用节省下来的资金投资于自己的核心业务活动，如产品开发、市场营销以及其他创收活动。

知识拓展 7-1 见右侧二维码。

知识拓展 7-1 加强
物流配送，提高中国连
锁企业的竞争力——
北京物美集团.docx

四、配送的业务流程

配送作业是配送企业或部门运作的核心内容，因而配送作业流程的合理性以及配送作业效率的高低都会直接影响整个物流系统的正常运行。一般作业的业务流程如图 7-1 所示。

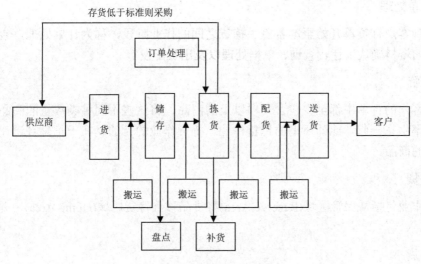

图7-1 配送的业务流程

当收到用户订单后，首先将订单按其性质进行"订单处理"，之后根据处理后的订单信息，进行从仓库中取出用户所需货品的"拣货"作业。拣货完成，一旦发现拣货区所剩余的存货量过低时，则必须由储存区进行"补货"作业。如果储存区的存货量低于规定标准时，便向供应商采购订货。从仓库拣选出的货品经过整理之后即可准备"发货"，等到一切发货准备就绪，司机便可将货品装在配送车上，向用户进行"送货"作业。另外，在所有作业环节中，可发现只要涉及物的流动作业，其间的过程就一定有"搬运"作业。上述作业流程的具体作业管理内容在本章第二节进行详细讲解，现将主要作业过程概括如下。

1. 进货

进货作业包括货品的接收，从货车上将货物卸下，并核对该货品的数量及状态(数量检查、品质检查、开箱等)，然后记录必要信息或录入计算机。

2. 搬运

搬运是将不同形态的散装、包装或整体的原料、半成品或成品，在平面或垂直方向提起、放下或移动，可能是运送，也可能是重新摆置物料，而使货品能适时、适量移至适当的位置或场所存放。在配送中心的每个作业环节都包含搬运作业。

3. 储存

储存作业的主要任务是把将来要使用或者要出货的物料进行保存，且经常要做库存品的检核控制，储存时要注意充分利用空间，还要注意存货的管理。

4. 盘点

货品因不断地进出库，在长期的累积下库存资料容易与实际数量不符，或者有些产品因存放过久、不恰当，致使品质功能受影响，难以满足客户的需求。为了有效地控制货品数量及质量，需要对各储存场所进行盘点作业。

5. 订单处理

由接到客户订货单开始至准备着手拣货之间的作业阶段，称为订单处理，包括有关客户、订单的资料确认、存货查询、单据处理以及出货配发等。

6. 拣货

每张客户的订单中都至少包含一项以上的商品，将这些不同种类数量的商品由配送中心中取出集中在一起，此即所谓的拣货作业。拣货作业的目的就在于正确且迅速地集合顾客所订购的商品。

7. 补货

补货作业包括从保管区域(Reserve Area)将货品移到拣货区域(Home Area)，并做相应的信息处理。

8. 出货

即将拣取分类完成的货品做好出货检查，装入合适的容器，做好标示，根据车辆趟次或厂商等指示将物品运至出货准备区，最后装车配送。

9. 配送

配送是指将被订购的物品，使用卡车从配送中心送至顾客手中的活动。配送主要涉及从供应链的制造商到终端客户的运输和储存活动。运输的功能在于完成产品空间上的物理转移，缩短制造商与客户之间的空间距离，从而产生空间效用；而储存的功能就是将产品保存起来，利用客户产品供应与需求在时间上的差距，创造时间效用。所以配送可以产生时间效用和空间效用。

第二节　配送作业管理

物流配送作业是按照用户的要求，把货物分拣出来，按时按量发送到指定地点的过程；是配送企业或部门运作的核心内容，因而配送作业流程的合理性以及配送作业效率的高低都会直接影响整个物流系统的正常运行。

一、进货入库作业

进货入库作业是指货物进入库房、仓库、货场等一系列活动，是配送作业的首要环节。

1. 基本作业流程

进货作业包括接货、卸货、验收入库，然后将有关信息书面化等一系列工作。进货作业的基本流程如图 7-2 所示。

开出采购单后，入库进货管理员即可根据采购单上预定入库日期进行入库作业调度、入库月台调度；在商品入库当日进行入库资料查核、入库质检，当质量或数量不符时即进行适当修正或处理，并输入入库数据。入库管理员可按一定方式指定卸货及托盘堆叠。对于退回商品的入库还需经过质检、分类处理，然后登记入库。在其流程安排中，应注意以下事项。

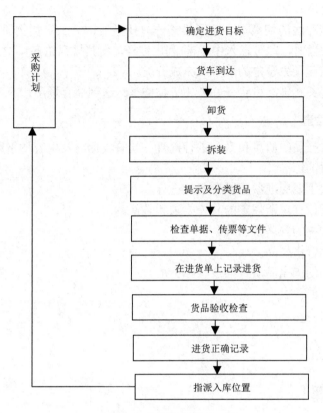

图 7-2　进货作业流程

(1) 应多利用配送车司机卸货，以减少公司作业人员和避免卸货作业的拖延。

(2) 尽可能将多样活动集中在同一工作站，以节省必要的空间。

(3) 尽量避开进货高峰期，并依据相关性安排活动，以达到距离最小化。

(4) 详细记录进货资料，以备后续存取核查。

2. 货物编码

进货作业是配送作业的首要环节。为了让后续作业准确而快速地进行，并使货物品质及作业水准得到妥善维持，在进货阶段对货物进行有效的编码是一项十分重要的内容。编码结构应尽量简单，长度尽量短，一方面便于记忆，另一方面也可以节省机器存储空间，减少代码处理中的差错，提高信息处理效率。常用的编码方法有：①顺序码、②数字分段码、③分组编码、④实际意义编码、⑤后数位编码、⑥暗示编码。

3. 货物分类

货物分类是将多品种货物按其性质或其他条件逐次区别，分别归入不同的货物类别，并进行有系统的排列，以提高作业效率。在实际操作中，对品项较多的分类储存，可分为两个阶段，上下两层输送同时进行。

(1) 由条码读取机读取箱子上的物流条码，依照品项进行第一次分类，再决定归属上层或下层的存储输送线。

(2) 上、下层的条码读取机再次读取条码，并将箱子按各个不同的品项，分门别类储存到各个储存线上。

(3) 在每条储存线的切离端，箱子堆满一只托盘后，一长串货物即被分离出来；当箱子组合装满一层托盘时，即可送入中心部(利用推杆，使其排列整齐)，之后，箱子在托盘上一层层地堆叠，堆到预先设定的层数后完成分类。

(4) 操作员用叉式堆高机将分好类的货物依类运送到储存场所。

4. 货物验收检查

货物验收是对产品的质量和数量进行检查。其验收标准及内容如下所述。

1) 货物验收的标准

一般货物验收主要标准参照以下条件进行。

(1) 采购合同或订单所规定的具体要求和条件。

(2) 采购合约中的规格或图解。

(3) 议价时的合格样品。

(4) 各类产品的国家品质标准或国际标准。

2) 货物验收的内容

(1) 质量验收。

(2) 包装验收。

(3) 数量验收。

二、订单处理

从接到客户订单开始到着手准备拣货之间的作业阶段，被称为订单处理阶段。通常包括订单资料确认、存货查询、单据处理等内容。

1. 订单处理的基本内容

订单处理可分为人工处理和计算机处理两种形式。人工处理具有较大的弹性，但只适合少量的订单处理。计算机处理则速度快、效率高、成本低，适合大量的订单处理，因此目前主要采取后一种形式。

订单处理的基本内容和步骤如图 7-3 所示。

2. 订单的确认

接单之后，必须对相关事项进行确认。主要包括以下几个方面。

1) 货物数量及日期的确认

即检查品名、数量、送货日期等是否有遗漏、笔误或不符合公司要求的情形。尤其当送货时间有问题或出货时间已延迟时，更需与客户再次确认订单内容或更正运送时间。

2) 客户信用的确认

不论订单是由何种方式传至公司，配送系统都要核查客户的财务状况，以确定其是否有能力支付该订单的账款。通常的做法是检查客户的应收账款是否已超过其信用额度。

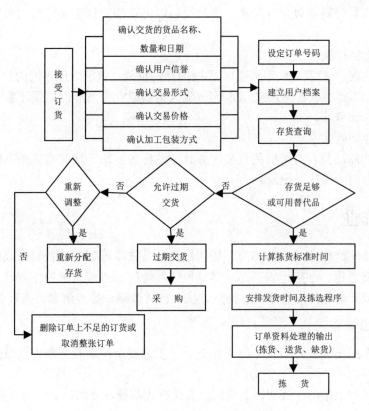

图7-3　订单处理基本内容和步骤

3)　订单形态确认

订单形态包括一般交易订单、间接交易订单、现销式交易订单、合约式交易订单等。

(1)　一般交易订单。

交易形态：一般的交易订单，即接单后按正常的作业程序拣货、出货、发送、收款的订单。

处理方式：接单后，将资料输入订单处理系统，按正常的订单处理程序处理，资料处理完后进行拣货、出货、发送、收款等作业。

(2)　间接交易订单。

交易形态：客户向配送中心订货，直接由供应商配送给客户的交易订单。

处理方式：接单后，将客户的出货资料传送供应商由其代配。此方式需注意的是，客户的送货单是自行制作或委托供应商制作的，应对出货资料加以核对确认。

(3)　现销式交易订单。

交易形态：与客户当场交易、直接给货的交易订单。

处理方式：订单资料输入后，因货物此时已交给客户，故订单资料不再参与拣货、出货、发送等作业，只需记录交易资料即可。

(4)　合约式交易订单。

交易形态：与客户签订配送契约的交易，如签订某期间内定时配送某数量的商品。

处理方式：在约定的送货日，将配送资料输入系统处理以便出货配送；或一开始便输入合约内容的订货资料并设定各批次送货时间，以便在约定日期系统自动产生所需的订单资料。

4) 订单价格确认

对于不同的客户(批发商、零售商)、不同的订购批量，可能对应不同的售价，因而输入价格时系统应加以检核。若输入的价格不符(输入错误或业务员降价接受订单等)，系统应加以锁定，以便主管审核。

5) 加工包装确认

客户订购的商品是否有特殊的包装、分装或贴标等要求，或是有关赠品的包装等资料系统都需加以专门的确认、记录。

三、拣货作业

拣货作业是配送作业的中心环节。所谓拣货，是依据顾客的订货要求或配送中心的作业计划，尽可能迅速、准确地将商品从其储位或其他区域拣取出来的作业过程。拣货作业系统的重要组成元素包括拣货单位、拣货方式、拣货策略、拣货信息、拣货设备等。

1. 拣货作业流程

拣货作业在配送作业环节中不仅工作量大、工艺复杂，而且要求作业时间短、准确度高、服务质量好。

拣货作业流程包括制作拣货作业单据→安排拣货路径→分派拣货人员→拣货。

2. 拣货方式

拣货作业最简单的划分方式，是将其分为按订单拣取、批量拣取与复合拣取三种方式。按订单拣取是分别按每份订单拣货；批量拣取是多张订单累积成一批，汇总后形成拣货单，然后根据拣货单的指示一次拣取商品，再根据订单进行分类；复合拣取是将以上两种方式组合起来的拣货方式，即根据订单的品种、数量及出库频率，确定哪些订单适合按订单拣取，哪些适合批量拣取，然后分别采取不同的拣货方式。

四、补货作业

补货作业是指从保管区域将货品移到另一个进行拣取(Order Picking)作业的动管拣货区域，然后将此迁移作业做书面处理。

(一)补货方式

补货作业方式主要包括整箱补货、整托盘补货和货架上层至货架下层的补货作业等。

1. 整箱补货——由货架保管区补货至流动货架动管区

此补货方式保管区为货架储放，动管拣货区为两面开放式的流动棚拣货，拣货员于流动棚拣取区拣取单品放入浅箱(篮)中，而后放至输送机运至出货区。而当拣取后发觉动管区的存货已低于水准之下则要进行补货作业。其补货方式为作业员至货架保管区取货箱，以手推车载箱至拣货区，由流动棚架后方(非拣取面)补货。此保管动管区储放形态的补货方式较适合体积小且少量多样出货的货品。

2. 整托盘补货(一)——由地板堆叠保管区补货至地板堆叠动管区

此补货方式保管区为以托盘为单位地板平置堆叠储放，动管区亦以托盘为单位地板平置堆叠储放，所不同之处在于保管区的面积较大，储放货品数量较多，而动管区的面积较小，储放货品数量较少。拣取时拣货员于拣取区拣取托盘上的货箱，放至中央输送机出货；或者，可使用堆高机将托盘整个送至出货区(当拣取大量品项时)。而当拣取后发觉动管拣取区的存货低于水准之下，则要进行补货作业，其补货方式为作业员以堆高机由托盘平置堆叠的保管区搬运托盘至同样是托盘平置堆叠的拣货动管区。此保管、动管区储放形态的补货方式较适合体积大或出货量多的货品。

3. 整托盘补货(二)——由地板堆叠保管区补货至托盘货架动管区

此补货方式保管区为以托盘为单位地板平置储放，动管区则为托盘货架储放。拣取时拣货员在拣取区搭乘牵引车拉着推车移动拣货，拣取后再将推车送至输送机轨道出货。而一旦发觉拣取后动管区的库存太低，则要进行补货作业。其补货方式为作业员使用堆高机迅速自地板平置堆叠的保管区搬回托盘，送至动管区托盘货架上储放。此保管、动管区储放形态的补货方式较适合体积中等或中量(以箱为单位)出货的货品。

4. 货架上层至货架下层的补货——由同一货架的上下层区域进行补货

此补货方式为保管区与动管区属于同一货架，也就是将一个货架上的两手方便拿取之处(中下层)作为动管区，不容易拿取之处(上层)作为保管区。而进货时便将动管区放不下的多余货箱放至上层保管区。当动管区的存货低于水准之下则可利用堆高机将上层保管区的货品搬至下层动管区补货。此保管动管区储放形态的补货方式较适合体积不大、每品项存货量不高，且出货多属中小量(以箱为单位)的货品。

(二)补货时机

补货作业的发生与否要视拣货区的货物存量是否符合需求而定，因此究竟何时补货要看拣货区的存量，以避免拣货中途才发觉拣货区的货量不够，需要临时补货而影响整个拣货作业。通常，可采用批次补货、定时补货和随机补货三种方式。

(1) 批次补货。于每天或每一批次拣取前，经计算机计算所需货品的总拣取量，再相对查看拣货区的货品量，计算出差额并在拣取前某一特定时点补足货品。此为"一次补足"的补货原则，比较适合一日内作业量变化不大、紧急插单不多，或是每批次拣取量大、需事先掌握的货品。

(2) 定时补货。将每天划分为数个时点，补货人员于时段内检视拣货区货架上的货品存量，若不足即马上将货架补满。此为"定时补足"的补货原则，比较适合分批拣货时间固定，且处理紧急追加订货的时间固定的货品。

(3) 随机补货。指定专门的补货人员，随时巡视拣货区的货品存量，发现不足随时补货的方式。此为"不定时补足"的补货原则，比较适合每批次拣取量不大，紧急插单比较多，以至于一日内作业量不易事前掌握的货品。

五、配货作业

配货作业是指把拣取分类完成的货品经过配货检查后，装入容器和做好标示，再运到配货准备区，待装车后发送。配货作业既可采用人工作业方式，也可采用人机作业方式，还可采用自动化作业方式，但组织方式有一定区别。其作业流程如图 7-4 所示。

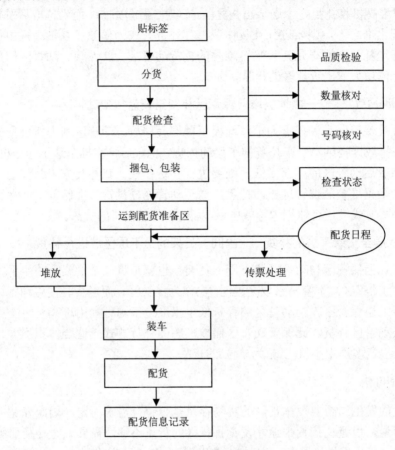

图 7-4　配货作业流程

六、送货作业

送货作业是利用配送车辆把用户订购的物品从制造厂、生产基地、批发商、经销商或配送中心，送到用户手中的过程。送货通常是一种短距离、小批量、高频率的运输形式，它以服务为目标，以尽可能满足客户需求为宗旨。

送货作业的一般业务流程如图 7-5 所示。在各阶段的操作过程中，需要注意的要点有明确订单内容、掌握货物的性质、明确具体配送地点、适当选择配送车辆、选择最优的配送线路及充分考虑各作业点装卸货时间。

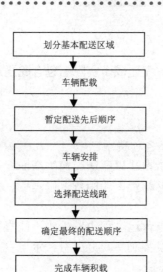

図 7-5　送货作业流程

七、退调作业和信息处理

退调作业发生在商品的进出货端，是货物处理的重要环节。信息处理能够连接配送环节中的各个重要部分，是配送中心运营的中枢环节。

1. 退调作业

退调作业涉及退货商品的接收和退货商品的处理。而退货商品的处理，还包含退货商品的分类、整理(部分商品可重新入库)、退供货商或报废销毁以及账务处理。

2. 信息处理

在配送中心的运营中，信息系统起着中枢神经的作用，其对外与生产商、批发商、连锁商场及其他客户等联网，对内向各子系统传递信息，把收货、储存、拣选、流通加工、分拣、配送等物流活动整合起来，协调一致，指挥、控制各种物流设备和设施高效率运转。在配送中心的运营中包含着三种"流"，即物流、资金流和信息流。

知识拓展 7-2：
西友公司商品配送
管理.docx

电子商务运作中，物流信息处理的功能具体包括：①掌握现状、②接受订货、③指示发货、④配送工作组织、⑤费用结算、⑥日常业务管理、⑦库存补充、⑧与外部沟通。

知识拓展 7-2 见右侧二维码。

第三节　配送成本管理

配送是物流企业重要的作业环节，通过配送物流活动才得以最终实现，但完成配送活动是需要付出代价的，即需配送成本，配送成本是配送过程中所支付的费用总和。研究配送成本的构成、核算与控制方法，有助于供应链各环节总成本的降低，进而使供应链管理更加完善与高效。

一、配送成本的构成

根据配送流程及配送环节，配送成本实际上包含配送运输费用、分拣费用、配装费用及流通加工费用等。

1. 配送运输费用

配送运输费用主要包括以下各项费用。

(1) 车辆费用。车辆费用是指从事配送运输生产而发生的各项费用。具体包括驾驶员及助手等人的工资及福利费、燃料费、轮胎费、修理费、折旧费、养路费、车船使用税等项目。

(2) 营运间接费用。这是指营运过程中发生的不能直接计入各成本计算对象的站、队经费。包括站、队人员的工资及福利费，办公费，水电费，折旧费等内容，但不包括管理费用。

2. 分拣费用

(1) 分拣人工费用。这是指从事分拣工作的作业人员及有关人员的工资、奖金、补贴等费用的总和。

(2) 分拣设备费用。这是指分拣机械设备的折旧费用及修理费用。

3. 配装费用

(1) 配装材料费用。常见的配装材料有木材、纸、自然纤维和合成纤维、塑料等。这些包装材料功能不同，成本相差很大。

(2) 配装辅助费用。如包装标记、标志的印刷，拴挂物费用等的支出。

(3) 配装人工费用。这是指从事包装工作的工人及有关人员的工资、奖金、补贴等费用的总和。

4. 流通加工费用

(1) 流通加工设备费用。流通加工设备因流通加工形式的不同而不同，购置这些设备所支出的费用，以流通加工费用的形式转移到被加工产品中。

(2) 流通加工材料费用。这是指在流通加工过程中，投入到加工过程中的一些材料消耗所需要的费用。

(3) 在流通加工过程中从事加工活动的管理人员、工人及有关人员的工资、奖金等费用的总和。

在实际应用中，应该根据配送的具体流程归集成本，不同配送模式的成本构成差异较大。相同的配送模式下，由于配送物品的性质不同，其成本构成差异也很大。

二、配送成本的核算

配送成本费用的核算是多环节的核算，是各个配送环节或活动的集成。配送各个环节的成本费用核算都具有各自的特点，如流通加工的费用核算与配送运输费用的核算具有明显的区别，其成本计算的对象及计算单位都不同。

配送成本费用的计算涉及多环节的成本计算，对每个环节应当计算各成本计算对象的总成本。总成本是指成本计算期内成本计算对象的成本总额，即各个成本项目金额之和。配送成本费用总额由各个环节的成本组成。其计算公式为

$$配送成本=配送运输成本+分拣成本+配装成本+流通加工成本$$

需要指出的是，在进行配送成本费用核算时要避免配送成本费用重复交叉。

三、配送成本控制

控制配送成本是物流现代化与配送高效化的必然要求，在实际工作中必须加强配送的计划性和优化合理的配送路线。

(一)加强配送的计划性

在配送活动中，临时配送、紧急配送或无计划的随时配送都会大幅度增加配送成本。临时配送由于事先计划不周，未能考虑正确的装配方式和恰当的运输路线，到了临近配送截止时期时，不得不安排专车、单线进行配送，导致车辆不满载、里程多。紧急配送往往只要求按时送货，来不及认真安排车辆配装及配送路线，从而造成载重和里程的浪费。而为了保持服务水平，又不能拒绝紧急配送。但是如果认真核查并有调剂准备的余地，紧急配送也可纳入计划。随时配送对订货要求不做计划安排，有一笔送一次。这样虽然能保证服务质量，但是不能保证配装与路线的合理性，也会造成很大的浪费。

为了加强配送的计划性，需要制定配送申报制度。所谓配送申报制度，就是指零售商店订货申请制度。解决这个问题的基本原则是在尽量减少零售店存货、尽量减少缺货损失的前提下，相对集中各零售店的订货。应针对商品的特性，制定相应的配送申报制度。

(二)确定合理的配送路线

配送路线合理与否对配送速度、成本、效益影响很大，因此，采用科学方法确定合理的配送路线是配送的一项重要工作。确定配送路线可以采用各种数学方法和在数学方法基础上发展和演变出来的经验方法。无论采用何种方法都必须满足一定的约束条件。

一般的配送，约束条件如下所述。

(1) 满足所有零售店对商品品种、规格、数量的要求。

(2) 满足零售店对货物到达时间范围的要求。

(3) 在交通管理部门允许通行的时间内进行配送。

(4) 各配送路线的商品量不超过车辆容积及载重量的限制。

(5) 在配送中心现有运力允许的范围之内配送。

(三)选择合适的策略

配送活动增加了产品价值，有助于提高企业的竞争力，对配送的管理就是在配送的目标(即满足一定的顾客服务水平)与配送成本之间寻求平衡，即在一定的配送成本下尽量提高顾客服务水平，或在一定的顾客服务水平下使配送成本最小。

1. 混合策略

混合策略是指配送业务一部分由企业自身完成。这种策略的基本思想是尽管采用纯策略(即配送活动要么全部由企业自身完成，要么完全外包给第三方物流完成)易形成一定的规

模经济，并使管理简化，但由于存在产品品种多变、规格不一、销量不等等问题，采用纯策略的配送方式超出一定程度不仅不能取得规模效益，反而还会导致规模不经济。而采用混合策略，合理安排企业自身完成的配送和外包给第三方物流完成的配送，能使配送成本最低。例如，美国一家干货生产企业为满足遍及全美的 1 000 家连锁店的配送需要，建造了 6 座仓库，并拥有自己的车队。随着业务的发展，企业决定扩大配送系统，计划在芝加哥投资 700 万美元再建一座新仓库，并配以新型的物料处理系统。该计划提交董事会讨论时，却发现这样不仅成本较高，而且就算仓库建起来也还是满足不了需要。于是，企业把目光投向租赁公共仓库，结果发现，如果企业在附近租用公共仓库，增加一些必要的设备，再加上原有的仓储设施，企业所需的仓储空间就足够了，但总投资只需 20 万美元的设备购置费，10 万美元的外包运费，加上租金，也远没有 700 万美元。

2. 差异化策略

差异化策略的指导思想是产品特征不同，顾客服务水平也不同。

当企业拥有多种产品线时，不能对所有产品都按同一标准的顾客服务水平来配送，而应按产品的特点、销售水平，设置不同的库存、不同的运输方式以及不同的储存地点，忽视产品的差异性会增加不必要的配送成本。例如，一家生产化学品添加剂的公司，为降低成本，按各种产品的销售量比重进行分类：A 类产品的销售量占总销售量的 70%以上，B 类产品占 20%左右，C 类产品则为 10%左右。对 A 类产品，公司在各销售网点都备有库存，B 类产品只在地区分销中心备有库存而在各销售网点不备有库存，C 类产品连地区分销中心都不设库存，仅在工厂的仓库才有存货。经过一段时间的运行，事实证明这种方法是成功的，企业总的配送成本下降了 20%。

3. 合并策略

合并策略包含两个层次：一个是配送方法上的合并，另一个则是共同配送。

(1) 配送方法上的合并。企业在安排车辆完成配送任务时，充分利用车辆的容积和载重量，做到满载满装，是降低成本的重要途径。由于产品品种繁多，不仅包装形态、储运性能不一，在容重方面，也往往相差甚远。一车上如果只装容重大的货物，往往是达到了载重量，但容积空余很多；只装容重小的货物则相反，看起来车装得满，实际上并未达到车辆载重量。这两种方式实际上都造成了浪费。实行合理的轻重配装、容积大小不同的货物搭配装车，不但在载重方面达到满载，而且也可以充分利用车辆的有效容积，取得最优效果。最好是借助计算机计算货物配车的最优解。

(2) 共同配送。共同配送是一种产权层次上的共享，也称集中协作配送。它是几个企业联合集小量为大量共同利用同一配送设施配送的配送方式，其标准运作形式为在中心机构的统一指挥和调度下，各配送主体以经营活动(或以资产)为纽带联合行动，在较大的地域内协调运作，共同对某一个或某几个客户提供系列化的配送服务。这种配送有两种方式：第一种是中小生产、零售企业之间分工合作实行共同配送，即同一行业或在同一地区的中小型生产、零售企业单独进行配送的运输量少、效率低的情况下进行联合配送，这样不仅可以减少企业的配送费用，使配送能力得到互补，而且有利于缓解城市交通拥挤，提高配送车辆的利用率；第二种是几个中小型配送中心之间的联合，针对某一地区的用户，由于各配送中心所配物资数量少、车辆利用率低等原因，几个配送中心将用户所需物资集中起来，共同配送。

知识拓展 7-3 见右侧二维码。

4. 延迟策略

传统的配送计划，大多数的库存是按照对未来市场需求的预测量设置的，这样就存在预测风险，当预测量与实际需求量不符时，就会出现库存过多或过少的现象，从而增加配送成本。延迟策略的基本思想就是对产品的外观、形状及其生产、组装、配送应尽可能推迟到接到顾客订单后再确定。一旦接到订单就要快速反应，因此采用延迟策略的基本前提是信息传递速度要非常快。一般说来，实施延迟策略的企业应具备以下几个基本条件：①产品特征。模块化程度高，产品价值密度大，有特定的外形，产品特征易于表述，定制后可改变产品的容积或质量。②生产技术特征。模块化产品设计、设备智能化程度高、定制工艺与基本工艺差别不大。③市场特征。产品生命周期短、销售波动性大、价格竞争激烈、市场变化大、产品的提前期短。

实施延迟策略常采用两种方式，即生产延迟（或称形成延迟）和物流延迟（或称时间延迟），而配送中往往存在着加工活动，所以实施配送延迟策略既可采用形成延迟方式，也可采用时间延迟方式。具体操作时，常常发生在诸如贴标签（形成延迟）、包装（形成延迟）、装配（形成延迟）和发送（时间延迟）等环节。美国一家生产金枪鱼罐头的企业就通过采用延迟策略改变配送方式，降低了库存水平。历史上这家企业为提高市场占有率曾针对不同的市场设计了几种标签，产品生产出来后运到各地的分销仓库储存起来。由于顾客偏好不一，几种品牌的同一产品经常出现某种品牌因畅销而缺货的现象，而另一些品牌却滞销压仓。为了解决这个问题，该企业改变以往的做法，在产品出厂时都不贴标签就运到各分销中心储存，当接到各销售网点的具体订货要求后，再按各网点指定的品牌标志贴上相应的标签，这样就有效地解决了此缺彼涨的矛盾，从而降低了库存。

5. 标准化策略

标准化策略就是尽量减少因品种多变而导致的附加配送成本，尽可能地多采用标准零部件、模块化产品。如服装制造商按统一规格生产服装，直到顾客购买时才按顾客的身材调整尺寸大小。采用标准化策略要求厂家从产品设计开始就要站在消费者的立场去考虑怎样节省配送成本，而不要等到产品定型生产出来后才考虑采用什么技巧降低配送成本。

第四节　配送中心

配送中心的发展是基于物流合理化和发展市场两个需要而发展的，是以组织配送式销售和供应，执行实物配送为主要功能的流通型物流节点。它很好地解决了用户多样化需求和厂商大批量专业化生产的矛盾，因此逐渐成为现代化物流的标志。

中国国家标准《物流术语》对配送中心(Distribution Center)的定义是：从事配送业务的物流场所或组织，应基本符合下列要求：①主要为特定的用户服务；②配送功能健全；③完美的信息网络；④辐射范围小；⑤多品种，小批量；⑥以配送为主，储存为辅。

知识拓展 7-3：共同配送发展的国际经验与借鉴——DHL 的共同配送实践案例.docx

配送中心是功能性节点，是货物配备中心，是信息流通的渠道，是电子商务下物流网络的资源整合点，是现代供应链管理的重点环节。

一、配送中心的功能

配送中心作为开展商品配送及相关业务的场所，通过先进的管理、技术和现代化信息网络，可对商品的采购、进货、储存、分拣、加工和配送等业务过程进行科学、统一、规范的管理，使整个商品运作过程更加高效、协调、有序，从而减少损失、节省费用，实现最佳的经济效益和社会效益。

配送中心与传统的仓库、运输是不一样的，一般的仓库只重视商品的储存保管，而传统的运输只是提供商品运输配送而已，配送中心则非常重视商品流通的全方位功能，同时具有商品储存保管、流通行销、分拣配送、流通加工及信息提供等综合功能。

1. 流通行销的功能

流通行销是配送中心的一个重要功能，尤其是现代化的工业时代，各项信息媒体的发达，再加上商品品质的稳定及信用，因此有许多直销业者利用配送中心，通过有线电视或互联网等配合进行商品行销。这种商品行销方式可以大大降低购买成本，因此广受消费者喜爱。例如，在国外有许多物流公司的名称就以行销公司命名。而批发商型的配送中心、制造商型的配送中心与进口商型的配送中心也都拥有行销(商流)的功能。

2. 仓储保管功能

商品的交易达成之后，除了采取直配直送的批发商之外，均将商品经实际入库、保管、流通加工包装而后出库，因此配送中心具有储存保管的功能。在配送中心一般都有库存保管的储放区，因为任何商品为了防止缺货，或多或少都有一定的安全库存，视商品的特性及生产前置时间的不同，则安全库存的数量也不同。一般国内制造的商品库存较少，而国外制造的商品为2～3个月。另外，生鲜产品的保存期限较短，因此保管的库存量较少；冷冻食品因其保存期限较长，因此保管的库存量也比较大。

3. 分拣配送功能

在配送中心，另一个重要功能就是分拣配送功能，因为配送中心就是为了满足多品种小批量的客户需求而发展起来的，因此配送中心必须根据客户的要求进行分拣配货作业，并以最快的速度送达客户手中或者是在指定时间内配送到客户。配送中心的分拣配送效率是物流质量的集中体现，是配送中心最重要的功能。

4. 流通加工功能

为了扩大经营范围和提高配送服务水平，许多配送中心都配备了各种加工设备，由此形成了一定的加工能力。配送中心的流通加工作业包含分类、地磅秤、大包装拆箱改包装、产品组合包装、商标和标签粘贴作业等。这些作业是提升配送中心服务品质的重要手段。

5. 信息处理功能

由于电子商务本身的网络化，现代物流配送中心已经离不开计算机，因此将在各个物流环节的各种物流作业中产生的物流信息进行实时采集、分析、传递，并向货主提供各种作业明细信息及咨询信息，已经成为物流配送中心重要的工作内容。

配送中心能为配送中心本身及上下游企业提供各式各样的信息情报，以供配送中心制定营运管理政策、开发商品路线、制定商品销售推广政策参考。例如哪一个客户订多少商品？哪一种商品比较畅销？在计算机提供的 EIQ 分析资料中非常清楚，甚至可以将这些宝贵资料提供给上游的制造商及下游的零售商当作经营管理的参考资料。

6. 结算功能

物流配送中心的结算功能是物流中心对物流功能的一种延伸。物流中心的结算不只是物流费用的结算，在从事代理、配送作业时，物流中心还要替货主向收货人结算货款等。

7. 物流系统设计咨询功能

专业型配送中心要充当货主的物流专家，因而必须为货主设计物流路径，代替货主选择和评价运输商、仓储商及其他物流服务的供应商。这是一项增加服务价值、增强公共配送中心专业能力和核心竞争力的服务与功能。

8. 需求预测功能

自有型物流配送中心经常负责根据物流中心商品的进货、出货信息来预测未来一段时间内的商品进出库量，进而预测市场对商品的需求。

9. 物流教育与培训功能

物流配送中心的运作需要货主的支持与理解，通过向货主提供物流培训服务，将物流配送中心经营管理者的要求传达给货主，可以培养货主与物流中心经营管理者的认同感，有利于确立物流作业标准，可以提高货主的物流管理水平，提供更加可靠、可行的物流配送服务。

随着信息技术在世界范围的普遍应用，电子商务平台的不断完善，物流配送逐渐成为制约商品流通的瓶颈。所以，现代物流配送中心更多的是要考虑如何提供全方位、信息化、现代化和增值性的服务，从而加快商品流通、降低物流成本、提高物流作业效率、增加物流的透明度、促进电子商务协调运作等，提供增值性服务是现代物流中心赢得竞争优势的必要条件。

知识拓展 7-4 见右侧二维码。

知识拓展 7-4：
"沃尔玛"的配送
中心建设.docx

二、配送中心的类型

随着需求层次的不断变化和流通规模的不断扩大，不同类型的配送中心都相继得以发展。由于建造企业的背景不同，其配送中心的功能、构成和运营方式就有很大区别。因此，在规划物流配送中心时应充分注意配送中心的类别及其特点。

(一)按运营主体分类

按照运营主体可以将配送中心分为制造商型配送中心、批发商型配送中心、零售商型配送中心、专业物流配送中心等。

1. 制造商型配送中心

制造商型配送中心是以制造商为主体的配送中心。这种配送中心里的物品100％是由自己生产制造，用以降低流通费用、提高售后服务质量和及时地将预先配齐的成组元器件运送到规定的加工和装配工位。从物品制造到生产出来后条码和包装的配合等多方面都较易控制，所以按照现代化、自动化的配送中心设计比较容易，但不具备配送中心社会化的要求。

2. 批发商型配送中心

批发商型配送中心是由批发商或代理商所设立的配送中心，是以批发商为主体的配送中心。批发是物品从制造者到消费者手中之间的传统流通环节之一，一般是按部门或物品类别的不同，把每个制造厂的物品集中起来，然后以单一品种或搭配向消费地的零售商进行配送。这种配送中心的物品来自各个制造商，它所进行的一项重要的活动是对物品进行汇总和再销售，而它的全部进货和出货都是社会配送，社会化程度高。

3. 零售商型配送中心

零售商型配送中心是由零售商向上整合所设立的配送中心，是以零售业为主体的配送中心。零售商发展到一定规模后，就可以考虑建立自己的配送中心，为专业物品零售店、超级市场、百货商店、建材商场、粮油食品商店、宾馆饭店等服务，其社会化程度介于前两者之间。

4. 专业物流配送中心

专业物流配送中心是以第三方物流企业(包括传统的仓储企业和运输企业)为主体的配送中心。这种配送中心有很强的运输配送能力，地理位置优越，可迅速将到达的货物配送给用户。它为制造商或供应商提供物流服务，而配送中心的货物仍属于制造商或供应商所有，配送中心只是提供仓储管理和运输配送服务。这种配送中心的现代化程度往往较高。

(二)按服务范围分类

按照服务范围可以将配送中心分为城市物流配送中心和区域物流配送中心等。

1. 城市物流配送中心

城市物流配送中心是以城市范围为配送范围的配送中心，由于城市范围一般处于汽车运输的经济里程，这种配送中心可直接配送到最终用户，且采用汽车进行配送。所以这种配送中心往往和零售经营相结合，由于运距短、反应能力强，因而从事多品种、少批量、多用户的配送较有优势。

2. 区域物流配送中心

区域物流配送中心是以较强的辐射能力和库存准备，向省(州)际、全国乃至国际范围的用户配送的配送中心。这种配送中心的配送规模较大，一般而言，用户也较多，配送批量也较大，而且，往往是配送给下一级的城市配送中心，也配送给营业所、商店、批发商和企业用户，虽然也从事零星的配送，但不是主体形式。

(三)按功能分类

配送中心具有多方面的功能，但其核心的功能集中表现在储存、流通和加工等环节，因此，按照功能不同配送中心主要包括以下三类。

1. 储存型配送中心

储存型配送中心有很强的储存功能，这类配送中心在功能上与传统的仓库有很大的相似性。例如，美国赫马克配送中心的储存区可储存 16.3 万个托盘。我国目前建设的配送中心，多为储存型配送中心，库存量较大。

2. 流通型配送中心

此类配送中心重点强调的是配送中心的集运功能，作为产品集中和组合的场所，流通配送型配送中心将同方向的、小批量的产品或原料集中起来，然后用整车进行运输。有时，也将不同方向运来的货物进行装卸、重新组合后，拼成整车进行配送服务。

3. 加工型配送中心

加工型配送中心是以流通加工为主要业务的配送中心，在此对进入的货物进行简单的加工，如贴标签、换包装等，实现产品价值的增值，如食品加工配送中心、生产资料加工配送中心等。

(四)按隶属关系分类

按照隶属关系可以将配送中心分为自有型配送中心和公共型配送中心。

1. 自有型配送中心

这类配送中心一般为一家企业或企业集团所有，成为企业物流组织体系和物流系统的重要组成部分，为企业自己或集团内部提供全面物流配送服务，很少对外提供服务。但也有极少数自有型配送中心在能力充足的情况下，有限地对外提供服务，以此降低部分营运成本。

2. 公共型配送中心

公共型配送中心主要是面向社会或某个行业的所有用户提供服务，通常是由若干家企业共同投资、持股或管理，专业从事物流相关业务和配送服务的经营实体。在这类配送中心提供较多的第三方物流服务，在电子商务环境下，此类配送中心的比例很大。

对于不同种类与行业形态的配送中心，其作业内容、设备类型、营运范围可能完全不同，但是就电子商务下物流配送体系的规划与发展方向而言，电子商务下配送中心的建设与发展已逐渐由以仓库为主体的传统型配送中心向信息化、自动化的整合型配送中心发展。

三、配送中心管理

配送中心要实现其功能，发挥其作用，必须进行系统化的管理运作，不同的配送中心其管理方式不尽相同，但一般配送中心的管理活动都包括质量管理和作业管理。

(一)质量管理

配送中心的管理程序是规划—组织—领导—控制，质量管理的程序是客户需求—系统设计—作业控管—服务评核—分析改善五个主要内容。

1. 客户需求(Need)

了解客户的真正需求，是提供符合市场需要的物流服务的前提条件。在物流系统进行规划和质量管理时，必须站在客户的立场上进行设计，以最经济实惠且可行的物流服务为原则，从而保证提供的服务可以有效地满足客户需要。

2. 系统设计(Plan)

依据客户真正需求设计物流服务程序，其内容包括服务规格、服务要素及品质规格，以符合物流质量管理的要求。物流服务程序可以事前按相关的专业知识设计出来，是一项可靠的工程。

(1) 服务规格。服务规格是指对物流服务特性的清楚描述及其可被接受的标准，客户可以用评估的语言来描述物流服务品质的水准，如准时、正确等。

(2) 服务要素。服务要素是指直接影响服务品质的重要因素，是在物流服务提供的过程中客户不需要了解的部分，例如提供服务时所需设备的形式及数量，所需的人力数量及技能，所需依赖分包商提供的产品或服务等，如电子标签拣货。

(3) 品质规格。品质规格是指对直接影响服务品质的要素，制定出品质控制的评估方法及标准值，以确保所提供的服务品质由始至终均满足服务的规格以及客户的真正需求，如接单后次日送达。

3. 作业控管(Do)

作业控管过程通过书面化的工作说明书来执行，以确保品质的一致性、稳定性。其内容包括设备的采购、客户供应的物料、产品的识别及可追溯性、服务流程管制、异常服务的管制等，以确保品质是制造出来的，而非最终检验出来的，亦即"做您所写"。

4. 服务评核(Check)

物流服务提供后，需要进行内部员工及外部客户的满意度评估，以确保所提供的服务(Do)与设计(Plan)的一致性且能满足客户的真正需求(Need)。其内容包括内部考核、满意度调查等。

5. 分析改善(Action)

服务评估结果若有差异，客户无法满意，则需找出真正的原因并立即加以改善，才不致造成客户流失。其管理内容包括矫正及预防措施、管理阶层审查、管理系统持续改善、人员教育培训等。

(二)作业管理

配送中心的作业管理内容主要包括配送、仓储和信息三个方面。

1. 配送管理

(1) 排程与调度。排程是指配送车辆的行进路径，有两种处理方式：一是将需配送的下货点全部由计算机计算出最有效的路径；二是由计算机按配送区分类，再由人工按各配送区内的下货点加以排序。前者的缺点是实际运作的限制条件太多，不宜完成；后者的缺点是不宜获得最佳的路径。至于调度是指车辆的指派，由于配送点的属性不同或厂商的特殊需求，使车辆的指派会因车体、大小、人员而异。因此，车辆的调度者要兼顾配送成本和客户满意度。

(2) 配送与验收。配送是指配送人员按车辆排程计划，依次将物品送达收货人的手中。传统货运大多是门到门送货，但配送中心的配送服务是将货物交到收货人的指定位置，可能是二楼或地下室。至于配送过程，行车安全最为重要，除了防止车祸发生之外，防窃也不可轻视。验收是指将配送物品点交给收货人后，收货人在单据上签明收货数量及姓名。签收单即成为有效凭证，因此，配送人员务必确认数量及人员是否正确，否则须承担签收不完全的责任。

(3) 回收品点交。配送时若遇收货单位有拒收品、坏品、滞销品或下架品时，须在厂商的允许范围内，正确签收品名、规格、数量，并将回收品带回配送中心交给仓管人员处理。

2. 仓储管理

配送中心的仓储管理以拣货为作业核心，由拣货和出货才引申出进货、补货、盘点等作业需求。

(1) 进仓与验收。进仓时配送中心要注意下述各事项。

①物品是否完整无缺；②产品的有效期是否符合标准；③确定进货的数量；④翔实签收；⑤确实入账；⑥回报厂商。

(2) 入库与保管。入库与保管应注意：①物品堆放是否安全，且不易倒塌；②储存的位置应接近拣货区，以方便补货；③若有计算机储位管理系统，则需按计算机指示入库或由仓储人员直接入库，并确保输入计算机(若有 RF 系统，效果更佳)。

(3) 盘点。盘点是为了掌握物品的库存账与实物是否统一，在会计上也有盘差的科目，但是配送中心需要承担盘亏的责任。由于物流的收入不足货物价值的 8%，若要承担 100% 的风险，就要建立良好的盘点制度，以防范仓管物品的流失。盘点方法可采用定期盘点，如按日、按周、按月；或采用循环盘点、分批分次盘点，以减少正常出货的干扰。

3. 信息管理

信息管理的内容是对配送中心内所有业务环节和内容进行纸制或电子记录内容的控制，信息人员除了心要细、对数字敏感之外，逻辑能力也要好，主要工作内容如下所述。

(1) 接单与回单。一般配送中心接到厂商出货通知后，双方要通过局域网或互联网直接传输文字性材料，其中要注意以下事项。①确认资料的完整性；②特殊需求的注记；③正确地输入或转档到物流信息系统内。配送完成的签收单，经核对无误后，信息人员应列印出货明细表，随同签收单送给厂商签收，以此作为结账清款之用。

(2) 客户服务。信息作业掌控物流流程的始末，是质量管理的重点，是最直接接触客户的部门。因此,有客户服务至上的观念才能使配送中心获得较好的经济效益。客户关心的问题主要包括物品是否能准时无误地送达收货人、签收是否正确、物品盘点是否正确、物品的安全程度等。

本 章 小 结

配送是物流系统的一个子系统,而且是直接面对用户提供物流服务的子系统。配送是物流中一种特殊的、综合的活动形式,是包含了商流活动和物流活动,也包含了物流中若干功能要素的一种活动形式。根据不同的标准有不一样的配送形式。深入认识配送体系的构成,正确选择配送系统模式,对提高物流效率和经济效益有着重要影响。同时,配送作业流程的合理性以及配送作业效率的高低都会直接影响整个物流系统的正常运行。

因此,本章从物流配送的内涵出发,讲解了配送的特点、配送的模式、配送业务的基本流程,对配送作业各环节的管理重点与运作程序进行了详细的分析;为了更好地理解配送成本对物流成本的影响,介绍了配送成本的核算体系与控制配送成本的策略;同时,通过对配送中心基本作用与功能的阐述,使配送管理能更加完善并更好地满足用户的需求。

自 测 题

1. 什么是配送?它有哪些具体的运作模式?
2. 配送的基本作业内容有哪些?每项作业的基本程序是什么?
3. 配送成本主要由哪些费用构成?
4. 配送中心的功能表现在哪些方面?

案例分析 惠晟物流
有限公司城市共同配
送项目案例

阅读资料 联华打造
现代化物流配送中心

第八章 第三方物流与供应链

【学习要点及目标】通过本章的学习，熟悉第三方物流的特点及其价值，掌握企业对第三方物流的选择与评价，了解第三方、第四方物流的发展，以及第三方物流与第四方物流之间的关系。

【关键概念】业务外包(Outsourcing)　第三方物流(Third Party Logistics)　第四方物流(Fourth Party Logistics)

【引导案例】

第四方物流的几个成功案例

在美国，Ryder Integrated Logistics 和信息技术巨头 IBM 与第四方物流的创始公司埃森哲，结为战略联盟，使 Ryder 拥有了技术和供应链管理方面的特长，而如果没有第四方物流的加盟，这些特长要花掉 Ryder 公司自身几十年的工夫才能够积聚起来。

在欧洲，埃森哲公司和菲亚特公司的子公司 New Holland 成立了一个合资企业 New Holland Logistics S.P.A.，专门经营服务零配件物流。该公司由 New Holland 拥有 80%的股份，埃森哲占 20%的股份。New Holland 为合资企业提供了 6 个国家的仓库，775 个雇员，并进行资本投资，帮助他们提升运作管理能力。埃森哲方面投入了管理人员、信息技术，帮助合资企业进行运作管理和流程再造。零配件管理运作业务涵盖了计划、采购、库存、分销、运输和客户支持。在过去 7 年的总投资回报有 6 700 万美元。大约 2/3 的节省来自运作成本降低，20%来自库存管理，其他 15%来自运费节省。同时，New Holland Logistics 实现了大于 90%的订单完成准确率。

在英国，埃森哲公司和泰晤士水务有限公司的一个子公司——Connect 2020，也进行了第四方物流的合作。泰晤士水务是英国最大的供水公司，营业额超过 20 亿美元。Connect 2020 成立的目的旨在为供水行业提供物流和采购服务。Connect 2020 把它所有的服务外包给 ACTV(一家由埃森哲管理和运作的公司)。ACTV 年营业额在 1 500 万美元，主要业务包括采购、订单管理、库存管理和分销管理。目前的运作成果包括供应链总成本降低 10%、库存水平降低 40%、未完成订单减少 70%。谁能成为第四方物流？第四方物流的前景非常诱人，但是要成为第四方物流的门槛也非常高。美国和欧洲的经验表明，要想进入第四方物流领域，企业必须在某一个或几个方面已经具备很强的核心能力，并且有能力通过战略合作伙伴关系很容易地进入其他领域。专家列出了一些有可能成为第四方物流企业的前提条件。

(1) 有世界水平的供应链策略制定、业务流程再造、技术集成和人力资源管理能力。

(2) 在集成供应链技术和外包能力方面处于领先地位的企业。

(3) 在业务流程管理和外包的实施方面有一大批富有经验的供应链管理专业人员。

(4) 能够同时管理多个不同的供应商，具有良好的关系管理和组织能力。

(5) 有对全球化的地域覆盖能力和支持能力。

(6) 有对组织变革问题的深刻理解和管理能力。

事实上，第四方物流的出现是市场整合的结果。过去，企业试图通过优化库存与运输、利用地区服务代理商以及第三方服务提供商，满足客户服务需求的增长。但在今天，客户需要得到包括电子采购、订单处理能力、虚拟库存管理等服务。一些企业经常发现第三方物流提供商缺乏当前所需要的综合技能、集成技术、战略和全球扩展能力。为改变这种窘境，某些第三方物流提供商正采取步骤，通过与出色的服务提供商联盟来提高他们的技能。其中最佳形式是和相关的咨询公司、技术提供商结盟。随着联盟与团队关系不断发展壮大，一种新的外包选择开始出现。由它们评估、设计、制定及运作全面的供应链集成方案，这正是第四方物流。所以，第四方物流是中国物流业发展和提升的助力器。第四方物流不仅可以控制和管理特定的物流服务，而且可为整个物流系统制定实施方案，并通过电子商务将这个过程集成起来。预测表明，作为能对客户的制造、市场及分销数据进行全面、在线连接的战略伙伴，它可以在可预见的将来得到广泛应用。

(资料来源: https://wenda.so.com/q/1399785769069155src)

第一节　企业业务外包

外包就是指一个业务实体将原本应在企业内部完成的业务，转移到企业外部由其他业务实体完成。20世纪90年代以后，企业竞争环境最显著的变化莫过于全球竞争加剧，出现精益生产、及时生产等新的制造理念，对信息技术更加重视，贯穿于供应链增值活动的一体化。这些变化促使产品生命周期大大缩短，在过去的几十年，制造商正面对着连续开发新产品和有效进入市场的更大压力，在这种竞争环境下，新产品在市场中获利的期限大大减少，而产品的开发和引入市场成本却是实质性地增加了。为了满足产品开发和引入市场的巨大的投资需求，企业必须把目光投向更广阔的国际市场，进入全球市场的能力已成为竞争成功的基础，获得全球市场份额已成为企业长期生存的关键因素。在这种新的经济形势下，一个基于核心竞争力、相互受益的长期外部关系和更灵活组织的潜在好处正变得越来越明显，许多企业把自己的智能和资源集中在自己的核心竞争优势的活动上，而把非核心领域外包给其他专业企业，外包已成为企业增加竞争力最重要和最有效的战略手段之一。

一、业务外包的原因

业务外包推崇的理念是：如果在供应链上的某一环节不是世界上最好的，又不是我们的核心竞争优势，并且这种活动不至于导致客户流失，那么可以把它外包给世界上最好的专业公司。也就是说，首先确定企业的核心竞争力，并把企业内部资源集中在那些有核心竞争优势的活动上，然后将剩余的其他企业活动外包给最好的专业公司。供应链环境下的资源配置决策是一个增值的决策过程，如果企业能以更低的成本获得比自制更高价值的资源，那么企业必然选择业务外包。以下是促使企业实施业务外包的原因。

(一)分担风险

企业可以通过外向资源配置分散由政府、经济、市场、财务等因素产生的风险。企业本身的资源、能力是有限的，通过资源外向配置，与外部的合作伙伴分担风险，企业可以变得更有柔性，更能适应变化的外部环境。

(二)处理企业难以管理或失控的辅助业务职能

企业可以将在内部运行效率不高的业务职能外包，但是这种方法并不能够彻底解决企业的效率问题，相反，这些业务职能还有可能在企业外部变得更加难以控制，所以在这个时候，企业必须花时间去找到问题的症结所在。

(三)加速重构优势

企业重构需花费很多时间，并且获得效益也需要很长时间，而业务外包是企业重构的重要策略，可以帮助企业很快解决业务方面的重构问题。

(四)对企业缺少的资源进行合理处理

如果企业缺少有效完成业务所需的资源(包括现金、技术、设备等)，或不能盈利时，企业也会将业务外包。这是企业临时外包的原因之一，但是企业必须同时进行成本利润分析，确认在长期情况下这种外包对企业是否有利，由此决定是否应该采取外包策略。

(五)降低和控制成本，节约资金

许多外部资源配置服务提供者都拥有比本企业更有效、更便宜的完成业务的技术和知识，因而他们可以实现规模效益，并且愿意通过这种方式来获利。如第三方物流公司在仓储运输等方面的专业化程度就高于企业自身，外包可以降低成本，减少资金占用，并获得规模经济效果。企业可以通过外向资源配置避免在设备、技术、研究开发上的大额投资。

二、业务外包的主要方式

根据企业对外包业务控制能力(即指企业对已外包的具体操作过程可施加的影响力)的强弱，可以将外包分为以下几种主要方式。

(一)补充性人力资源引进

补充性人力资源引进(Supplemental Staffing)是一种从企业以外聘用临时员工、顾问或其他人员为本企业提供临时性服务的方式。这种方式也被称为"临时服务委托"。企业可以用最少的雇员最有效地完成日常工作量，在有辅助性服务需求的时候雇用临时人员去处理。这样做的好处在于临时雇用人员基于对失业的恐惧或报酬的重视，会对所委托的工作认真负责，从而可以提高工作效率。临时性服务的优势在于企业一方面在需要特殊技能时能够有人可用，另一方面对于某些并不是天天需要的特殊技能人员，不需要长期雇用，可以缩减日常性支出，降低固定成本，提高生产率。

(二)战略联盟

战略联盟(Strategic Alliance)是指与一个或多个商业伙伴结成战略联盟，共同投资，分享收益。一个企业不仅可以与供应链上的企业结成联盟，同时也可以与自己的竞争者合作，使双方可以把资源投入到共同的业务(如共同的研发)中，分散企业的产品开发风险，并可获得比单个企业更高的创造性。也可以是将"控制导向""纵向一体化"的企业组织分解为独立的业务部或公司。

(三)合资公司

合资公司(Joint Venture)是指与一个或多个商业伙伴合资建立企业，共担风险，分享收益。合资企业应保持财务上的独立性。

(四)选择性外包

选择性外包(Selective Outsourcing)是指将业务流程的某一环节外包出去，并在合同中规定期望的结果。

(五)完全外包

完全外包(Full Outsourcing)即将核心业务以外的整个业务流程都外包出去，并在合同中规定期望的结果。通常这些被外包出去的业务属于常规业务，可转移到更容易或廉价的地点来处理。

除以上几种类型外，还有转包合同(Contract Transfer)、利益关系(Benefit-based Relationship)等比较特殊或崭新的概念，相信在不久的将来还有更多的外包形式出现。

根据有关机构的调查，目前被企业采用最多的外包形式为补充性人力资源引进，而最少采用的是合资形式，其他几种居中。预计在未来几年，企业用于业务外包的开支将大幅度增长，而且在支出结构上也将有较大调整，用于补充性人力资源引进的开支将不会有显著增长，而用于其他形式的外包将有所增长。

第二节　第三方物流在供应链中的发展

自 20 世纪 90 年代以来，伴随着物流理论的快速发展和业务外包经营理念的普及，第三方物流(Third Party Logistics，3PL)在全球范围内得到了蓬勃的发展，成为国际物流理论界关注的焦点。

一、第三物流的概念与特征

(一)第三物流的概念

第三物流源自管理学中的外包，意指企业动态地配置自身和其他企业的功能和服务，利用外部的资源为企业内部的生产经营服务。将外包引入物流管理领域，就产生了第三方物流的概念。

第三方物流的概念，国内外的学者都有不同的表述，尚未形成一个统一的定论。在美国的一些专业著作中，将第三方物流提供者定义为"通过合同的方式确定回报，承担货主企业全部或部分物流活动的企业"。认为其提供的服务形态可分为与运营相关的服务、与管理相关的服务以及两者兼而有之的服务三种类型。

日本的一些学者将第三方物流定义为"为第一方生产企业和第二方消费企业提供物流服务的中间服务商组织的物流运作"。在日本理论界还有一种说法，"第一方物流是指生产企业和流通企业自己运作的物流业务，第二方物流是指提供诸如运输、仓储等单一物流功能服务的物流企业运作业务，第三方物流则是指为客户提供包括物流系统设计规划、解决方案以及具体物流业务运作等全部物流服务的专业物流企业运作的物流业务"。

美国物流管理协会于 2002 年 10 月 1 日公布的《物流术语词条 2002 升级版》中，将第三方物流解释为将企业的全部或部分物流运作任务外包给专业公司管理经营，而这些能为顾客提供多元化物流服务的专业公司称为第三方物流供应商。

"第三方物流"于 20 世纪 90 年代中期传入我国，目前对于这个概念的理解也是众说纷纭。如"物流社会化，又称为第三方物流，是指商流与物流实行社会分工，物流业务由第三方物流业者承担办理"，"第三方物流是指既非商品供给方(生产企业)又非商品需求方(商业企业或生产企业)的第三方企业，通过契约为客户提供整个商品流通过程的服务，具体内容包括商品运输、储存配送以及附加值服务等"，"物流活动和配送工作由专业的物流公司或储运公司来完成，由于他们不参与商品的买卖，只提供专门的物流服务，因此是独立于买方和卖方之外的第三方，故称第三方物流"，等等。2001 年 4 月 17 日由国际质量技术监督局发布、2001 年 8 月 1 日实施的国家标准《GB/T 18354—2001 物流术语》对第三方物流给出的定义是：第三方物流是由供方与需方以外的物流企业提供物流服务的业务模式，指在物流渠道中，由中间商以合同的形式在一定期限内向供需企业提供所需要的全部或部分物流服务。

国内外第三方物流概念的差异，实际上也是对现实中第三方物流形态多样性的一种反映。

综合国内外第三方物流的概念，本书认为第三方物流是指商品交易双方之外的第三方为商品交易双方提供部分或全部物流服务的运作模式。运输、仓储、报关等单一环节的物流服务和一体化综合性物流服务或多功能系列化物流服务，都包括在第三方物流的范畴内。

(二)第三方物流的特征

根据第三方物流的概念，以及第三方物流的运作方式，其特征具体表现在以下几个方面。

1. 关系契约化

第三方物流是通过契约的形式来规范物流服务提供者与物流服务需求者之间关系的。物流服务的提供者根据契约的规定，提供多功能直至全方位一体化物流服务，并以契约来管理所有提供的物流服务活动及其过程。另外，第三方物流发展物流联盟也是通过契约的形式来明确各物流联盟参加者之间权责及相互关系的。

2. 服务个性化

不同的物流服务需求者对物流服务有不同的要求，所以第三方物流需要根据不同需求者在企业形象、产品特征、业务流程、顾客需求特征、竞争需要等方面的不同要求，提供有针对性的个性化物流服务和增值服务。此外，从事第三方物流的物流经营者也由于市场竞争、物流资源、物流能力的影响需要形成核心业务，不断强化所提供物流服务的个性化及特色化，以增强企业的竞争能力。

3. 功能专业化

第三方物流企业所提供的是专业的物流服务。从物流设计、物流操作过程、物流技术工具、物流设施到物流管理必须体现专门化和专业水平，这既是物流服务需求者的需要，也是对第三方物流自身发展的基本要求。

4. 管理系统化

第三方物流应具有系统的物流功能，这是对第三方物流产生和发展的基本要求，第三方物流需要建立现代管理系统才能满足运行和发展的基本要求。

5. 信息网络化

信息技术是第三方物流发展的基础。物流服务过程中，随着信息技术的发展逐步实现了信息共享，促进了物流管理的科学化，大大地提高了物流效率和物流效益。

二、第三方物流的价值与风险

(一)第三方物流的价值

目前阻碍企业选择第三方物流的一个重要因素就是企业对于选择第三方物流所能带来的价值没有清晰的认识。我们认为，选择第三方物流，可能给企业带来的价值包括以下几个方面。

1. 使用第三方物流可以使企业实现资源优化配置，将有限的资源集中于核心业务

企业若想在严峻的市场竞争环境下生存和发展，就必须提高资源配置的效率。如今市场竞争的焦点已由过去简单的成本竞争转向产品功能、服务质量以及新产品开发速度的竞争，企业要提高产品质量、降低生产成本、改进服务质量，新产品开发的压力越来越大，而只有以比竞争对手更低的成本、更快的速度向消费者提供更好的产品，才能在竞争中取得优势。然而，任何企业所拥有的资源都是有限的，它不可能覆盖企业所有的业务领域，也就是说，任何一个企业不可能在每一个业务环节上都具有竞争优势。所以取得整体竞争优势的唯一途径就是"集中优势"——将有限的资源集中到企业"核心能力"的培育和发展上，而对非核心的业务采取资源外包战略，"外包"给在这些业务上具备核心能力的企业。第三方物流战略的选择正是基于以上考虑，由企业将非核心的物流业务外包给专业的第三方物流服务提供商。这也是第三方物流存在的真正价值所在，同时也是企业选择第三方物流的根本因素之一。这一点已得到越来越多企业的认同，越来越多的企业在考虑是否选择第三方物流服务时，对企业战略的考虑甚至远远超过了简单的能力和成本的考虑。

2. 选择第三方物流还可以使企业降低投资风险

现代物流领域的设施、设备、信息系统等的投入都是相当大的，并且由于物流需求的不确定性和复杂性，可能导致投资的巨大风险。选择第三方物流服务可以有效地规避这些投资风险。

3. 选择第三方物流有利于企业进行流程再造

现代物流的根本特征是系统化、专业化、网络化、规模化和信息化，企业可以充分利用第三方物流企业完善的信息技术和先进的管理手段，从关心客户的需求和满意度出发，对现有的业务流程进行重新思考和定位，从根本上改善企业原有的成本、质量以及服务

水平。

4. 选择第三方物流有利于提升企业形象

第三方物流服务提供商和客户的关系不是竞争关系，而是战略合作伙伴，他们为客户着想，致力于提供以顾客为导向、低成本、高效率的优质物流服务，提升委托企业的企业形象，为委托企业在竞争中创造有利的条件。

5. 选择第三方物流还可以使企业享受成本降低的好处

专业的第三方物流服务提供商利用规模效应的专业优势和成本优势，通过整合社会资源，提高供应链各环节的利用率，实现综合费用的节省，从而可为委托企业降低成本。

由于物流业务本身的复杂性，以及物流业务贯穿于企业业务活动各方面的特性，使物流服务从购买本质上就不同于一般的商品或服务，仅仅简单地考虑能力或成本因素的决策，必然会使企业付出额外的代价。只有基于企业战略层面的综合因素考虑，才是企业选择第三方物流的根本原则和真正动机，也只有通过全方位的比较和分析，才能使企业真正认识到第三方物流带来的价值。

(二)第三方物流的风险

与自营物流企业相比，第三方物流在为企业带来诸多价值的同时，也存在着一些风险，这些风险主要表现在以下几个方面。

1. 对物流的控制能力降低甚至丧失的风险

物流对于大多数企业来说属非核心业务，但企业采用第三方物流后，第三方物流企业介入客户企业的采购、生产、销售及顾客服务的各个环节，成为客户企业的物流管理者，必然使客户企业对物流的控制能力降低，而这将导致第三方物流企业具有与客户企业讨价还价的能力。随着第三方物流企业在客户企业的物流业务上介入程度的加深，这种能力也会加强，对客户企业形成潜在的威胁。在协调出现的问题时，甚至可能会出现物流失控的现象，即第三方物流企业不能完全理解并按客户企业的要求来完成物流业务，或者第三方物流企业不是以客户企业为中心来处理每一个环节，而是站在自己的立场事不关己或消极对待，从而降低企业顾客服务的质量。凯马特公司最后败于沃尔玛公司的竞争，重要原因之一就是大部分物流外包虽然在短期降低了公司的运营成本，却丧失了对物流的控制，从而使公司总成本上升。

另外，采用第三方物流也使原来由企业内部沟通来解决的问题，变成两个企业——第三方物流企业与客户企业之间的沟通，在沟通不充分的情况下，容易出现相互推诿的局面，影响物流的效率。

2. 顾客关系管理上的风险

在顾客关系管理上，企业采用第三方物流后的风险有两种。

一是削弱企业同顾客关系的风险。采用第三方物流后，订单集成、产品的递送甚至售后服务一般是由第三方物流完成的，最直接接触顾客的往往是第三方物流企业，基本上是由第三方物流企业与顾客打交道，从而大大减少了客户企业同顾客直接接触的机会，减少了直接倾听顾客意见和密切顾客关系的机会，这对建立稳定的顾客关系无疑是非常不利的。

第三方物流割裂企业同最终顾客的联系，可能导致企业顾客快速反应体系失灵，甚至对企业形象造成伤害。例如，由于第三方物流企业经常与企业的顾客发生交往，第三方物流企业会通过在运输工具上喷涂自己的标志或让员工穿着统一服饰等方式来提升第三方物流企业在顾客心目中的整体形象，而取代客户企业的地位。

二是客户资料被泄密的风险。在激烈的市场竞争中，顾客就是上帝，顾客资料对企业而言是最重要的资源之一。如果顾客资料被泄露，那么其后果是难以想象的。在企业与第三方物流的合作中，由于物流与信息流的密不可分，物流环节中包含企业大量的顾客资料，如订货数据、顾客分布和渠道、顾客折扣和产品价格等。尽管相互共享信息和对对方的信息保密是双方合作的重要基础，但信息在更多的企业间共享，无疑加大了被泄露的可能性。

3. 企业战略被泄密的风险

对企业来说，为了保持其竞争优势，特别需要对诸如原材料供应、生产流程、技术工艺、销售网络等战略运营要素保持一定的隐秘性。

物流既是企业战略的重要组成部分，又承担着战略执行的重任。企业采用第三方物流后，由于双方合作的紧密性以及提高物流效率的需要，通常要求双方的信息平台对接，实现有关信息共享，其中不乏企业大量机密的战略信息，如销售策略、产品更新等。这样，从渠道调整到市场策略，从经营现状到未来预期，从产品转型到顾客服务策略，第三方物流企业都可以得到与客户企业相关的信息，从而对客户企业的企业战略也通常有很深的认识。对于信息处理能力比较强的第三方物流企业，其通过数据价格和挖掘技术得到的信息甚至连客户企业自身都不知道。

在市场竞争日益激烈的情况下，企业的核心能力是其生存与发展的重要保障。而采用第三方物流势必会大大增加企业战略被泄密的风险。最令企业担心的是，在某一行业专业化程度高、占有较高市场份额的第三方物流企业往往会拥有该行业诸多企业的客户，而它们正是企业的竞争对手，第三方物流企业与客户企业的信息共享可能会导致企业的运营信息通过第三方物流企业而泄露给竞争对手。

4. 连带经营风险

企业采用第三方物流后，同第三方物流企业的合作一般是长期的战略伙伴关系。双方一旦合作成功，要解除合作关系对双方来说成本都很高。但如果因第三方物流自身经营不善导致服务暂停或合同终止，将可能直接影响客户企业的经营，尤其会影响那些交货期紧迫、责任重大的业务项目，给企业造成无法估量的当期和潜在损失。特别是在合约解除过程中，企业要选择新的物流服务提供商并建立稳定的合作关系，往往需要很长的磨合期，有的甚至超过半年。在磨合期内，企业将不得不面对新物流服务商因产品不熟悉、信息系统衔接不好等造成的服务失败。这种连带经营风险，其实也是企业对第三方物流服务提供商的选择风险。

5. 机会主义风险

企业采用第三方物流后，其物流业务交由第三方物流企业负责，双方的力量对比因此发生变化。就第三方物流企业来说，它们对双方合作关系的依赖性不如客户企业强烈，因为这笔交易充其量是其众多交易中的一笔；但就客户企业而言，它们对双方合作的依赖性要比第三方物流企业强烈，因为它们通常选择一个第三方物流企业负责其物流运作，即使选择多个第三方物流企业承担其物流业务，也是各自负责不同部分的物流功能，相互之间替代性不强，第三方物流企业的服务质量与效率直接影响企业的生产经营活动。

双方对合作关系依赖性的不同，导致第三方物流企业在出现合作纠纷时往往处于有利地位，有时甚至欺诈客户企业而提高价格或提出其他很苛刻的要求，并转向那些能满足它们利益的客户，产生种种机会主义行为。例如不按合同规定的时间配送，在装卸搬运过程中故意要挟等。尽管双方建立的长期合作的战略伙伴关系有助于削弱第三方物流企业的机会主义倾向，但不能完全消除其给客户企业带来的机会主义风险。

三、第三方物流的选择和评价

(一)第三方物流的选择

企业一旦决定使用第三方物流服务后，面临的首要问题便是第三方物流供应商的选择。只有选择合适的第三方物流服务提供商，才能真正使物流服务成为企业的竞争优势。否则，不仅影响企业物流管理的绩效，而且还将浪费大量资金和时间。

一般来说，第三方物流供应商的选择可按下列步骤进行。

1. 组成跨职能选择团队

企业对于第三方物流供应商的选择不仅企业的物流部门会参与，企业其他部门如财务、生产、营销、信息系统、人力资源等部门也常常参与其中，如表 8-1 所示。另外，企业总裁参与选择决策也是常见的。企业通常会从其财务、营销、生产、质量控制、信息系统以及物流等部门抽调人员组成选择团队，并使每一个人参与整个选择过程。

表 8-1　其他参与决策的部门

职能部门	西欧/%	美国/%	职能部门	西欧/%	美国/%
财务	64	70	生产	24	48
信息系统	32	35	营销	34	39
人力资源	28	22			

2. 设定外包目标

一旦选择团队成立，首先就应设定外包的目标，究竟是降低成本还是改善运作质量，抑或是提升客户服务水平。对外包目标的透彻理解是选择第三方物流提供商的基础，并成为后来第三方物流提供商绩效考评的依据。

3. 确定物流需求

选择团队应对企业内部及外部顾客进行调查以确定当前物流存在的优势和劣势，从而明确自身的物流需求，并把它们明确地表达出来，成为对潜在第三方物流供应商的服务需求。由于大多数第三方物流决策对实现企业的目标关系重大，所以开始时对物流需求的理解需要花费较长的时间。

4. 制定选择准则

选择准则应与企业的外包目标和物流需求相联系，诸如准时交付、可靠性、客户服务以及价格往往是企业优先考虑的准则。有学者认为，在选择第三方物流服务提供商时，除了受到企业的竞争敏感度、环境对立及环境变动的影响外，还需要考虑价格、配送能力、管理能力、错误率、问题反应能力、任务达成能力、良好的计算机系统、多样附加值活动以及发货中心个数九个因素。

表8-2列出了用户认为第三方物流服务最重要的项目。从该表中可以看出，用户非常关注降低风险和提高服务能力的指标，如财政稳定性、客户服务能力以及服务价格。

表 8-2　第三方物流供应商特性的重要性

特　　性	占回答者的百分比/%							
	非常重要	略微重要	无关紧要	略微不重要	非常不重要	等级1	等级2	等级3
资产拥有	22	42.8	25.5	5.5	4.2	2.7	4	3.5
服务价格	66.1	31.7	2	0	0.2	31.1	17.7	15
大小	10.7	55.7	27.1	6.1	0.4	1	1.2	2.7
人力资源政策	10.4	35.8	41.1	9.5	3.3	1	1.2	1.2
公共声誉	48.6	43.4	7.2	0.9	0	8.2	7.5	10
财政稳定性	72.8	24.6	2.4	0.2	0	12.4	17.2	19
国际范围	17.7	37.6	29.7	9.6	5.5	1.7	1.5	2.8
解决问题的创造力	59.2	34.5	5.2	1.1	0	9	11	11
公司文化哲学兼容性	44.8	38.4	14	2.6	0.2	9.2	9.5	7.2
与公司的优先关系	12.9	37.5	37.7	8.3	3.7	0.5	1.2	0.5
信息系统和技术能力	54.2	37.7	6.1	1.8	0.2	6	12.2	12
客户服务能力	72.5	22.7	3.9	0.7	0.2	14.7	12.5	11
持续改进声誉	47.1	43.4	8.5	1.1	0	1.2	2.7	5.5

(资料来源：[美] 唐纳德 J.鲍尔索克斯著. 林国龙译. 物流管理. 北京：机械工业出版社，2002)

5. 列出候选名单

候选者应与企业有相似的业务并能够提供所必需的地理覆盖范围的服务。为了准确地选择潜在的合作伙伴，团队可以与专业组织联系，与供应商和顾客交流，甚至在互联网上进行查找。从欧美500家最大的工业企业的经验来看，主要可以通过两种渠道来挑选候选者：与其他物流同行的交流和第三方物流供应商的销售拜访，如表8-3所示。一个值得注意的趋势是，企业开始注重专业刊物上的广告和其他途径(如专业刊物上的文章、咨询项目和私下的人际交往等方式)。

表 8-3　信息渠道

信　息　源	西欧/%	美国/%	信　息　源	西欧/%	美国/%
与其他物流同行交流	77	46	专业广告	19	11
第三方物流公司的销售拜访	69	54	当地物流会议	15	14
国内物流会议	19	19	直邮广告	15	11

6. 候选者征询

选择团队向候选者发出征询信，询问对方有无兴趣投标。信中应包含企业的信息和外包项目的实质与范围，同时要求候选者提供其公司的基本信息以及服务能力。

7. 发出招标书及收回投标书

企业向有资格并且对该项目感兴趣的第三方物流提供商发出招标书。招标书应对企业的外包目标及物流需求作出详细的说明，且要对各个潜在服务提供商一视同仁。为了便于竞标者编制预算，对一些基本的专业信息必须作出说明，包括工作范围、产品流程、交易信息、专案描述、服务成本、最终客户需求、信息技术需求、附加价值服务需求、场所和专门设备需求等。应选者的投标书中应包括一些特定信息，诸如组织结构、能力、现有顾客、报价模式等。

8. 初评及现场考察

在初步评审投标书的基础上，选择团队应在候选者中挑选最有可能中标的 4～5 家进行现场考察。通过考察让团队了解候选者的管理设施、管理程序和职员情况。在考察时应依据标准的检查表，并安排相同的团队成员对候选者的能力进行一对一的比较。

9. 候选者资格评审

选择团队应根据有关资料和投标书细节，使用检查单和现场考察完成的调查表，评审候选者的财务状况、信息技术能力、服务柔软性、战略符合程度以及经营理念。

10. 利用分析工具选择第三方物流供应商

利用层次分析法(Analytic Hierarchy Process，AHP)，根据选择准则，确定最佳的第三方物流服务提供商，关键项目是该提供商与公司有相似的价值观和目标，有符合要求的先进的信息技术，其管理值得信赖、相互尊重，并且有发展共同合作关系的愿望。

值得注意的是，选择并不是像一次交易那样挑选要价最低者。这是因为合同一经签订，与物流伙伴的关系就要维持相当长的一段时间，故应选择那种最适合企业需求、和企业文化互补的第三方物流服务提供商。同时，最终选择决策也应在团队成员之间进行一定程度的协调，以保证他们中的每一位都对作出的决策有一致的理解，并了解对被选中物流公司的期望。

(二)第三方物流的评价

在与第三方物流提供商的合作中，企业需要根据合作目标建立对第三方物流提供商的服务绩效评价指标和标准，由外包所涉及的各部门经理组成评审组或聘请独立的外部人员定期或不定期地对第三方物流提供商的服务绩效进行监控。可以每月或每季度一次，发现问题及时协商解决，并可依据合同中的激励和惩罚条款进行适当的处理，以便适时控制物流服务质量，确保物流服务能满足最终客户的需求。

Memon 运用相关矩阵提出与物流服务绩效相关的因素，主要包括价格、是否符合契约要求、是否具备创造力、财务的稳定性、是否达到品质要求与绩效水准、是否准确送达、高级主管的承诺、较少的失误率以及对突发事件的反应能力九项因素，其中后四项因素具有高度的相关性。

一般来说,常见的服务绩效评价指标包括准时发货率、准时交付率、订货完成率、产品线完成率、库存准确率、缺货损失、每公里成本、货物进库时间和仓储运营成本等。服务绩效评价标准一般应以同行业先进的其他企业或者具有相同特征的其他行业中的领先企业为基础。只有这样企业才能深刻理解自身在竞争中的地位。同时,服务评价标准不应使用如"削减成本"之类泛泛的词语,而应包含具体的商业目标,如"库存量减半""履行订单错误率减少25%""客户的满意率提高30%"等。

值得注意的是,企业衡量第三方物流提供商绩效的目标是改善作业而不是惩罚,是为了当合作出现问题时能及时协商改进,而避免事态恶化及造成严重损失。

知识拓展8-1见右侧二维码。

知识拓展8-1 冠生园集团第三方物流案例.docx

第三节　第三方物流的发展

第三方物流是随着物流理论与实践的发展而产生与发展的,与物流本身的发展是密不可分的。第三方物流发展的推动因素从物流服务的需求与供给双方都能找到。

一、物流发展的推动因素

20世纪80年代以来,物流发展进一步加快。一般认为推动物流发展的因素包括以下五个方面。

(一)放松运输管制

20世纪80年代后,全世界范围内出现了放松运输管制的趋势,尽管各个国家相关法案的基本意图并不相同,但这种运输的自由化发展给运输的革新营造了有利的环境。例如,美国1980年公路运输法通过后的几年,行政和司法部门采取了大量措施,进一步放松了对服务、价格及合同承运人承诺方面的限制。1980年以后,美国的运输结构发生了巨大的变化。

(二)计算机和数据处理技术的商业化

20世纪90年代早期,物流部门开始逐渐普及计算机,低成本的硬件加上先进的软件使计算机能完成大部分交易活动、业务的控制和信息处理决策支持。计算机能够管理整个综合物流过程,包括采购、生产加工、制成品的产品分配等各个环节。使用关系数据对相关领域进行物流资源计划的能力,提供了使物流作业达到前所未有的高水平的信息基础。90年代以来高功能、低成本的硬件和开放的系统设计对以信息技术为动力的物流革新产生了强大的推动作用。

(三)通信技术的发展

通信技术对物流作业的影响与计算机的发展齐头并进。20世纪80年代物流经理开始尝试使用条形码技术改进物流作业。与此同时也开始使用电子数据交换进行业务数据的交换,各种类型的电子数据扫描和转换能及时获得关于物流操作的各个方面的信息。许多公司开始运用计算机把顾客、供应商连接起来，以便及时准确地进行信息交换与数据处理；并通过通信卫星实现了实时跟踪信息。快速、准确及综合信息技术导致了以时间为基础的物流的形成，基于快速和可靠的信息交换的作业安排，提供了取得优秀物流表现的新的战略基础，如零库存、快速反应、连续补货和自动补货战略等。在近期，信息与通信技术，包括因特网、电子标签的使用等对物流时间的影响将不断为物流过程整合的改进提供机会。

(四)全面质量管理

推动物流发展的另一个重要的力量是全面质量管理。由于全球的市场竞争日趋激烈，使工业化国家不得不从质量上求生存。产品和服务上的"零缺陷"思想很快扩展到物流操作上。企业开始认识到同样的产品，如果延期发送或损坏就不能被顾客接受。若物流表现不佳就会抵消产品的质量优势。虽然对产品的质量已有不少研究，但在物流领域如何提高服务质量还不太成熟。由于企业的高级管理层对质量的普遍重视，对物流绩效的提高形成了强大的推动力。显然，过去物流上对所有客户采用的统一的物流服务，已不再能满足质量的要求。企业不得不重新设计物流系统以满足顾客不同的需求。例如，某一厂商有 20 个主要顾客，他们占全部销售额的 80%以上，厂商必须明白同一物流表现并不能满足所有顾客的要求。领先的公司通常采取一系列独特的物流措施，以满足主要客户追求质量的愿望。因此，注重质量就成了把最佳物流思想从纯粹注重效率转向了获取战略优势。

(五)联盟

20 世纪 80 年代以来进入了一个把发展合作与联盟作为最佳物流时间的时代，在多年的以集中管理为特征的业务关系的基础上，企业开始注重潜在的合作。最基本的合作形式是在组织之间发展有效的运作安排。由此企业开始更进一步考虑把顾客与供应商作为业务的合作伙伴，这种思想注重商业上的共同成功，减少了重复与浪费。联盟的发展，跨越了一系列业务和政策内的各种不同操作部门。

总之，20 世纪 80 年代至今，运输法规的划时代改变、低成本计算机的出现、信息与通信技术革命、联盟的全面采用，所有这些使物流的各个方面都形成了全新的思想。

二、第三方物流发展的推动因素

第三方物流的推动因素可以从需求方与供给方共同去寻找。

从第三方物流的需求方角度看，推动物流外包给第三方物流的因素主要包括以下几个方面。

(1) 物流外包给第三方物流后，用于管理的时间要比货主企业自己运作物流少得多。

(2) 通过将运输与仓储运作外包给第三方物流，货主企业可以减少运输设施的投资、仓库的建设与搬运机械的投资。因此，可以变固定成本为可变成本，并将财务风险转移给第三方。

(3) 企业物流交由第三方负责后，避免了高峰需求能力不足的问题。如果对物流运作能力的需求不确定或有波动，采用第三方物流时，货主企业可以轻松地把成本调整到物流活动所需的水平。

(4) 第三方物流企业能够把资产运用于多个客户和产品群，使资产发挥更大的作用。

(5) 外部的物流公司提供的服务将比货主企业自身作业要好得多。

(6) 第三方物流可以使货主企业简化日常物流作业，如单证处理、配送计划、存货控制和人事管理等。同时它也有利于实施 EDI、条形码及组织或设施之间的人员交换。

(7) 第三方物流服务方将比货主企业更易于接受新的技术，使他们的服务更具有效率。另外，第三方物流比货主企业更具备国际物流的经验。

(8) 当货主企业由于进入新市场而物流系统不匹配的时候，比如能力不够，或市场、产品具有不同的物流特征时，把物流外包给第三方物流能够解决此类问题。

(9) 当开拓新的市场，或运用新的营销渠道时，一般需要做市场试验。这种情况下，使用第三方物流通常可以具备一定的灵活性。

另外，从物流服务的供给方角度，也能够找到第三方物流的发展动力。传统的以运输、仓储等物流环节服务为主的企业，由于进入门槛较低，在相关市场竞争异常激烈，这时企业可以通过第三方物流服务来稳定客户，取得市场上的优势，获得利润增长率。

三、第三方物流的发展障碍

第三方物流的发展在企业间是不平衡的，还有一定的障碍，主要包括下述各点。

(1) 担心对货物失去控制的风险。

(2) 某些企业把物流作为核心战略，极其重视，因此不愿意把它交给任何第三方。在外包给与顾客有关系的服务提供者时，这种情况更为突出。

(3) 自己运作物流可以避免第三方赚取利润。

(4) 自己运作物流能保证达到本公司的物流目的，而不会因与其他公司共享而受损。

(5) "硬"成本数据缺乏，妨碍对物流外包的绩效评价。很少企业的会计系统能够提供物流作业的成本，管理费用经常被计入间接成本，资产利息很少被考虑。

(6) 公司内部不同部门的目标不一致，产生对外包的抵制和阻力。如物流部门因威胁到自己的部门功能会反对外包；销售部门因担心顾客服务水平的下降，也会反对外包。还有，组织之间的合作是一件困难的事，如公司文化、数据系统、职工知识技能的一致性等。

四、我国第三方物流企业的发展战略

(一)成本领先战略

成本领先战略就是当企业与竞争对手提供相同的产品和服务时，只有设法使产品和服务的成本长期低于竞争对手，才能在市场竞争中取胜。对于第三方物流企业来说，必须通过建立一个高效的物流操作平台来分摊管理和信息系统的成本。在一个高效的物流操作平台上，每加入一个相同需求的客户时，其对固定成本的影响几乎可以忽略不计，这样就可以具有成本竞争优势。一般来说，物流操作平台由相当规模的客户群体形成稳定的业务量、稳定实用的物流信息系统、广泛覆盖业务区域的网络这几个部分构成。

(二)集中化战略

集中化战略就是依据自身的优势及所处的外部环境，确定一个或数个重点领域，集中企业资源，打开业务突破口。集中化战略不仅指企业业务拓展方向的集中，还要求企业在人力资源的招聘与培训、组织架构的建立、相关运作资本的取得等方面都要集中。企业需要充分把握市场机会，有效地利用现有资源。

(三)企业联盟战略

企业联盟一方面是指我国第三方物流企业间的联盟；另一方面则指物流企业与货主企业之间建立的战略合作伙伴关系。有专家认为"弱""散""小""少"是我国大部分传统物流企业的现状。因此，通过建立物流战略联盟、搭建信息共享平台、整合各企业的核心能力，做到扬长避短、优势互补是我国第三方物流企业求得多赢的理想之路。

(四)服务拓展战略

第三方物流企业在提供运输、仓储等基础服务的同时，要积极拓展增值业务，主要包括流通加工、物流方案设计、物流成本控制、物流信息服务、全程物流服务和物流过程中的财务服务等。它是利润比较丰厚的物流服务项目，是第三方物流企业所追求的目标，也是当前我国物流服务中的薄弱环节。所以我国物流企业应积极拓展增值物流服务，努力为客户提供完善的供应链服务。

(五)信息技术应用战略

纵观国际市场，物流领域是现代信息技术应用比较普遍的领域，物流企业正逐渐转变为信息密集型企业群体。国外的物流企业都非常注重信息技术的投资，在物流操作中积极地采用先进的信息技术来提高物流运作的效率和精确性，成为其获得竞争优势的关键。

信息技术通过切入物流企业的业务流程，可以增强物流各作业环节的协调性与信息共享性，可以增加物流服务供应方与需求方的沟通，以便对整个物流系统进行优化和分析，减少物流费用，为客户提供更好的物流服务。它有效地把各种零散数据变为商业智慧，赋予物流企业新的生产要素——信息，大大地提高了物流企业的业务预测与管理能力。通过"点、线、面"的立体综合管理，实现了物流企业内部一体化和外部供应链的统一管理，有效地帮助物流企业提高服务素质，提升物流企业的整体效益。

具体来说，信息技术有效地为物流企业解决了单点管理与网络化业务之间的矛盾、成本与顾客服务质量之间的矛盾、有限的静态资源与动态的市场之间的矛盾、现在与未来预测之间的矛盾。例如，运用地理、卫星定位等技术，用户可以随时监测自己货物的状态，包括运输货物车辆所在的位置(如某座城市的某条道路上)，货物的名称、数量、重量等，大大地提高了监控的"透明度"。如果需要临时改变路线，也可以随时指挥调动，大大地降低了货物的空载率，做到资源的最佳配置。

目前，物流领域广泛应用的现代信息技术主要包括电子数据交换(EDI)、电子订货系统(EOS)、条码、销售时点信息管理系统(POS)、数据库、互联网、增值网(VAN)、无线电射频技术(RF)、全球卫星定位系统(GPS)、人工智能与专家系统以及以信息技术手段为基础的各种流程优化和物流管理软件技术等。

(六)人才开发战略

在 21 世纪，我国物流人才面临着严峻挑战，应尽早建立长远且完善的物流人才开发战略，以便及时满足物流业甚至整个社会经济发展对物流人才的庞大需求。

物流人才是一个非常宽泛的概念，不同的需求呼唤不同的人才。针对不同物流人才的需求，我国应在参考国外物流学历教育体系的基础上，坚持以市场为导向，树立正确的物流人才培养目标，建立适合我国国情的物流专业学科体系和物流学历教育体系。物流人才的培养目标和模式应依据市场需求和学科理论的要求来确定。需要充分考虑物流教育资源的现状，并兼顾现在和未来物流行业的发展，综合设计现代物流人才的培养目标。不同层次的人才需要不同的培训方法，当然培养重点和内容也不一样。在市场经济条件下，物流专业的课程设置也需要根据市场和物流行业发展的需求进行合理设置，并要随着我国物流行业的不断发展和进步而进行相应调整。

同时，应强化在职培训，倡导终身教育，建立起既具有国际先进水平又切合我国实际的、统一的、权威的物流从业人员的岗位资格认证制度，将参加物流培训并获得相应资格证书作为物流从业人员上岗的基本条件，以此提高物流从业人员的素质。

知识拓展 8-2 见右侧二维码。

知识拓展 8-2：
宝供物流企业集团
的成功之道.docx

第四节　第四方物流

一、第四方物流概述

第四方物流的概念最早是由美国的埃森哲咨询公司于 1998 年率先提出的，专门为第一方、第二方和第三方提供物流规划、咨询、物流信息系统构建、供应链管理等活动。埃森哲咨询公司将第四方物流定义为"一个供应链集成商，结合自己与第三方物流供货商和科技公司的能力，整合及管理客户的资源、能力与科技"。对于这个定义，我们应该从如下几个方面去理解。

(1) 第四方物流既不是委托企业全部物流和管理服务的外包，也不是完全由企业自己管理和从事物流活动，而是一种中间状态，这一点与第三方物流的外包性质是不同的。其原因在于物流业务的外包虽然具有一定的优势，例如它能减少委托企业投入在非核心业务或活动方面的精力和时间，改善客户服务状况，有效地降低某些业务活动的成本，简化相应的管理关系等。但是企业内部的物流协调与管理也同样有它的好处，即它能够在组织内部培育物流管理的技能，对客户服务水准和相应的成本实施严格的控制，并且与关键客户保持密切的关系和直接面对面的沟通。正是出于以上两方面的考虑，第四方物流并没有采用单一的模式来应对企业物流的要求，而是将两种物流管理形态融为一体，在统一的指挥和调度下，将企业内部物流与外部物流整合在一起。

(2) 由前一个性质所决定，第四方物流组织往往是在主要委托客户企业与服务供应组织(如第三方、IT 服务供应商以及其他组织)之间通过签订合资协议或长期合作协议而形成的组织机构。在第四方物流中，主要委托客户企业具有双重身份，一方面它本身就是第四方物流的参与者，因为第四方物流运作的业务中包含了委托客户企业内部的物流管理和运作，这些活动需要企业直接参与，并且加以控制；另一方面主要委托客户企业同时也是第四方的重点客户，它构成了第四方物流企业生存发展的基础与市场。基于此，在第四方物流组织中，主要委托客户企业不仅有资本上的参与，而且它们也将内部的物流运作资产、人员和管理系统交付给第四方使用，第四方在使用这些资产、系统的同时，向主要委托客户企业交纳一定的费用。

(3) 第四方物流是委托客户企业与众多物流服务提供商或 IT 服务提供商之间唯一的中介。由于第四方物流要实现委托客户企业内外物流资源与管理的集成，提供全面的供应链解决方案，所以，仅仅是一个或少数几个企业的资源无法应对这种要求，它势必在很大程度上广泛整合各种管理资源，这样可能使第四方物流内部在企业关系或业务关系上的管理非常复杂。但是尽管如此，委托客户企业若想将整个供应链运作管理的任务委托给的对象也只能是第四方物流。所以任何由于供应链运作失误而产生的责任，必须由第四方承担，而不管实际的差错是哪个具体的参与方或企业造成的，这是第四方物流全程负责管理的典型特征。

(4) 第四方物流大多是在第三方充分发展的基础上产生的。从前面几个内涵可以看出，第四方物流的管理能力应当是非常高的，它不仅要具备业务管理方面的核心能力，更要拥有全面的综合管理能力与协调能力。其原因在于它要将不同参与企业的资源进行有机的整合，并依据每个企业的具体情况，进行合理的安排和调度，从而形成第四方独特的服务技能和全方位、纵深化的经营诀窍，这显然不是一般企业所具备的。从发展的规律看，第四方物流的构成主体除了主要委托客户企业外，高度发达和具有强大竞争能力的第三方才是第四方培育的沃土，这些企业由于长期以来从事物流供应链管理，完全具有相应的管理能力和专业技能，并且目前优秀的第三方已经在第三方已经在提供和管理各种高附加价值的活动，具备了部分综合协调管理的经验，所以这类企业最具有发展成为第四方的可能。相反，没有第三方市场的充分发展，特别是优秀第三方物流企业的形成和壮大，第四方物流就很难形成，这不是通过简单的企业整合就能实现的。

二、第四方物流的工作方式

埃森哲咨询公司为第四方物流设计了三种工作方式，即正向协作、解决方案整合和行业革新。

1. 正向协作

正向协作(Synergy Plus)的工作方式依赖于第四方物流组织和第三方物流之间的工作联系。在该工作方式中，第四方物流与第三方物流通过合作对物流系统的解决方案进行规划与整合。这样的解决方案同时利用了双方的能力和市场。第四方物流可以为第三方物流提供商提供广泛的服务，包括技术、供应链战略技巧、进入市场的能力、项目管理专家等。而第四方物流则进入第三方物流的组织内部工作。第四方物流和第三方物流之间的关系由合同绑定或者以联盟的形式构建。

2. 解决方案整合

在解决方案整合(Solution Integrator)的工作方式中，第四方物流为一个客户运作和管理提供综合供应链解决方案。解决方案整合将整合第四方物流的能力、资源、技术及补充服务提供者，从而提供一个综合的一体化规划。该方案实现了在客户组织的供应链各组成部分之间价值的传递。在此工作方式中，第四方物流需要同时对多个服务提供者的能力进行整合。

3. 行业革新

在行业革新(Industry Innovator)工作方式中，第四方物流可为同一行业中的多个客户提供一套供应链解决方案。行业解决方案的形成将带来巨大的收益。然而，这种工作方式十分复杂，对任何一个组织(包括第四方物流)来说都是一种挑战。第四方物流将通过在物流系统中的运筹战略、技术和运筹执行来提高整个行业的物流效率。

三、第四方物流企业应具备的条件

根据对第四方物流概念的理解，第四方物流企业应具备以下四个条件。

(1) 第四方物流企业不是物流的利益方。这一点相对比较明显，作为物流的利益双方，应该把自身从纷繁的物流业务中解脱出来，不断强化核心能力，在自身领域内提高竞争力。

(2) 第四方物流企业要有良好的信息共享平台，以便在物流参与者之间实现信息的共享，物流的运作中产生的大量信息能够有效地强化物流计划、物流作业与物流能力。信息技术的进步和由此而形成的信息流又成为提高物流服务水平的关键要素之一。作为第四方物流的主体，要整合社会物流资源，需要有各个参与者都可以共享的信息平台，才能够高效利用各个参与者的物流资源。

(3) 第四方物流企业要有较强的供应链管理能力。作为第四方物流的主体，肩负着整合所有物流资源的任务，需要有较强的供应链管理能力，才能够整合所有的物流资源。即要有集成供应链技术、外包能力、客户管理能力、供应商管理能力和大批的供应链管理的专业人才。

(4) 第四方物流企业要有区域化甚至全球化的支持力和地域覆盖能力。支持力和地域覆盖力是体现第四方物流主体核心竞争力的重要表现，物流的竞争在很大程度上集中在覆盖的网点和其支持力度上。

由此可见，第四方物流作为供应链的集成商是供需双方和第三方物流的领导力量，它专门为第一方、第二方及第三方提供物流规划、咨询、物流信息系统构建、供应链管理等服务。第四方物流不仅控制和管理着特定的物流服务，而且可为整个物流过程提出相应的解决方案，并且通过电子商务将整个过程集成起来。它实际上就是一种虚拟物流，是借助业内最优秀的物流供应商、技术供应商、管理咨询顾问以及其他增值服务商来整合社会资源，为用户提供独特的和广泛的供应链解决方案。

知识拓展 8-3 见右侧二维码。

知识拓展 8-3：融合
现代信息网
第四方物流越跑
越欢.docx

四、第三方物流与第四方物流的比较

(一)发展比较

第三方物流与第四方物流从发展形态上各不相同。

1. 第三方物流的发展

第三方物流是由相对"第一方"发货人和"第二方"收货人而言的第三方专业企业来承担企业物流活动的一种物流形态。它通过与第一方或第二方的合作来提供其专业的物流服务，它既不拥有商品也不参与商品买卖，而是专门为客户提供以合同约束、以结盟为基础的系列化、个性化、信息化的物流代理服务。具体包括设计物流系统、EDI能力、报表管理、货物集运、选择承运人、货代人、海关代理、信息管理、仓储、咨询、运费支付和谈判等。

2. 第四方物流的发展

第三方物流虽然在某个和几个企业看来，物流运作是高效率的，但从整合社会所有的物流资源来说，第三方物流企业各自为政，这种加和的结果并不代表高效率，有时甚至是低效率的。因此，第三方物流从一定范围内解决企业物流问题应该说是有效的，但是解决经济发展中的物流瓶颈以及电子商务中新的物流瓶颈则是远远不够的。正是这种矛盾催生了第四方物流。

第四方物流是企业货主为解决后勤管理、降低成本，而采用外购方式给第三方物流的下游延伸的部分，它具有承担、分享协作的作用，负责传统的第三方物流之外的职责，即第四方物流负责传统的第三方安排之外的功能整合，并且分担了更多的操作职责。它专注于供应链的整合，强调分享资源，因此成功的第四方物流组织应是在分享风险与分享回报的原则下成立的，这个组织经常以客户与第四方组织之间合资的形式出现。

(二)第三方物流与第四方物流的特点比较

第三方物流与第四方物流的职能不同，特点也不尽相同。

1. 第三方物流的特点

在本章前面已经提及，第三方物流主要有关系契约化、服务个性化、功能专业化、管理系统化和信息网络化这个五个特点。

2. 第四方物流的特点

第四方物流通常以物流服务价格代理的面貌出现，这迫使第四方物流走出了一条截取供应链上顶端资源组合的高起点路线，进而形成第四方物流高起点、高技术含量的特点。

第四方物流的特点之一是在整个过程中，第四方物流组织并不投入任何固定资产，而是对买卖双方以及第三方物流供应商的资产和行为进行合理的调配与管理，提供了一个综合性的供应链解决方案，以有效地适应需方多样化和复杂化的需求，集中所有的资源为客户完善地解决问题。第四方物流集成了管理咨询和第三方物流服务商的能力。更重要的是，一个使客户价值最大化的统一技术方案的设计、实施和运作，只有通过咨询公司、技术公司和物流公司的齐心协力才能够实现。

第四方物流的特点之二是通过其对整个供应链产生影响的能力来增加价值，即其能够为整个供应链上的所有客户带来利益。第四方物流不仅利用了客户的能力和第四方物流自身的能力，还充分利用了一批服务提供商的能力，包括第三方物流、信息技术供应商、合同物流供应商、呼叫中心、电信增值服务商等。总之，第四方物流通过提供一个全方位的供应链解决方案来满足今天的企业所面临的广泛而又复杂的需求。这个方案关注供应链管理的各个方面，既提供持续更新和优化的技术方案，同时又能满足客户的独特需求。

知识拓展 8-4 见右侧二维码。

知识拓展 8-4
飞利浦第四方
物流案例.docx

本 章 小 结

第三方物流是 20 世纪 80 年代中后期才在欧美发达国家出现的概念。第三方物流使物流从一般制造业和商业等活动中脱离出来，形成能开辟新的利润源泉的新兴的商务活动，受到产业界和理论界的广泛关注。本章首先对企业业务外包进行简要的介绍，分析企业业务外包的原因与形式，并进一步分析了物流业务外包的形式——对第三方物流进行深入探讨。从第三方物流的特征、第三方物流的价值以及第三方物流的选择与评价等几个方面进行了深入细致的研究。随后对第三方物流的发展推动因素与发展障碍进行了分析。最后简要介绍了物流的新形式——第四方物流。

自 测 题

1. 第三方物流的特征主要有哪些？
2. 简述第三方物流产生的原因。
3. 简述企业选择第三方物流服务提供商的步骤。
4. 试述第三方物流发展的推动因素与发展障碍有哪些。

案例分析 "大众包
餐"的物流

阅读资料 第四方物
流能否从"庸俗中解
脱"

第九章 供应链中的物流客户服务管理

【学习要点及目标】通过本章的学习，使学生熟悉客户服务及客户关系管理，掌握物流客户服务的特点及战略，了解物流客户关系管理的内容及具体的实施策略，掌握快速反应和有效客户响应及它们的区别。

【关键概念】客户服务(Customer Service) 物流客户服务(Physical Distribution Customer Service) 物流客户服务战略(Physical Distribution Customer Service Strategy) 快速反应(Quick Response) 有效客户响应(Effect Customer Response)

【引导案例】

TGW 助力 Mango 提升客户服务水平

最近，世界知名时装品牌 Mango 在西班牙巴塞罗那附近建成一个高度自动化的多渠道配送中心。该项目由奥地利内部物流专家 TGW 规划设计并实施。目前,该物流中心为 Mango 西班牙、欧洲乃至全球的 2 200 多家门店和网购客户供货。借助这一灵活的解决方案，Mango 实现了平装(折装)、挂装和饰品，以及所有产品系列的高效备货和发货。

Mango 成立于 1984 年，是西班牙一家集服装、鞋类和配饰设计、生产及营销为一体的国际著名时装公司。销售渠道为线上网络零售和 2 200 多家线下实体门店，业务范围遍及 110 多个国家。2019 年，Mango 全球员工超过 16 000 人，销售额达 23.7 亿欧元。近年来，由于公司业务持续快速增长，亟须对原有供应链进行优化和升级。为此，Mango 选择在巴塞罗那 Lliça d'Amunt 的 Catalan 社区建立中央物流枢纽，以缩短交货周期，降低物流成本。

系统柔性和高效兼备

在入库区，作业人员对装载纸箱的笼车或托盘进行收货。存储区为 miniload 箱式自动化立体库系统，共44 个巷道，850 000 个货位。在拣选区，作业人员按订单拣选平装(折装)和配饰，并放入纸箱中。此外，系统还包括 8 个换箱工作站和一套 Stingray 穿梭车系统。后者由 14 个巷道组成，每个巷道 13 层，用于为 TGW 高性能拣选工作站提供纸箱。

"通过这个全新的配送中心，我们向实现内部物流系统现代化又迈出了重要的一步。这意味着在未来的日子里，我们将继续为客户提供最好的服务。" Antonio Pascual Mango 供应链总监这样评价。David Bendien TGW 南欧首席执行官认为："新的全自动化解决方案，结合了高度的灵活性和动态化，最大限度地控制每一个流程。并且，我们综合考虑了整套系统的总体拥有成本。"

(资料来源：物流技术与应用，2020 年 6 月 11 日)

第一节 客户服务管理概述

企业的任何业务，其产生和发展的基础都是向客户提供服务并尽力使客户的需求得到满足。良好的客户服务有助于企业发展和保持客户的忠诚度与持久的满意度，所以客户服务对企业赢得竞争优势极为重要。

一、客户服务的定义

客户服务就是指有效解决客户在产品选择、购买和使用过程中遇到的各种问题或提供所需要的帮助。客户服务的有效性主要取决于服务内容、质量和响应速度。

客户服务在商业实践中一般可分为三类，即售前服务、售中服务和售后服务。售前服务一般是指企业在销售产品之前为顾客提供的一系列服务，如市场调查、产品设计、使用说明书、咨询服务等。售中服务是指在产品交易过程中销售者向购买者提供的服务，如接待服务、商品包装服务等。售后服务是指凡与所销售产品有连带关系，并且有益于购买者的服务，主要包括送货、安装、产品退换、维修、保养、使用技术培训等方面的服务。

二、客户服务的要素和标准

(一)客户服务的要素

关于客户服务的要素，理论界有很多不同的表述。其中具有代表性的主要有两种：一种是美国凯斯维斯顿大学巴罗(Ballou)教授提出的交易全过程论，即将客户服务分为交易前、交易中和交易后三个阶段，每个阶段都包含了不同的服务要素。

1) 交易前
(1) 政策声明。
(2) 顾客保证声明。
(3) 组织构造。
(4) 系统的灵活性。
(5) 技术服务。
2) 交易中
(1) 商品断货标准。
(2) 反馈、订货的能力。
(3) 订货周期的要素。
(4) 时间。
(5) 货物周转。
(6) 系统精度。
(7) 订货便利性。
(8) 产品的更新。
3) 交易后
(1) 变更、维修、零部件。
(2) 产品追踪。
(3) 顾客意见与不满。
(4) 产品包装。
(5) 维修中产品的替代。
另一种是日本神奈川大学的唐泽丰教授提出的客户服务，可以划分为营销服务、物流服务和经营技术服务三个领域，不同的领域都有一些相应的可度量和不可度量的要素。

1) 营销服务

(1) 价格服务：适当的价格折扣等。

(2) 商品服务：提供顾客需求的商品。

(3) 售后服务：交易后的服务。

(4) 抱怨服务：抱怨妥善处理与改善体制确立。

(5) 系统服务：营销系统的服务。

2) 物流服务

(1) 进货服务：退货率、误送率的降低与数量保证。

(2) 时间服务：指定时间内的商品充足率。

(3) 质量服务：品质不良率的降低。

(4) 在库服务：服务率。

(5) 后期服务：服务率。

(6) 抱怨服务：服务率。

(7) 系统服务：服务率。

3) 经营技术服务

(1) 经营支援服务：资金援助、经营指导。

(2) 技术援助服务：技术援助。

(3) 系统服务：企业与企业系统化服务。

(二)客户服务的标准

一般来讲，客户服务标准应包含标准要素、标准制定和标准实施三个部分。

1. 客户服务标准的要素

客户服务标准包含三大要素，即服务硬件、服务软件和服务人员。这三个要素相辅相成，缺一不可。

1) 服务硬件

服务硬件是指企业开展客户服务时所必需的各种物质条件。它是企业客户服务的外包装，起到向客户传递服务信息的作用；它是企业开展客户服务工作必须具备的基础条件，也是客户对企业形成第一印象的主要因素；它为客户的服务体验奠定了基调。服务硬件一般包括服务地点、服务设施和服务环境三个方面。

2) 服务软件

服务软件是指开展客户服务的程序性和系统性，它涵盖了客户服务工作开展的所有程序与系统，提供了满足客户需要的各种机制和途径。服务软件一般包括时间性、流畅性、沟通渠道、弹性、预见性、客户反馈和组织与监管。

3) 服务人员

企业的服务硬件和软件是理性的、规则的，而这些规则是由服务人员执行的，服务人员的服务意识、服务精神以及在服务过程的一言一行等个性化的因素决定着服务质量的好坏。服务人员的个人素质包括仪表、态度、语言和语调、肢体语言、销售技巧等。

2. 客户服务标准的制定

企业在制定客户服务标准时，可按照以下四个步骤进行。

(1) 分解服务过程。制定客户服务标准的第一步就是分解企业的服务过程，也就是把客户在企业所经历的服务过程进行细化、再细化，放大、再放大，从而找出影响客户服务体验的每个要素。

(2) 找出每个细节的关键因素。

(3) 把关键因素转化为服务标准。

(4) 根据客户的需求对标准重新评估和修改。

3. 客户服务标准的贯彻和实施

企业制定出服务标准之后，必须将之贯彻与实施，为客户提供最优质的服务，使客户获得最大的利益，从而也使企业获得最大的经济效益。贯彻和实施服务标准必须有两个系统的支持和保证，一个是员工培训支持系统，另一个是服务质量评价系统。

三、客户关系管理的含义与功能

(一)客户关系管理的含义

客户关系管理(CRM)是指企业以提高核心竞争力为直接目的,确立以客户为导向的发展战略，并在此基础上展开的包括评估、选择、开发、发展和保持客户关系的整个商业过程。它意味着企业经营以客户关系为重点，通过开展全面的客户研究，优化企业组织体系与业务流程，以提高顾客满意度和忠诚度为目的，最终实现企业效率和效益的双重提高。在企业实施客户关系管理的过程中需要借助先进的信息技术、数字化硬件以及优化的管理方法，所以 CRM 概念同时也指这些设备、技术和方法的总和。

CRM 是一个综合性的概念，它反映了人们从三个不同层面对 CRM 概念的理解。

1. CRM 是一种战略

CRM 首先是一种战略观念，随着信息技术的飞速发展，以及服务业在国民经济中所占的比重日益增长，也随着消费者的不断成熟，企业需要一种新的战略导向，这便是 CRM 诞生的背景。

作为一种战略，CRM 的直接目的并不是提高利润，而是以提高企业的核心竞争力为目的，遵循客户导向的原则，主张对客户信息进行系统化的分析和管理，通过改进提供给客户产品与服务的品质，并与客户建立起个别化的关系来提升客户的满意度，从而提高他们对企业产品及服务的忠诚度，并最终达到实现企业利润增长的目的。

以这种角度来理解 CRM 是实施 CRM 的基础，它从理念的角度建立起了导向和原则，主张摒弃以利润为直接目的的做法，将利润视为客户高度忠诚的自然结果。

2. CRM 是一种经营管理模式

CRM 意味着管理模式与经营机制的共同改革。作为一种旨在改善企业与客户之间关系的新型管理机制，它的实施需要各职能部门的共同配合，这些部门包括营销、销售、生产(制造)、服务与技术支持等部门。

在整个 CRM 的流程中，营销部门要对客户的需求进行测量，对客户进行评估和选择，并且对分类后客户的喜好和购买习惯进行深入研究。这些信息都将与销售部门、生产(制造)部门、服务与技术支持部门等共享。

CRM 管理模式的一个重要突破在于其所创造的客户价值最大化的决策和分析能力，管理者可以通过管理流程和决策模型来管理企业，及时了解业务信息并调整业务计划。CRM 系统主要集中在业务操作管理、客户合作管理、信息技术管理和数据分析管理四个方面，它将客户数据进行全面储存与分析，并消除了信息交流和共享的障碍与消耗；该系统实现了依客户价值对客户的优先级进行划分，并根据对客户满意度和重购情况的分析来确定其忠诚度，还能与客户进行深入的交流以发现企业的问题；重要的是这个管理模式强调在以上信息的基础上提供即时的业务分析和建议，反馈给管理层和各职能部门，保证决策的全面性和及时性。

3. CRM 是一种应用系统、方法和手段的综合

在操作层面上，CRM 是一个信息产业的术语，它是先进的信息技术、数字化硬件，以及优化管理方法等设备、技术和方法的总和，这个应用系统通过对企业资源的整合、实时沟通，以及电子化、自动化业务流程，不断地改进企业与客户的关系，为企业创造利润。

(二)客户关系管理的功能

CRM 系统的核心是客户数据的管理。企业可以利用客户数据库记录在整个市场销售的过程中与客户发生的各类活动，跟踪各类活动的状态，建立各类数据的统计模型用于后期的分析和决策支持。为达到上述目的，一般 CRM 系统应具备市场管理、销售管理、销售支持与服务和竞争者分析的功能。

1. 市场管理

市场管理主要包括现有客户数据的分析；识别每一个客户，按照共同属性对客户进行分类，并对已分类的客户群体进行分析；提供个性化的市场信息；在对现有客户数据分析的基础上，发掘最具潜力的客户并针对不同客户群体制定相应的市场宣传与促销手段；提供销售预测功能；在对市场、客户群体和历史数据进行分析的基础上，预测产品和服务的需求状况等具体的功能。

2. 销售管理

销售管理功能主要表现在提供有效、快速且安全的交易方式，提供订单与合同的管理，记录多种交易形式。一般的 CRM 系统都会提供电话销售、移动销售、网上销售等多种销售功能，并在每一种销售形式中考虑具体的订单价格、确认数量和交易安全等方面的问题。多种交易形式包括订单和合同的建立、更改、查询等功能。

3. 销售支持与服务

销售支持与服务主要包括呼叫中心服务；订单与合同的处理状态及执行情况跟踪；实时的发票处理；提供产品的保修与维修服务；记录产品的索赔及退货等。在提供产品的保

修与维修服务时，要记录客户的保修或维修请求，执行保修和维修过程，记录该过程中所发生的服务费用和备品备件服务，并在维修服务完成后，开出服务发票。

4. 竞争者分析

竞争者分析的功能具体表现在两个方面，即记录主要竞争对手与记录主要竞争产品。记录主要竞争对手时，要对竞争者的基本情况加以记录，包括其公司背景、目前的发展状况、主要的竞争领域和竞争策略等内容。在记录竞争产品时，要记录其他企业所提供的同类产品、近似产品和其他可替代产品，包括其主要用途、性能及价格等内容。

不难看出，一套 CRM 系统的功能构成并不是独立存在的，它与企业后端的供应链管理紧密相关，从而保证 CRM 系统中每一张订单能够在保证利润的前提下及时有效地得到确认并确保执行。每一笔销售交易的达成都依赖于企业后台的支撑平台，即 ERP 系统，包括分销运输管理、生产与服务计划、信用与风险控制、成本与利润分析等功能。

第二节　物流客户服务

从物流的角度看，客户服务是物流企业所有活动的产物，客户服务水平是衡量物流企业为客户创造的时间、地点等效用能力的尺度。客户服务水平决定了物流企业能否留住现有客户以及吸引新客户的能力，直接影响其市场份额和物流总成本，并最终影响其盈利能力。而且，当众多物流企业都提供了在价格、特性和质量方面雷同的服务时，客户服务的差异性将为物流企业提供优于竞争对手的竞争优势。因此，在物流设计和运作中，客户服务管理是至关重要的环节，是供应链管理的重要内容。

一、物流客户的分类

根据业务关系定位，物流企业的客户可以分为三类，即交易型客户、合同型客户和联盟型客户。不同类型的客户对物流客户服务具有不同的需求，因此在提供客户服务时应有所区别。

(一)交易型客户

物流企业与此类客户的关系是建立在一次交易或一系列独立交易的基础上的，这种关系的客户数量较多且需求具有随机性，需求的数量和水平难以准确预测。对于此类客户，物流企业应强调服务的柔性化，在顾客满意和物流成本之间寻找平衡点。

(二)合同型客户

物流企业与此类客户的关系是根据一种具体的情况确立的合同关系，并在合同的指导下满足客户的要求。由于这种关系是在合同的指导下建立的，因此，客户需要的服务水平和数量可以比较准确地进行预测。在为这类客户提供服务时，物流企业只要确保服务过程的稳定性和可靠性，就可以使客户满意。

(三)联盟型客户

物流企业与此类客户的关系是一种为实现共同的利益、目标和战略建立的有计划的持久性合作关系。对于此类客户，物流企业应该加强与客户的沟通，充分认识和发掘客户深层次的需求，为客户提供个性化的服务，帮助客户实现预定的战略目标。

二、物流客户服务的特点

(一)物流客户服务是市场导向型

物流客户服务水平的确定不能从供给方的角度出发，而应该充分考虑物流需求方的物流服务要求，即从产品导向型客户服务向市场导向型客户服务转变。由于产品导向型的客户服务是供给方自身决定的，一方面难以真正符合客户的需求，容易出现服务水平设定失误；另一方面，也无法根据市场环境和竞争格局的变化及时加以调整。而市场导向型的客户服务正好相反，它是根据经营部门的信息和竞争企业需求的客户服务水平制定的，既避免了过剩服务的出现，又能及时进行控制。在市场导向型的客户服务中，可以通过与客户面谈、客户需求调查、第三方调查等方法寻求客户最强烈的需求愿望，决定客户服务水平。

(二)根据需求制定多种客户服务组合

随着客户业种和业态多样化的发展，客户的需求不可能千篇一律，这就要求物流企业在客户服务活动中制定多种客户服务组合。如今，对客户提供统一服务的企业很多，这不利于客户服务的效率化。客户服务对于物流企业来讲也要考虑有限经营资源的合理配置，也就是说，在决定客户服务时，物流企业应根据客户的不同类型采取相应的客户服务策略。

一般来讲，可根据客户经营规模、类型和对本企业的贡献度来划分，可以采用支援型、维持型、受动型的客户服务战略。对本企业贡献度大的企业，由于具有直接的利益相关性，应当采取支援型策略。而对本企业贡献度小的企业，要根据其规模、类型再加以区分。经营规模小但属专业型的客户，由于存在进一步发展的潜力，可以采取维持型策略，以维持现有的交易关系，为将来可能开展的战略调整打下基础。而对于经营规模小且属综合型的客户，将来进一步发展的可能性很小，那么在服务上可以采取受动型策略，即在客户要求服务的条件下才开展客户服务活动。

(三)需注重客户服务的发展性

客户服务的变化往往会产生新的客户服务需求，所以在客户服务管理中，应当充分重视客户服务的发展趋势。例如，虽然以前就已经开始实施在库、再订货、商品到达时间、在途信息、货物追踪、断货信息等管理活动，但随着交易对象如零售业业务的简单化、效率化革新，EDI 的导入、账单格式统一、商品订货统计表制定等信息提供服务就成为客户服务的重要因素。

三、物流客户服务战略

客户服务是物流企业经营管理的一个重要方面。能够制定出行之有效的客户服务战略，往往影响具体的客户服务绩效以及由此带来的顾客满意度。所以，科学、合理地进行客户服务战略的分析和决策是物流企业管理活动中一项十分重要的职能。具体来看，客户服务战略的决策主要有以下几个步骤。

(一)客户服务要素的确定

要开展客户服务活动，首先必须明确客户服务究竟包括哪些要素以及相应的指标，即哪些活动构成了客户服务的主要内容。一般来讲，备货、接受订货的截止时间、进货期、订货单位、信息等要素的明确化是客户服务战略策划的第一步。只有清晰地把握这些要素，才能使以后的决策顺利进行，并加以操作和控制。

(二)收集有关客户服务的信息

这些信息资源的收集可以通过问卷调查、座谈、访问以及委托作为第三方的专业调查公司来进行，调查的信息主要包括客户服务的重要性、满意度以及与竞争企业的客户相比是否具有优势等问题。客户服务信息收集、分析的具体方法主要有以下三种形式。

1. 客户服务流程分析

这种分析方法的基本思路是，为了正确地测定企业与客户接触时的满意度，就必须明确企业与客户之间究竟有哪些节点。

2. 客户需求分析

这种方法主要着眼于探明客户需求与本企业的客户服务水平之间有什么差距，以便明确本企业需要改善或提高的客户服务水平的关键环节。这种方法的关键是所提出的问题要尽可能具体、全面，否则无法全面掌握客户的真实需求和对企业客户服务的愿望。此外，客户需求肯定会有先后顺序，一般位于优先位置的是企业客户服务的核心要素，而且在不同的细分市场，客户服务要素的先后顺序也不尽一致。

3. 定点超越分析

客户服务的定点超越是指通过与竞争对手或优良企业的服务水平相比较进行分析，找出本企业客户服务的不足之处，并加以改善。具体方法主要有服务流程的定点超越和顾客满意度的定点超越两种形式。

(三)确定客户需求的不同类型

由于不同的细分市场客户服务的要求不一致，所以客户服务的水平设定必须首先从市场特性的分析入手。其次，客户思维方式以及行动模式的差异也会产生多样化的客户需求。在这种状况下，以什么样的特性为基轴来区分客户群成为制定客户服务战略、影响核心服务要素的重要问题。另外，在客户需求类型化的过程中，还应当充分考虑不同客户群对本企业的贡献度以及客户的潜在能力。也就是说，针对本企业重要的客户群体，应在资源配置、服务等方面予以优先考虑。

(四)根据不同的客户群体制定相应的客户服务组合

对客户需求进行分类后，首先需要做的是针对不同的客户群体制定出相应的客户服务基本方针，从而在政策上明确对重点客户群体实现经营资源的优先配置。此后，进行客户服务水平设定的预算分析，特别是商品单位、在库服务率、进货时间、特别附加服务等重要服务要素的变更会对成本产生什么样或多大的影响，这样既可以保证企业提供最大限度的客户服务，又能将费用成本控制在企业所能承受或确保竞争优势的范围之内。在预算分析的基础上，结合对竞争企业服务水平的分析，根据不同的客户群体制定相应的客户服务组合。这里应当注意，在客户服务水平变更的状况下，企业应事先预测这种变更会给客户带来什么利益，从而确保核心服务要素水平不能下降。

(五)客户服务组合的管理和决策流程

客户服务组合的确定不是一个静态行为，而是一个动态过程。也就是说，最初的客户服务组合已经确定，但不是以后就一成不变，而是要经常定期进行核查、变更，以确保客户服务的效率化。从客户服务管理决策的全过程看，决策流程可以分为以下步骤，即客户服务现状把握、客户服务评价、客户服务组合设定、服务系统再构筑、顾客满意度的定期评价等几个方面，它们相互之间不断循环往复，从而推动客户服务不断深入发展，提高效率，达到更好的效果。

四、物流客户服务的绩效评价

(一)制定客户服务标准

对物流企业进行客户服务审查分析后，管理层须制定客户服务业务标准，职员及下属应经常向上级汇报客户服务工作情况。客户服务绩效可以从以下四个方面进行评价和控制。

(1) 制定每一个客户服务要素的绩效量化标准。

(2) 评价每一个客户服务要素的实际绩效。

(3) 分析实际绩效与目标之间的差异。

(4) 采取必要的措施将实际绩效纳入目标水平。

另外，企业所重视的客户服务要素应该是客户认为重要的要素。这些要素需要企业与客户之间经常地进行良好的沟通加以确定。

(二)物流客户服务绩效评价指标

物流客户服务的绩效评价指标包括价格、质量、作用、名誉、形象、服务和关系，作为物流企业的战略由它所选择的市场部分或客户群体来界定。绩效评价体系应确定每个选定的市场部分中的客户目标。

1. 物流客户服务的一般评价指标

这是一组常用的评价指标，由下面 5 个指标组成。

1) 市场份额

在确定客户群体或市场领域之后，就可以直接评价市场占有率。当然，一部分企业团体、协会、政府部门等也对市场份额进行总体规模的估计。

2) 顾客忠诚度

留住客户是所有企业的希望，在客户服务绩效评价体系中，可通过评价同现有客户进行的交易量来评价顾客忠诚度指标。

3) 顾客满意度

对于客户的满意程度无论多么重视都不过分。只有在客户购买产品或接受服务时，完全满意或极为满意，他们才会与企业进行重复交易。

4) 获得客户

企业若想增加自己的市场份额，就应争取更多的客户。其绩效可以通过新增客户的数量或新增客户的采购总额来进行评价。

5) 从客户处获取利润

企业不仅要评价与客户的交易量，还要评价这种交易是否有利可图。应当注意的是，有些客户尽管目前无利可图，但是他有很大的增长潜力，不可忽视。如果企业交易多年的客户仍然无利可图，就应尽快放弃。

2. 对客户价值重视程度的评价指标

上述的评价与传统的财务评价有着同样的弊端，即职员并不能及时知道自己的服务能否让客户满意以及能否留住客户，等他们意识到自身需要改进工作时，为时已晚。通过注重以下 3 个指标的评价，就可以在客户购货时提供高质量的服务，建立良好的私人关系、形象和声誉。

1) 产品和服务特征

产品与服务的质量及价格是主要特征，根据客户的要求，可将他们分为两类：一类是希望价格低的供货商，另一类是希望提供特殊产品和服务的供货商。第一类客户不会在产品和服务档次方面提出特别的要求，他们希望得到的是基本产品、更低的价格和保质保量按时交货。而第二类客户则为了实现自己的竞争战略，愿意为特殊的产品和服务支付额外的价格。

2) 客户关系

对于客户的要求应尽快作出反应。保持与客户的关系还包括对客户做出长期的承诺，以建立更广泛的关系。

3) 形象和声誉

形象和声誉是吸引客户的两个主要抽象因素。一些企业通过广告或产品和服务的质量来确定其形象和声誉，并维持客户对企业的长期兴趣。形象和声誉宣传可使企业在客户面前积极地展示自己的长处。

3. 满足客户需求的评价指标

1) 时间

尽可能在最短的时间内满足客户的要求是极为重要的。能否对客户的要求作出快速而可靠的反应通常是争取和留住客户的关键。一些客户不仅要求物流企业在最短的时间内作出反应，更关心这些反应的可靠性。对客户来说，按时提供新产品或服务是保证客户满意的重要因素之一。以客户得到这些新产品或服务的时间作为绩效评价指标，是一种以时间占领市场的手段。

2) 质量

21 世纪，在经济发达国家，质量已经不再是必要的战略性竞争优势，而成为硬指标。不过对我国新兴的物流产业来说，质量仍能够为企业提供商机。产品的质量一般是通过次品率来评价的，如每百万件产品中的次品率。服务质量往往和时间概念联系在一起，如按时交货就是评价服务质量的一个指标。

3) 价格

客户总是关心产品和服务的价格，价格在某种程度上是影响交易的主要因素，企业往往根据竞争对手的价格来确定自己的价款和优惠价，以有竞争力的价格售出产品和服务并赢得更多的客户。对于一些中间商如批发商、零售商、代理商等，物流企业应力争成为可为这类客户提供最大利润的供货商。

4. 物流客户服务绩效评价指标设计

1) 确定关键的客户满意指标

客户满意指标的设计核心是确定产品或服务在大多程度上可以满足客户的欲望和需求。客户因欲望和需求而产生期望和要求，期望和要求可以归纳为一系列绩效评价指标，这些指标可以判断一系列企业的可信程度。指标因企业和行业的不同而有所不同，我国物流企业确定客户满意度的指标可以依据下列两条原则。

(1) 绩效评价指标对客户而言是必要的。确定最关键的绩效评价指标的唯一途径是倾听客户的陈述。

(2) 绩效指标必须能够控制，关键的绩效指标可以通过定量和定性研究的方法结合起来确定，这些方法包括深入访谈、电话访问、邮寄调查等。

设定初步的绩效评价指标，信息来源于企业内部，主要是销售主管代表、客户服务人员。接下来向外部扩展，与客户直接沟通是什么方法都取代不了的，通过与客户的交谈来筛选、确定一系列的绩效评价指标。可以用统计方法(如判断分析法、因素分析法等)来选择最终的绩效指标体系，再确认被选出的绩效指标能否很好地预测整体满意或者不满意的程度。这样得到的绩效指标不仅在统计方面有效，而且从逻辑方面也适用于测量顾客满意度。

2) 常用的衡量物流客户服务的指标

适当的质量(Right Quality)。衡量指标主要包括功能、使用寿命、原料、可靠性、安全性、经济性等。

适当的设计(Right Design)。衡量指标主要包括包装、色彩、造型、体积、装饰、手感、质感、质地等。

适当的时间(Right Time)。衡量指标主要包括准时性、随时性、即时性等。

适当的数量(Right Quantity)。衡量指标主要包括成套性、容量、供求平衡等。

适当的价格(Right Cost)。衡量指标主要包括心理价格、满意价位、差别化价格等。

适当的形象(Right Visualization)。衡量指标主要包括名牌感、风格化、个性化、多样化、特殊化、身份化、名誉和商誉等。

适当的服务(Right Service)。衡量指标主要包括全面性、快速反应、配套性、全过程性、纵深性、态度和礼貌、方便性、保修期、处理抱怨、沟通等。

(三)物流客户服务绩效的分析

运用客户服务绩效方法评价不同方案的客户服务时，能够比较准确地估计未来的市场需求情况，从而可以比较有把握地计算各种方案在未来的经济效果，并据此作出决策。

1. 物流客户服务与物流成本分析

物流客户服务是物流成本的意向内涵。对整个物流完成周期来说，基本的客户服务平台或服务方案应处于一种向所有的客户都提供支持的状态。但基本服务是指向所有客户提供的最低服务水平。一方面按照基本的服务水平为各种客户服务，做到一视同仁；另一方面提供超出基本服务水平的物流客户服务和增值服务。

一种决定目标顾客服务水平的方法是分析一个厂商基本服务级别的成本和产生收入之间的关系。就收入产生而言，通常假设服务水平越高，收入就会越高。当总的承诺趋于零缺陷时，基本服务升级的成本就会以递增的费率增加。如一个在98%的服务中2%的服务改进费用将会比在88%服务中2%的服务改进费用大得多，这是因为物流成本与客户服务之间存在着"效益背反现象"。

尽管存在成本与收益的平衡和费用的预算分配问题，但这种权衡只是短期内发生的问题。在长时期内，仍有可能在多个环节同时得到改善，企业在降低总成本的同时也能提高客户服务水平。

2. 客户服务审查分析

客户服务审查分析是评价企业客户服务水平的一种方法，也是企业客户服务策略调整效果的评价标尺。审查分析的目标是识别关键的客户服务要素及这些要素的控制机制，评价内部信息系统的质量和能力。

1) 外部客户服务审查分析

确定客户真正重视的客户服务要素的主要工作是对客户进行调查与访谈，必须邀请市场部门的职员参与这项工作。

2) 对有代表性的客户群体进行问卷调查

问卷调查主要评价客户对本企业及主要竞争对手各方面服务绩效的满意程度，以及客户购买倾向。依据调查结果，企业应强化受客户重视的要素。另外，问卷还应反映出客户对关键服务要素服务水平的期望值。对于物流企业来说，最重要的几项客户服务是按承诺日期配送的能力；按订单要求完成的配送率；对配送延迟的提前通知；订、发货周期的稳定性；配送信息；产品的质量价格比；有竞争力的价格；销售队伍的促销活动。

3) 内部客户服务审查分析

内部客户服务审查分析的主要目的是检查企业的客户服务现状与客户服务需求之间的差距。审查分析的主要内容是企业客户服务实际状况，考察客户与企业和企业内部之间的沟通渠道，包括客户服务绩效评价体系。对管理层进行访谈调查是主要的信息来源，访谈调查应以与物流活动有关的部门经理为对象，范围包括订货处理、存货管理、仓库管理、运输、客户服务、财务会计、生产、营销、物料管理等人员。

访谈应包含以下内容：对职责的描述；组织结构；决策权限与过程；绩效考核与结果；对客户服务的理解；如何理解客户对服务的定义；修正和改进客户服务计划；部门内的沟

通；部门间的沟通；同主要业务对象(包括消费者、运输公司、供应商等)的沟通。

管理层还需对客户服务的考核与报告体系作出评价，以便明确客户服务的绩效考核方法、业务标准、报告格式等。此外，应该确定向客户提供的信息类型，以及如何确保处理客户咨询业务的工作人员能获取充分的信息答复客户。

4) 确定客户服务水平

客户服务审查分析的最后一步是制定客户服务绩效标准和考核方法。管理层必须为各个细分领域(如不同的客户类型、地理区域、分销渠道以及产品等)详细制定目标服务标准，并将其传达到所有相关部门和员工，同时辅之以必要的激励政策，以促使员工努力实现企业为顾客服务的目标。

管理层必须定期按照上述步骤进行客户服务审查分析，以便确保企业的客户服务政策与行动满足客户请求。注意收集客户信息是企业战略管理最重要的基石。

五、物流客户服务的发展

物流客户服务作为竞争手段，首先必须保持超出同行业其他企业的服务水平。它不应是防御性的，即不应该毫无创新性地模仿他人的做法，而应该是进攻性的，积极提高物流客户服务水平，突出自身的个性。

(一)服务水平管理

服务水平管理(Service Level Management，SLM)诞生于 20 世纪 90 年代末，是随着信息技术对社会生产、消费的推动而出现的新名词。

SLM 是一种严格的超前方法论和处理程序，用以保证在有效的资金利用率下，能够向所有的 IT 用户提供足够级别的服务，以确保业务能够得到相应的处理优先权。SLM 可使 IT 部门根据"购买"服务的业务部门对不同的服务类型、成本和服务水平的要求，提供业务和企业范围的服务。SLM 需要 IT 部门充分了解它所能提供的各种服务，以及业务重要程度和相关的优先权。

因此，SLM 从 IT 用户角度被定义为企业在可以接受的成本条件下，就 IT 服务的质量所进行的包括定义、评估、谈判、管理、改进等在内的一系列管理活动。这一系列活动同时也是一个动态循环的过程，使 SLM 在实施过程中的服务质量呈螺旋式上升。

(二)应急服务

一般来讲，物流管理人员的规划和控制工作是在正常情况下保证物流系统高效运作的前提。同时，他们还必须准备处理可能导致物流系统瘫痪或系统短时间内发生急剧变化的意外事件，如火灾、洪水或危险物品出现故障等。比较常见的两种意外事件处理方法就是系统保障和产品召回。

任何一个物流系统都不可能永远毫无故障地运行。有些客户服务障碍的发生是不可避免的，但不必对它们过于在意，可以通过制订特殊计划来应对意外事件的发生。下面就通过对意外事件进行分类，说明什么情况下需要制订应急计划。

(1) 事件的发生概率小于常规计划程序所包含的事件发生概率。

(2) 这类事件在没有得到尽快处理的情况下，一旦发生会导致严重的失误。

(3) 企业可以通过事先计划来使事件发生时尽快得到处理。

其次，制订应急计划并没有什么特殊的方法，不过是针对物流系统的关键要素提出万一发生紧急事件时的适当行动方针。

由于管理层一般都希望保证客户服务的目标水平，因此制订这种应急计划就非常有必要。

(三)产品召回

消费者保护运动的兴起使很多企业投入前所未有的精力关注客户，例如消费品安全委员会可以要求制造商召回缺陷产品以进行维修、更换。若不执行，则可能导致民事赔偿或刑事处罚。很多企业意识到对缺陷产品管理不力将导致企业名誉受损，并可能招致法律诉讼。关键是如果企业没有预见到产品可能被召回，那么企业的风险将会比较高。

产品召回的应急计划涉及企业的各个方面，而那些服务物流活动的部门尤其会受到影响。他们负责管理产品回流可能经过的物流渠道，物流管理人员基本上是这样参与产品召回活动的，具体工作包括主持产品召回工作组的物流工作、跟踪产品、设计产品回流渠道。

产品召回(包括物流的替代、物品再利用、废弃的清理、再处理、维修与再制等)在物流活动中扮演着逆向物流的角色；相对于正向物流程序而言，逆向物流活动也会对企业的运营模式产生重大的影响。

(四)零缺陷服务

零缺陷服务又被称为完美订货。它是物流质量的最高标准，就是从订货开始就正确地做每一件事。从收到订单到交付货物的每一个环节，都没有任何差错。这就意味着存货的可得性和作业绩效得到了完美的履行，并且都是严格按照对客户的承诺进行的。

现今由于越来越多的企业都将物流作为企业的核心战略，所以提出了零缺陷服务这一概念，目的是争取客户。连锁企业也是如此，投入各种资源，以实现高水准的服务能力，使竞争对手无法效仿，在这样的情况下，趋势客户的期望全面增加。

几乎每个行业都会有明确的、被普遍接受的服务水准。但随着社会的不断进步，这个水准的要求也在不断提高，实现的难度也不断地加大。例如，在美国，20 世纪 70 年代食品行业普遍接受的服务水准为 7～10 天交货，存货供应比率为 92%；而现在已经上升至 3～5 天交货，供应比率为 95%。

若客户希望连锁企业能够以及时、无差错的方式提供 100%的存货可得性的话，那这种服务就是零缺陷服务。在现在的技术条件下，零缺陷服务完全可以实现，但是要付出昂贵的代价。所以连锁企业通常不会向所有的客户提供这种服务，而是把它作为一种服务战略。

第三节　物流客户关系管理

现代物流在我国是一个方兴未艾的服务行业，由于良好的市场前景和较多的利润机会，吸引了大批的竞争者进入该市场。在市场经济条件下，客户是真正的上帝，其已成为各物流企业之间竞争的焦点，谁拥有众多的优质客户，谁就能在激烈的市场竞争中处于领先的地位。因此，如何开发客户资源和保持相对稳定的客户队伍，成为现代物流企业生存和发展的关键。而客户关系管理模式的引入，为这些问题提供了解决思路，并成为现代物流企业提高管理效益的新手段。

一、物流客户关系管理的作用

市场竞争的加剧，使得物流企业不断审视自身经营的每一块"短板"，当内部运营潜力几近挖掘殆尽之后，改善客户关系管理、提高市场营销能力，成为这些物流巨头决胜市场的新关键所在。客户关系管理(CRM)作为一种新经济背景下的管理理念，已得到物流企业的认同和实践。具体来说，物流客户关系管理的作用表现在以下几个方面。

1. CRM 有利于提升现代物流企业的核心竞争力

CRM 的出现，可以使现代物流企业把原来主要集中在业务增长方面的注意力转移到观察其外部的客户资源上，并使企业的管理全面走向信息化，从而使企业全面地关注其核心竞争力的提升。

2. CRM 有利于降低物流成本，提高利润率

CRM 是一种基于互联网的应用系统，它通过对企业业务流程的重组来整合客户信息资源，用更有效的方法来管理客户关系，在企业内部实现信息和资源的共享，从而降低物流企业的运营成本。为客户提供经济、快捷、周到的物流服务，保持和吸引更多的客户，使物流企业利润达到最大化。

3. CRM 有利于提高物流服务水平，提升顾客满意度

物流活动的目的在于向客户提供及时准确的产品递送服务，是一个广泛满足客户时间效用和空间效用需求的过程。接受服务的客户始终是形成物流需求的核心和动力，如果客户的需求得不到充分满足，那么物流工作也就毫无意义可言，更没有存在的必要。所以客户是企业的上帝，客户的好恶决定着企业的未来，物流企业必须为客户提供高品质的服务，让客户满意。而 CRM 的出现，正是为提高物流服务水平，提升顾客满意度提供了条件。

4. CRM 有利于改进和完善物流企业内部文化

CRM 作为一种新型管理思想和理念的代表，要求物流企业确实贯彻以客户为中心的企业战略，强调以人为本的理念，使全体员工围绕着客户这一中心进行协调与合作，并强调集成的团队精神，从而使企业管理流程和机制发生重大的变化，突出管理者和员工的能动性、积极性和创造性，有利于企业树立追求超越、不断前进的企业精神，这种着眼于满足客户需求、对客户负责、尊重客户、精益求精的企业文化重塑将带动物流企业长期、稳定、快速地发展。

二、物流客户关系管理的内容

物流客户关系管理的内容可以从客户关系生命周期的四个阶段来进行研究。所谓客户关系生命周期就是指企业和客户之间发生关系的不同阶段，强调的是两者之间关系的发生、发展的过程以及各个过程给企业带来的不同利润。根据关系的不同可以分为四个阶段，即客户关系的建立期、加强期、维持期和恢复期。而不同的阶段给企业带来的利润也不相同。

现在从客户关系的四个生命周期来分析物流企业客户关系管理的内容。

(一)客户关系的建立期

这是物流客户关系的培育开发阶段,它开始于企业对目标客户的选择和认定,潜在客户一旦被企业作为目标客户予以培植就进入了这个阶段,目的是说服潜在客户、刺激潜在客户。在这个阶段的客户要么不是企业的现实客户,要么就是零星购买的小规模客户,作为物流企业来说,还不能在他们身上取得现实的利润。作为自己的潜在客户,企业要在满足对客户承诺的交付日期能力上给予极大的支持,履行订单的准确性要得到充分保障,顾客对自身运输产品的跟踪准确性要达到和现实客户一样的可视化,运输延误的提前通知要及时并且要有足够的合理解释,对客户服务投诉采取积极行动,及时响应客户的要求,提高服务质量,通过最新的渠道发布有关发货日期信息(如 ERP 在线销售系统),通过有效管理和应用新技术缩短在库产品的承诺提前期,相对于同一价格的总体服务质量、价格的竞争力要与提供给现实客户的一样,销售人员快速的后续行动要得到快速、有效的连接。

我们都知道一个企业的能力是有限的,在市场的运作下,都是为了合理利用自身的资源,取得最大的价值,作为物流企业也不例外。但是对于在建立期的潜在客户来说,我们是不能盈利的,是为了在以后的阶段从客户身上取得利润。我们要保证给他们的质量是好的,价格是在市场上仅有的,服务是最好的。把他们从别的物流企业拉过来,通过他们来占有更大的市场份额。

(二)客户关系加强期

在成功经过前一阶段后,客户关系进入这个阶段。处于这个阶段的客户,他们已经是企业的现实客户,购买规模不断扩大,企业对他们的客户关系管理的费用不再大量增加,甚至有所下降,他们开始为企业提供现实的利润,尽管利润不是很高,却保持持续增加的态势。在这个阶段,我们的客户关系管理就是为了留住客户。从物流的角度讲,现在的客户其实就进入了 SCM 同盟的考察阶段,能做到目前的阶段的客户在市场上都有自己的竞争优势存在。大家的同盟可以更好地发挥自己的优势,取得更大的利益。俗话说的就是把蛋糕做大,这样就可以分得更多的利益。要取得大家彼此的信任,才有可能形成 SCM,得到有效的管理。

(三)客户关系的维持期

经过较长时间的发展后,企业与客户形成比较稳定的关系,便进入稳定发展期。处于这个阶段的客户,他们一般是企业比较忠诚的客户,他们虽然与企业的交易不再具有明显的成长性(不排除二次成长的可能性),但是他们通常将其大部分甚至全部采购业务给予了本企业,为企业提供大部分的现实利润,属于企业的"最有价值的客户"。此阶段企业客户关系管理的目的就是提高顾客满意度。这个阶段就真正地进入了物流的 SCM 阶段。在这个阶段,企业与企业(企业的客户)之间是以利润最高为目标,以经济利益为引线,联系在一起的 SCM 大同盟。大家有共同的目标,有明确的分工。

(四)客户关系恢复期

由于各种各样的原因，客户与企业的关系或早或晚地要进入衰退阶段，退出客户群体，结束客户关系。处于这个阶段的客户，他们由于破产、经营方向的调整、重要人事变动、增加与竞争对手的业务、自然人的死亡等不同的原因，企业从他们身上获得的订单及利润不断减少直至为零，而且一般没有起死回生的可能性。这个阶段企业客户关系的管理目标就是客户的挽留或者是解除关系，是为了使企业的利润最大化或者企业的损失最小化。物流企业与其他企业(SCM 上的其他节点企业)之间要是走到了这一步，那么就是宣布整个 SCM 的解除，其中的损失是难以计量的，所以作为在 SCM 上的节点企业来说，他们都愿意拿出自己的资金来帮助 SCM 上的弱势企业，采用控股的形式来加强对它的管理。所以物流 SCM 就是讲强强合作，这样才会平衡节点企业之间的优势，实现利益分配上的均衡。真的走到了恢复期的 SCM 节点企业，是没有办法或者说是很难再回到以前的经营模式的。最好的解决办法就是解除关系，大家对自身进行改革和资源重组，再寻找好的合适的合作伙伴进行合作，在市场上赢取份额。

三、物流客户关系管理的实施

(一)根据物流企业的实际情况，采取适宜的客户维系策略

在日趋激烈的市场竞争条件下，谁能与客户建立和保持一种长期稳定的合作关系，掌握客户资源、赢得客户信任、分析客户需求，谁就能制定出科学的经营发展战略，为客户提供满意的产品及服务，谁就能迅速占领市场，增加市场份额，获得最大利润。过去，企业侧重于开发新客户，这在一定的市场条件和环境下，对企业的生存和发展起着重要的作用。但是企业的管理策略应随着市场环境的变化而变化。在市场竞争日益激烈的今天，从节约成本方面考虑，企业必须改变策略，侧重于老客户的维系。客户维系策略专家提出了客户维系的三个层次，物流企业应依据自己的实际情况，采取恰当的客户维系策略。

第一层次，维系客户的手段主要是利用价格刺激来增加客户的财务利益。在这一层次，客户乐于和企业建立关系的原因是希望得到优惠或特殊照顾。例如，一些物流企业对客户实行奖励性政策。虽然这些奖励计划能改变客户的偏好，却易于被竞争对手模仿。因此并不能长久地保持与客户的关系优势。

第二层次，物流企业不仅为客户增加财务利益，还为他们增加社会利益。企业的员工可以通过了解每个客户的需求，提供个性化和人性化的服务来增强企业与客户的社会性联系。例如，与客户保持密切联系，及时掌握其需求的变化，以建立长期维系关系。

第三层次，在为客户增加财务利益和社会利益的基础上，附加了更深层次的客户化服务。物流企业在提供这类服务时，可以设计出一个高效率的信息传递系统，为客户提高效率和产出。客户化服务是以技术为基础的，故不易被竞争者模仿。

(二)实行客户忠诚策略，提高客户忠诚度

企业追求顾客满意的种种实践活动，最终都归于一个中心，即如何提升现有客户的忠诚度。对企业来说，开发一名新客户比维持一名老客户的成本要高出 7 倍多。据专家统计，

若能将客户忠诚度提高 5%，那么企业的利润就可以提高 25%～85%。因此，对于企业而言，企业所拥有的忠诚客户是最宝贵的资产。

具体来说，物流企业提高客户忠诚度的策略如下所述。

1. 识别客户

建立客户数据资料库是与客户保持长期联系的基础。客户数据资料库是一个汇集、存储和分析企业相关客户各种信息资料的信息管理系统。数据库中的资料既可通过市场调查获得，也可从企业的业务记录、客户投诉记录以及业务人员个人与客户的接触等渠道获得。客户信息应尽可能全部输入数据库，并按相应的分类结构有序地储存，这样可以提高分析和应用客户信息的效率。同时，还要不断改进和提高数据库的信息质量，验证并更新客户信息，删除过时信息。客户数据资料不仅可以帮助企业了解客户的需求、偏好等重要信息，同时还可以根据资料库提供的信息资料，采取定期提供有关产品和服务的信息、信件、电话、登门拜访等方式，增强与客户之间的沟通，以便与客户建立长期持续的关系。

2. 对客户进行差异分析

企业应认识到不同客户之间的差异主要有两点：一是不同的客户对于企业的价值不同，也就是人们常说的：企业 80%的利润来自 20%的客户，而这 20%的客户就是企业的"黄金客户"。因此要对最有价值的客户给予最多的关注。对于可以为企业带来一定利润的大多数客户，企业要做的就是将他们吸引到核心层客户中。二是不同客户对于产品和服务的需求不同，企业可以分别为他们提供不同的产品和服务。

物流企业对客户的差异分析可以立足于这样几个问题：第一，企业本年度最想和哪些企业建立业务关系？第二，上年度有哪些大客户对企业的产品或服务多次产生了抱怨？第三，上年度最大的客户是否今年也与本企业发生较多的业务往来？对于第一个问题，应当选择几个这样的企业，主动与之联系；对于第二个问题，应列出这些企业，并进行跟踪调查；对于第三个问题，应找出这个客户，若今年没有业务往来或业务量减少，则要从企业内外两个方面寻找原因。

3. 与客户保持良性接触

物流企业在进行客户关系管理时，一项重要的工作就是降低与客户接触的成本，增加与客户接触的效益。具体做法如下所述。

(1) 设法与竞争对手的客户联系，了解竞争对手的服务水平，与自己进行比较，改进不足之处，增加服务项目，提高服务水平。

(2) 把每一次客户打来的电话都看作是与客户接触的好机会。

(3) 测试客户服务中心自动语音系统的质量，确保客户与企业之间沟通渠道的畅通。

(4) 对企业内记录客户信息的文本或纸张进行跟踪，及时获取与客户有关的各种信息。

(5) 与给企业带来更高价值的客户更主动地联系。

(6) 借助信息技术，使客户与企业业务来往更加方便。

(7) 妥善处理客户的抱怨，切实为客户解决问题，争取客户的谅解，赢得客户的信任。

4. 简化与客户联系和交易的途径

客户忠诚度很大程度上取决于与客户联系和交易的难易程度，解决这一问题的具体做法如下所述。

(1) 易于沟通交流，客户不必打很多电话或亲自登门。

(2) 易于交易，客户能以自己喜欢的方式与企业进行交易，如造访企业的有关部门、利用互联网或电话联系。

(3) 为客户提供全面的信息和分析工具，便于客户在选用产品和服务时进行快速决策。

(4) 企业应让客户熟悉其提供的产品和服务，并了解企业各方面的信息情况。

(三)对客户实行分类管理策略，满足不同客户的需要

根据客户对于本企业的价值，即为本企业带来利益的大小，可将客户划分为 A、B、C 三类，为不同类型的客户确定不同的客户关系管理目标，设计不同的客户关系管理项目。

对于 C 类客户的关系管理项目可以设计为以下几个方面：一是建立客户档案；二是定期向客户发布企业相关信息和新产品及服务信息；三是随机抽样，进行电话沟通，加强与客户的交流。

对于 B 类客户，客户管理关系的重点在于留住客户，除了包含对于 C 类客户的客户关系管理项目以外，还可以实行会员制管理，当客户成为企业会员以后，可以得到企业的特殊待遇，从而使客户更愿意与企业保持进一步的联系，为企业的产品及服务提出意见和建议，与企业保持更长久的合作关系。

对于 A 类客户，除了 B 类客户的客户管理关系项目以外，还需要提供一对一的个性化服务，具体措施如下：一是对于每一个 A 类客户专设客户服务代表，通过电话联系甚至登门拜访，建立专门的联系，维持良好的客户关系；二是根据客户的需要提供全方位的服务，包括包装、装卸、运输、储存、配送、流通加工、信息处理以及供应链管理等；三是与 A 类客户建立"双赢"的服务伙伴关系，可以定期或不定期地开展 A 类客户的业务分析活动，并形成分析报告提供给他们，让客户深切感受到企业提供的特殊服务。

从根本上看，客户关系管理符合企业的经营规律：满意的客户才能成为回头客，回头客才能带来利润。因此，物流企业应把客户关系管理作为自己参与市场竞争的有效工具，通过实施客户关系管理，为自己创造竞争优势。随着客户对服务的要求越来越高，客户关系管理的作用将越来越突出。

第四节　快速反应与有效客户响应

一、快速反应

(一)快速反应的产生背景

从 20 世纪 70 年代后期开始，美国纺织服装的进口急剧增加，到了 20 世纪 80 年代初期，进口商品大约占到纺织服装行业总销量的 40%。针对这种情况，美国纺织服装企业一方面要求政府和国会组织纺织品的大量进口，另一方面进行设备投资来提高企业的生产率。

但是，即使这样，廉价进口纺织品的市场占有率仍在不断上升，而本地生产的纺织品市场占有率却在持续下降。为此，一些主要的经销商成立了"国货为荣委员会"，一方面通过媒体宣传国产纺织品的优点，采取共同的销售促进活动；另一方面，委托零售业咨询公司从事提高竞争力的调查。咨询公司在经过大量充分的调查后指出，尽管系统的各个部分具有高运作效率，但整个系统的效率却非常低。为此，咨询公司建议零售业者和纺织服装生产厂家合作，共享信息资源，建立一个快速反应系统来实现销售额增长。

(二)快速反应的含义

快速反应(QR)即指物流企业面对多品种、小批量的买方市场，不是储备了"产品"，而是准备了各种"要素"，在用户提出要求时，能以最快速度抽取"要素"，及时"组装"，提供其所需的服务或产品，其目的是减少原材料到销售点的时间和整个供应链上的库存，最大限度地提高供应链的运作效率。QR 的基本出发点是通过建立战略联盟，实现利益共享。

(三)实施快速反应的阶段

在快速反应的实施中，零售商和制造商必须紧密协调零售库存的分布和管理。实施快速反应一般可分为以下三个阶段。

(1) 对所有的商品单元条码化，即对商品消费单元用 EAN/UPC 条码标识，对商品贸易单元用 ITF-14 条码标识，而对物流单元则用 UCC/EAN-128 条码标识。利用 EDI 传输订购单报文和发票报文。

(2) 在第一阶段的基础上制定与内部业务处理有关的策略，如自动补货与商品即时出售等，并采用 EDI 传输更多的报文，如发货通知报文、收货通知报文等。

(3) 与贸易伙伴密切合作，采用更高级的快速反应策略，以对客户的需求作出快速反应。一般来说，企业内部业务的优化较为容易，但在贸易伙伴间进行合作时，往往会遇到诸多障碍。此时，每个企业必须把自己当成集成供应链系统的一个组成部分，以保证整个供应链的整体效益。

(四)快速反应的生产策略

随着供应链全体成员对快速反应要求的增加，制造业将承受更大的压力，以满足客户越来越短时间内的多样化需求。解决这一问题的有效手段就是柔性化策略，如果能把生产和物流的提前期降为零，则意味着达到整体的柔性，也就是在技术上可行的前提下，企业能够对任何需求作出反应。当然，实际上零提前期根本无法实现，但柔性制造系统已经在此领域取得了实质性的进步。

生产柔性化带来的营销优势是明显的，它意味着企业能够满足众多客户不同的需求。在今天客户寻求个性化市场更加细分的情况下，把生产的柔性和客户需求的多样性相结合是获得竞争优势的一个重要来源。

贝纳通公司作为意大利一家流行服装制造和经销商，通过对流行趋势变化，特别是颜色上的反应，开辟了遍及世界各地的市场。他们开发并革新了针织品服装染色的过程，实现了小批量生产，这一改革降低了各种不同颜色服装的库存量，而且小批量的染色提高了他们的柔性。贝纳通公司的反应速度得益于其快速分销系统能对来自市场的销售信息的快速反应。

现在，越来越多的事实证明：快速反应物流和 JIT 制造与交货相结合能为企业带来真正的竞争优势，在各个产业市场，对时间的敏感性渐增，因此，企业必须通过对信息和作业柔性的联动，实现对客户个性化需求的快速反应。

(五)快速反应的市场策略

所谓市场快速反应能力，是指企业抓紧了解市场、搜集信息，把市场信息快速反应到决策者手中，经过认真、科学的论证，明确产品调整的具体目标并采取强有力的手段，快速组织实施，将适应消费需求和引导消费新潮流的产品快速投放市场的一整套相互连接、相互依存又相互促进的企业经营的机制。纵观不少企业，之所以在产品滞销的情况下陷入绝境而一蹶不振，正是由于对市场缺乏快速反应能力。而不少企业迅速调整产品结构，适应市场需求，很快扭转经营上的被动，其诀窍恰恰在于它对变化了的市场能快速作出反应，真正做到了"适应市场如星火，引导消费先作鞭"。

二、有效客户响应

由于市场需求变化迅速，全球性竞争激烈，企业为寻求发展的机会，需要迅速响应消费者多变的需求。但由于现今的市场结构复杂，当经营者收到经由层层环节传来的消费者需求信息时，已无法反映市场需求状况的变化，不再具有竞争力。因此，产业中的上、下游企业如何合作，使供应链能有效地运作，降低时间、人力与作业成本，提升整个产业和单个企业的竞争力是一个刻不容缓的课题。

有效客户响应(Effect Customer Response，ECR)于 1992 年开始在美国超级市场被采用，主要目的在于剔除整个供应链运作流程中没有为消费者增值的成本，将"推式"系统转变为较为有效的以消费者需求为导向的"拉式"系统，并将这些效率化的成果反馈给消费者。

有效客户响应，是以满足顾客需求和最大限度降低物流过程费用为原则，能及时作出准确反应，使提供的物品供应或服务流程最佳化的一种供应链管理战略。有效客户响应是一个生产厂家、批发商和零售商等供应链组合各方相互协调和合作，更好、更快并以更低的成本满足消费者需要为目的的供应链管理系统。

(一)有效客户响应的特征

ECR 的特征主要表现在以下三个方面。

1. 管理意识的创新

传统的产销双方的交易关系是一种此消彼长的对立型关系，是一种输赢关系。ECR 要求产销双方的交易关系是一种合作型关系，即交易各方通过相互协调合作，实现以低成本向消费者提供更高价值服务的目标，在此基础上追求双方利益，是一种双赢关系。

2. 供应链整体协调

传统的流通活动缺乏效率的主要原因在于厂家、批发商和零售商之间存在企业间联系的非效率性和企业内采购、生产、销售和物流部门或职能之间存在部门间联系的非效率性，ECR 要求消除各部门及企业之间的隔阂，进行跨部门、跨职能和跨企业的管理和协调，使商品流和信息流在企业内和供应链内顺畅地流动。

3. 涉及范围广

ECR 要求对供应链整体进行管理和协调,其所涉及的范围必然包括零售业、批发业和制造业等相关多个行业。为了最大限度地发挥 ECR 的优势,必须对关联的行业进行分析研究,对促成供应链的各类企业进行管理和协调。

(二)有效客户响应实施的影响因素

影响有效客户响应实施的因素主要包括以下四个方面。

1. 信息的完整度

供应链上、下游成员之间要实现信息互通、信息共享,因此,供应链的信息库包括供应、需求、市场、技术等方面,信息的完整程度影响着有效客户响应的实施。

2. 标准化

为了快速反映客户的需求,供应链上的各项信息、数据的收集和传输都应加以标准化。例如,数据格式应有统一的标准。EDI 技术的应用,基本可以满足这方面的需求。

3. 互信、互利、共识的建立

实施有效客户响应的重点在于供应链企业体系内的上下游之间彼此分享信息,以消费者的利益为出发点来共同修改供应链过程中的各个流程与活动,因此,企业之间的信息非常重要。上、下游之间需要打破以往相互对立的关系,必须建立相互信任、荣辱共存、共同发展的新型伙伴关系。

4. 完善的物流系统

建立一个高效率、功能完备、低成本的物流系统,是确保整个有效客户响应体系成功贯彻实施的重要条件。

(三)有效客户响应的应用原则

有效客户响应的应用原则应包括以下五个方面。

(1) 有效客户响应的目的是以低成本向消费者提供高价值的服务,表现为更好的商品功能、更高的商品质量、品种齐全及更好的便利性。

(2) 有效客户响应要求供需双方必须从传统的赢输型交易关系向双赢型联盟伙伴关系转化。企业主管必须对其组织文化和经营习惯进行改革,使供需双方的关系转化为双赢型联盟伙伴关系成为可能。

(3) 必须利用准确、适时的信息以支持有效的市场、生产及物流决策。这些信息将以 ETM 的方式在贸易伙伴间自由流动,在企业内部将通过计算机系统得到最充分、高效的利用。

(4) 有效客户响应要求从生产线末端的包装作业开始到消费者获得商品为止的整个商品移动过程产生最大的附加价值,使消费者能及时获得所需要的商品。

(5) 必须采用共同、一致的工作业绩考核和奖励机制。它着眼于系统整体的效益(即通过减少开支、降低库存及更好的资产利用来创造更好的价值),明确地确定可能的收益并且公平地分配这些收益。

(四)有效客户响应系统的构建

企业在实施有效客户响应战略时，最重要的是得到高层管理者的全力支持，并出面与准备合作的交易伙伴的高层管理者沟通，待合作双方达成合作共识之后，才可转交给后续的工作小组负责。

有效客户响应作为一个供应链管理系统，需要把市场营销、物流管理、信息技术和组织革新技术有机结合起来作为一个整体使用，以实现 ECR 目标。构筑 ECR 系统的具体目标，是实现低成本的流通、基础关联设施的建设、消除组织间的隔阂、协调合作满足消费者的需要。组成 ECR 系统的技术要素主要有信息技术、物流技术、营销技术和组织革新技术。

三、快速反应与有效客户响应的比较

一般来讲，快速反应主要集中在一般商品与纺织行业，其主要目标是对客户的需求作出快速反应，并快速补货；而有效客户响应则以食品行业为对象，其主要目标是降低供应链各环节的成本，提高效率。这是因为纺织服装行业与食品行业经营的产品的特点不同：食品行业经营的产品多数是一些功能型产品(生鲜产品除外)，每一种产品的生命周期相对较长，因此，订购数量的过多或过少的损失相对较小。纺织服装业经营的产品多属创新型产品，每种产品的生命周期相对较短，因此，订购数量过多或过少造成的损失相对较大，如表 9-1 所示。

表 9-1　QR 与 ECR 的比较

项　　目	服装类(QR)	食品类(ECR)
零售商形式	百货店/专业商店	超市
每家店铺的商品数量	高(500 万～2000 万种)	低(20 万～30 万元)
每家店铺的单品年均销售额	低(500～1000 元)	高(4000～5000 元)
库存周转次数	低(2～5 次/天)	高(10～25 次/天)
单位重量/体积的价值	高	低
削价	高	低
毛利	高	低
产品生命周期	短	长
季节性	强	弱
产品的可替代性	低	高
购买频率	低	高

本 章 小 结

客户是企业宝贵的财富，一个忠诚的顾客不但可以直接为企业带来经济效益，而且其良好的口碑还会成为企业最有说服力的推销员。然而，激烈的竞争使客户有了更多的选择，也使企业的客户服务管理工作面临着新的挑战。对现代物流企业来说，通过采取有效的措施、科学的方法提升客户服务水平，是企业巩固客户、提高竞争力的必然选择。本章从客户服务管理谈到物流客户服务管理，分析了物流客户的分类、特点以及物流客户服务战略的相关内容；随后阐述了物流客户关系管理的内容以及实施的要点；最后对快速反应和有效客户响应进行了介绍。

自 测 题

1. 如何制定有效的物流客户服务战略？
2. 物流客户关系管理的作用表现在哪些方面？
3. 试述如何实施物流客户关系管理。
4. 说明快速反应与有效客户响应的区别。

案 例 分 析

物流服务案例分析

2015年3月7日，榄菊工厂发出一车货物至"平阳县日用品商行"，货物重量为19.23t，体积为61m³，提货车牌号为粤T1××××，后由于货物体积偏大，中途改为车牌号赣K××××××的平板车于3月11日送至客户处，3月11日下午，客服跟踪订单时，客户表示货物送到时放置较乱，同时榄菊工作人员发来一封投诉邮件，投诉我司未按要求送货，表示情节严重，严重违反了《榄菊销售有限公司物流商考核管理规定》运输车辆的管理及要求，并称一个多月前曾发起过一次类似投诉，我司给出了整改方案，但实施状况不良好，客户要求我司跟进平阳客户异常情况处理，责令对此次事件制定相应整改措施。

分析：

运输中途换车、货物摆放杂乱，严重违反客户到货要求，整改方案实施不到位，导致重复投诉。客户投诉问题并非搬运问题，而是中途过车和货物到货情况不好，货物摆放杂乱，付不付搬运费并不是直接导致客户投诉的原因。

解决方案一：今后严格按照合同要求规则送货；加强对车队及司机的服务意识培训，发生异常问题务必第一时间反馈给我司分部，由我司分部协调解决；我司分部人员及客服人员加强与客户沟通，让客户支持我司工作，避免投诉；如遇车队及司机确实无法完成配送任务，直接列为黑名单，永不录用。

解决方案二：让客户与供应商沟通，杜绝经销商工作人员乱收费的行为，以免影响司机服务质量；凡是类似的订单，体积尽量控制在55m³左右，否则一台9.6m的车装车非常困难，容易导致司机在路上被开罚单。

（资料来源：https://www.meetfine.com/detail/solution.html）

阅读资料　美国联合
包裹服务公司(UPS)

第十章　全球物流与供应链风险管理

【学习要点及目标】通过本章的学习，使学生了解全球物流的发展趋势、我国在全球物流变革中的作用，认识供应链风险，理解供应链风险管理的必要性。

【关键概念】全球物流(Global Logistics)　供应链风险(Supply Chain Risk)

【引导案例】

博世 CEO 警告称新型冠状病毒或将破坏全球汽车零部件供应链

(新浪汽车 2020 年 1 月 29 日讯)据路透社报道，全球最大的汽车零部件供应商博世公司首席执行官沃尔克马尔·邓纳尔(Volkmar Denner)警告称，新型冠状病毒可能会影响全球汽车零部件供应链，因为这些供应链严重依赖中国。

邓纳尔在德国斯图加特与记者会面时表示，"我们自然感到担忧，但基于今日的事实，我们自己的业务或供应链并未受到干扰。"

博世正将中国作为出口电动汽车电机、传动装置和电力电子产品的全球制造基地。"我们需要等待并观察事态的发展。如果这种情况继续下去，供应链将会中断。有预测说，感染高峰将持续到 2 月或 3 月。"邓纳尔说道。

在新型冠状病毒疫情严重的地区武汉，博世拥有两家生产转向系统和热工技术工厂，员工约 800 人。目前还没有感染病例的报告。

邓纳尔解释说，博世在中国工厂因中国新年而关闭，假期已延长至 2 月 3 日，这一延长不会影响博世的全球业务。

博世自 1909 年进入中国市场，在这一全球最大的汽车市场的 60 多个地点拥有 23 家零部件制造工厂。如在芜湖制造多媒体信息娱乐系统，在南京制造刹车助推器系统，在常州武进制造用于连接和自动驾驶的汽车电子产品，在无锡制造 48 伏电池系统，在江苏太仓制造电动汽车发动机、变速箱和电力电子产品。

2019 年，博世在亚太地区的销售额达到 225 亿欧元，其中 100 多亿欧元来自中国市场。这家总部位于斯图加特的汽车零部件供应商表示，随着中国、欧洲和美国的需求下降，预计全球汽车产量将连续第三年下降，到 2020 年会下降 2.6%，至 8 900 万辆。

邓纳尔表示，他认为这一低水平将保持不变，预计 2025 年前全球汽车产量不会增加，而 2020 年全球汽车市场将比 2017 年减少 1 000 万辆。

由于中国和印度的需求下降，博世 2019 年全年息税前利润(EBIT)降至 30 亿欧元，较上年同期的 54 亿欧元下降 44%，EBIT 利润率从 7% 降至 4%。

2019 年，博世总收入稳定在 779 亿欧元，因为受益于车辆复杂性的提高，这使每生产一辆车可以卖出更多的零部件和系统。

博世预测，全球汽车产量可能已经见顶，该公司已经裁员并对业务进行评估，以应对全年营业利润下降的局面。2019 年，博世在全球已经裁员 6 800 人，其中德国裁员 2 000 人，亚太地区裁员 3 600 人。

邓纳尔表示，博世希望 2020 年电动汽车零部件的销售额超过 10 亿欧元，并已为电动汽车的投资留出 5 亿欧元。

(资料来源：微信公众号 智车科技)

第一节 全 球 物 流

全球物流是世界范围超越国界的物流，是全球贸易的必然组成部分，各国之间的相互贸易最终通过全球物流来实现。全球物流是现代物流系统中重要的物流领域，随着贸易全球化、国际贸易壁垒的拆除，新的国际贸易组织的建立，若干地区已突破国界的限制形成统一市场，全球物流有了很大发展。2011年时全球物流收入就已达9 810亿欧元，目前全球物流服务市场基本以每年3%左右的速度保持持续增长。

一、全球物流的发展历程

全球物流的概念在21世纪才提出并逐渐受到人们的重视，全球物流业随着国际贸易和跨国经营的发展而发展。我国学者梁善军2002年在《透视全球物流》一文中，对全球物流活动的发展历程主要归纳以下几个阶段。

第一阶段：20世纪50年代—80年代。

第二次世界大战以后，尤其在20世纪70年代的石油危机发生以后，全球范围内贸易数量巨大，交易水平和质量要求也越来越高。在这种新情况下，原有为满足运送必要货物的运输观念已不能适应新的要求，系统物流就是在这个时期进入全球领域的。全球物流不仅在数量上进一步发展，船舶大型化趋势进一步加强，而且出现了提高全球物流服务水平的要求，大数量、高服务型物流从石油、矿石等物流领域向物流难度大的中、小件杂货领域深入，其标志是全球集装箱及全球集装箱船的大发展。20世纪70年代中后期，全球物流的质量要求和速度要求进一步提高，这个时期出现了航空物流大幅度增加的新形势，同时出现了更高水平的全球联运。物流设施和物流技术得到了较快的发展，出现了配送中心，一些国家建立了本国的物流标准化体系等。物流系统的改善促进了国际贸易的发展，物流活动已经超出了一国范围，但物流全球化的趋势还没有得到人们的普遍重视。

第二阶段：20世纪80年代初—90年代初。

随着经济技术的发展和国际经济往来的日益扩大，物流全球化趋势开始成为世界性的共同问题。美国密歇根州立大学教授波索克斯认为，进入20世纪80年代，美国经济已经失去了兴旺发展的势头，陷入长期倒退的危机之中。因此，必须强调改善全球物流管理，降低产品成本，并且要改善服务，扩大销售，在激烈的国际竞争中获胜。与此同时，日本正处于成熟的经济发展期，以贸易立国，要实现与其对外贸易相适应的物流全球化，并采取了建立物流信息网络，加强物流全面质量管理等一系列措施，提高物流全球化的效率。这一阶段物流全球化的趋势局限在美、日和欧洲一些发达国家。其突出特点是，在物流量基本不继续扩大的情况下出现了"精细物流"，物流的机械化、自动化水平提高。同时，伴随新时代人们需求观念的变化，全球物流着力于解决"小批量、高频度、多品种"中的物流，出现了不少新技术和新方法。信息系统的应用，促使物流向更低成本、更高服务、更大量化、更精细化方向发展。

第三阶段：20世纪90年代初至今。

这一阶段全球物流的概念和重要性已为各国政府和外贸部门所普遍接受。贸易伙伴遍布全球，必然要求物流全球化，即物流设施全球化、物流技术全球化、物流服务全球化、货物运输全球化、包装全球化和流通加工全球化等。世界各国广泛开展全球物流方面的理论和实践方面的大胆探索。人们已经形成共识：只有广泛开展全球物流合作，才能促进世界经济繁荣。物流是没有国界的，全球物流已进入物流信息时代。

二、全球物流发展的动因

任何事物的发展都离不开推动因素，促使全球物流发展的动因主要有下述各点。

(一)经济全球化

第二次世界大战以后，世界各国逐渐认识到封闭发展是没有出路的，必须加强国际合作，互通有无，取长补短。为了更好地交流与合作，在各方共同努力下，纷纷成立了世界范围内或地区性各类经济组织，其中最具有影响力的是世界贸易组织(WTO)。从 20 世纪 90年代初始，跨国公司迅速发展，资本逐步在世界各国间自由流动，生产要素开始跨国配置与流通，商品在全球范围内流通销售，全球范围内的经济合作与日俱增，世界经济日益融为一体。世贸组织总干事鲁杰罗曾经说过："以要素自由流通为基础的经济全球化趋势不可逆转，正在拆除各种围墙藩篱，跨越各国边界，编织一个统一的世界经济，一个以经济全球化为基础的无国界经济正在全球范围内形成。"WTO 的《服务贸易总协定》(GATS)有关协作条款清单中，涉及物流全球化的相关内容有交通运输服务、销售服务、金融与保险服务等。经济全球化需要全球物流的支撑，给全球物流的发展提供了广阔的空间。

(二)全球供应链一体化

现在人们逐渐认识到"你死我活"的"零和"竞争其结果往往是两败俱伤，只有合作式的竞争才会有出路。美国于 1994 年出台《合作研究与开发条例》表明美国政府的反托拉斯政策发生重大变化，由限制合作转向鼓励合作。供应链核心思想就是加强合作，在合作的基础上实现"多赢"。在供应链思想指导下，供应商、制造商、分销商、零售商直到最终用户连成一个整体的功能网链结构模式，以实现对信息流、物流、资金流的有效控制。它不仅是一条连接供应商到用户的物料链、信息链、资金链，而且是一条增值链。供应链的实质是一个扩展企业，核心是实现企业间的无缝连接，实现以最快的速度响应市场的要求，能满足不断变化的多样化需求。供应链在立足国内的基础上，逐步延伸到世界各国，呈现无国界的特性。例如，沃尔玛为降低采购成本，推行全球供应链管理下的全球物流运作系统。高效的全球物流系统是全球供应链一体化战略的迫切需要。

(三)区域经济一体化

区域经济一体化弱化了世界各国之间的隔阂，加强了区域合作，减少了交流障碍，降低了全球物流成本。目前全世界可大致分为三个主要贸易区，即北美区、欧洲区和亚太地区。贸易区内各成员通过协作，制定共同的规范与标准，排除贸易障碍，降低区内的进口关税、减少海关程序、统一货运单证，促进贸易区各成员之间的贸易往来。欧盟的运作大大改善了欧洲内部的仓储、配送及物流基础结构和运作模式，使物流费用得到大幅度降低。北美自由贸易区(NAFTA)则改善了北美的投资与贸易环境，贸易活动十分活跃，为物流服务开拓了广泛的市场空间。亚太经合组织(APEC)要求各成员在相互尊重、彼此平等、互惠互利、协商一致的基础上，推行贸易自由化、投资自由化及经济技术合作。这些都给全球物流的发展注入了新的活力。

(四)信息与技术的革命性突破

从 20 世纪 80 年代起，随着计算机的普及、通信技术的提高，条形码、无线射频技术、电子数据交换、全球卫星定位系统、信息高速公路等的广泛应用，提高了信息流的可靠性、可获得性及获得速度，实现了动态货物的实时跟踪，节约了物流成本，缩短了物流时间。基于信息技术的准时化战略(JIT)、连续补货战略(Continuous replenishment)、自动化补充战略(Automatic replenishment)有效地帮助企业解决了不少库存管理方面的问题。信息和技术的革命性突破，使全球物流也因此突破物流速度瓶颈。沃尔玛、马士基等许多知名公司非常注重物流与信息技术的结合，并取得了良好的经济效益。

(五)国际标准化的推行

为促进各国之间进行经济贸易技术交流与合作，有关组织制定和推行国际通用标准。金融、资讯服务的逐步开放，货币政策及金融法规国际标准化的推行，促进了国际贸易业务的发展，间接形成全球物流发展的动力。最具有代表性的是国际货币市场(IMM)于 1997 年成立全球电子自动交易系统。产品国际标准化的逐步广泛应用，国际运输法规的放宽，双边贸易协定的弹性化，以及物流的硬件如集装箱、托盘等尺寸、性能采用国际标准，均有效推动了全球物流的发展。

三、全球物流发展的障碍

在全球物流发展的过程中也存在着各种障碍。

(一)国家本位主义限制全球物流的发展

国家本位主义缺乏全球战略眼光，追求本国利益最大化，不考虑"多赢"结果，助长了贸易保护主义盛行，过度贸易保护导致市场信息失真和扭曲，企业缺乏国际市场意识。国家本位主义限制了各国间的合作而成为全球物流发展的障碍。

(二)市场和竞争的壁垒

各国为保护本国利益，人为设置行业市场进入障碍。如欧洲的区域性规定，任何经营组织在进入该区域市场以前，必须具备市场配销体系；日本则直接赋予地区性的零售商权利，由其自行决定是否与外国零售业进行合作等。

各国的行业具体操作规则不同，如进口通关相关文件因各国政府的不同需求有不同的文件格式；银行、保险公司、承运人等作业上的不同，以及货款收付时间和运输时间的差异，也是全球物流发展的障碍。

全球物流商品或服务价格受国际汇率的影响，增加了全球物流运作的风险。考虑国外供应商的合作条件时关税是重要因素之一，再加上关税多少隐含政治因素，受制于政府政策，不利于全球物流的发展。所幸的是，国际上共识的贸易协定 GATT(General Agreement on

Tariff and Trade)旨在建立一个公平、合理的多边贸易机制，改善贸易关系，扫除全球贸易的障碍。

(三)财经障碍

财经障碍主要源于预测的困难以及金融体系结构的差异性。全球化经营环境中，经营预测不仅包括对国内外市场需求的估计、竞争条件的分析及季节性预测，还要考虑汇率、关税及政府政策等复杂因素，加剧了全球贸易的预测困难。不同国家具有不同的经贸中介体系，包括银行、保险、法律咨询以及运输系统等，使全球物流不得不适应不同成熟度的体系结构，这同样加重了全球物流运作的复杂性。例如在美国，银行、保险业的发展已属成熟阶段，而在发展中国家还处在初期始。如在东欧某些国家一项付款业务即使在同一个城市，从接受到处理完成可能要花 2～3 周时间，在如此漫长的处理时间内通货膨胀可能已经有 5%的变化了。

财经及金融体系结构的不确定性加剧了全球经营运作的困难度，为此经营者不得不用增加存货、加长运输提前期及增加财务资源的方式来应对各种风险，导致全球物流业务运作成本增加。

(四)体制差异障碍

不同的国家或地区都有自己的经济、政治、法律体制，有自己的一套文化体系，因而对某些相同的事务却有不同的理解。每个国家都有与本国的经济、政治、法律、文化结构相适应的独特的物流系统和特殊的流通网络。而全球物流的实质是力图有序、有效地控制资源在不同国家之间配置流通，能够适应各国的经济、政治、法律、文化的发展水平。处理好全球物流运作系统与特定国家的物流系统的关系是值得深思的问题。

四、全球物流发展的趋势

(一)跨国第三方物流服务业迅猛发展

随着社会分工越来越细，生产越来越专业化，用户的要求越来越高，竞争的逐步加剧，企业的压力不断增加，企业生产或经营需"用情专一"才有立足之地。这样就有了"第三者"——第三方物流，企业通过物流业务外包，可以轻装上阵，提高核心竞争力。世界银行副行长 Jean Michel Severino 曾提到：第三方物流业务约占整个世界物流运作的 1/3。欧洲第三方物流兴起于 20 世纪 80 年代末 90 年代初，欧洲经济一体化之前。欧盟成立和欧元诞生推进了欧洲单一市场的发展，制定和推行的一系列统一的贸易政策、运输政策、关税政策等，极大地促进了货物在全欧洲范围内的自由流动，从而为欧洲第三方物流产业提供了巨大的市场需求和发展空间。2014 年欧洲第三方物流收入规模达到 1744 亿美元，占全球总量的 23.2%，已经具有一定的成熟度。美国第三方物流近 20 年发展迅速，市场规模从 1996 年的 308 亿美元上升到 2014 年的 1 578 亿美元。在世界 500 强企业中，科技、汽车和零售行业使用第三方物流比例最高，分别为 27%、19%、16%。在全球第三方物流提供商(3PL)中，美国和北欧物流企业占据主导地位。其中前二十强企业 2014 年收入规模占全球第三方物流总收入的 26.95%，体现了第三方物流产业较强的国家和企业集中性。物流全球化和第三方物流的迅速发展是经济全球化的需要，同时也是经济全球化的加速器。

(二)物流企业跨国战略结盟

物流运作过程是一个系统运作的过程。企业通过结盟加强合作，可以缓解资金短缺，突破技术瓶颈，增强竞争实力；可以增加服务品种，扩大企业服务的地理范围；可使物流运作更加便捷有效。与发达国家相比，发展中国家的物流业相对落后，许多地方处于起步阶段。一方面，通过与发达国家物流企业结盟，借助发达国家物流企业资金和技术的雄厚实力与丰富的经营业务经验，可以快速发展本国物流业，同时促进经济的发展。另一方面，发达国家为了开拓国外市场，与发展中国家的物流企业进行合作而进入其物流市场，不失为一条有效的途径。跨国物流企业结盟将是较为流行的跨国合作方式，这种方式可以促进发展中国家物流业的快速发展，加快经济全球化的进程。

(三)物流服务运作自动化、信息化、网络化、智能化

信息化是自动化、网络化、智能化的基础。没有物流的信息化，任何先进的技术设备都不可能应用于物流领域。物流信息的商品化、物流信息收集和存储的数字化、物流信息处理的电子化、物流信息传递的标准化和实时化等，使物流服务的手段方式发生了根本性变化，物流速度得到空前提高。信息技术及计算机技术在物流中的应用彻底改变了全球物流的面貌。

条码/语音/射频自动识别系统、自动分拣系统、自动存取系统、自动导向车、货物自动跟踪系统等物流自动化的应用，减少了物流作业的差错，提高了劳动生产率，也增强了物流作业能力。物流配送中心与供应商或制造商通过电子信息网络进行联络，借助于电子订货系统(EOS)和电子数据交换技术(EDI)实现订单处理。例如我国台湾计算机行业在20世纪90年代使用的"全球运筹式产销模式"，其基本做法是按照客户订单组织生产，生产采取分散形式，即将全球供应链上的资源利用起来，采取外包的形式将生产一台计算机所需要的零部件、元器件、芯片外包给世界各地的生产合作伙伴，然后通过全球的物流网络将这些零部件、元器件和芯片发往同一个物流配送中心进行组装，由该物流配送中心将组装的计算机迅速供应给客户。高效的物流网络离不开信息技术、互联网和通信网络的支持和应用。

物流作业过程大量的运筹和决策，如库存水平的确定、运输线路的优化、自动引导车的运行轨迹和作业控制、自动分拣机的运行、物流配送中心经营管理的决策支持等问题借助于智能技术进行解决，全球物流现代化水平越来越高。

五、我国全球物流的发展

改革开放40多年，中国物流业发生了天翻地覆的变化，实现了从无到有、从无序到有序、从落后到部分超越。尽管目前中国物流业还处于较低水平，但只要牢牢守住"改革开放"原则，中国物流业一定会如"中国制造"一样后来居上，成为全球物流服务中心。

(一)改革开放初期蹒跚学步

中国"物流"的概念起源于1978年，但改革开放前并没有真正意义的现代物流。国家

对生产资料和主要消费品采取计划生产、分配和供给。商贸等流通部门与铁路等专业运输部门，只是按照指令性计划生产和供给配置相应的供销、仓库管理、运输和批发零售网点，只具备物资运输、保管、包装、装卸和流通加工等功能活动，保障计划生产和计划供给，不能算现代物流。据国家统计局数据，1978 年全国货运量只有 24.894 6 亿吨，与 2017 年全国货运量的 479 亿吨相比，仅是现在的 5.2%；当年铁路货运量为 11.011 9 亿吨，占比高达 44.23%，属于名副其实的"铁老大"。

改革开放的关键点之一，就是把高度集中的计划经济体制转变为以市场为导向的社会主义市场经济体制，物流业也同步开始逐步向市场经济过渡。1983 年，交通部开始实施"有河大家走船，有路大家走车"的改革方针，允许个体户进入运输市场，并鼓励货主单位投资建设航运码头；1984 年国务院批准"贷款修路、收费还贷"的公路建设鼓励措施；同年国际物流巨头 FedEx 通过与中外运合作进入中国快递市场，另外三大巨头 UPS、DHL 和 TNT 也通过与中外运合作开始进入中国市场。特别是生产资料价格双轨制在 1985 年开始落地实施，原铁道部开始实施"以路建路"的经济承包责任制，也让乡镇企业可通过议价购买超出计划的商品，极大地丰富了市场。1985 年的全国货运量是 1984 年货运量的 2 倍多，但铁路货运量占比却跌落到 17.52%。个体户和民营企业开始进入公路货运与仓库、水路运输及码头仓库等领域，并率先向物流企业模式靠拢。1992 年全国货运量首次突破 100 亿吨。

在此期间，国家在交通、仓储等物流基础设施和物流技术上加大了投资力度，"八五计划"特别列入了"积极发展配送中心"，针对当时城市商品供给不及时的问题开展了城市配送活动。民营企业也借势大规模进入仓储、运输领域。1992 年成立的华田航空代理公司(2002 年更名为大田集团)开始承揽国际空运普货业务，1993 年"快客达"成为第一家民营快递企业，1994 年成立的广东宝供储运有限公司布局全国储运网络，同年成立的宅急送建立全国快运网络；个体车主更是在"货多车少"的市场竞争中如鱼得水，并自发形成了各类城市物流/配送中心，以至于 1996 年原内贸部出台《物流配送中心发展建设规划》进行统一规范。

但当时的物流发展依然受到传统体制制约，直到 1999 年通过"现代物流发展国际研讨会"首次书面提出"要重视发展现代物流"，以"物流"注册公司名称得到广泛获准。同年，宝供储运第一个更名为宝供物流企业集团有限公司，海尔集团成立专业第三方物流——海尔物流。2000 年，教育部正式批准原北京物资学院开设物流管理专业，2001 年又正式批准大连海事大学和武汉理工大学开设物流工程专业，物流开始全方位得到国家层面的认可。

(二)加入世贸后行业创立

中国政府在 2001 年正式加入 WTO，真正融入全球产业链，并以成本优势和组织优势将"中国制造"全面推向全球市场，成为全球制造中心。进出口贸易又带动了商贸物流，支撑制造业和商贸渠道的物流业高速发展并形成独立支柱产业。从 2001 年到 2013 年 12 年间，行业增长速度在 20%左右，大大超过 GDP 增长速度，物流业细分各专业物流并初步具备现代物流业特征，部分向供应链业态发展。期间全球产业链的拉动、政府政策红利、学界从物流到供应链的理论创新与企业实践、国际领先物流进入的带动都起到了极大的促进作用。2001 年，原国家经贸委等发布《关于加快我国现代物流发展的若干意见》，同年，原中国物资流通协会更名为中国物流与采购联合会，原中国物资流通学会更名为中国物流学会,在国家统计和政策层面极大地推进了物流的发展;2001年新建清华大学工业工程系,副教授刘大成面向本科生开设了"供应链管理"课程,在学界鼓励现代物流向供应链发展;2004年国家发改委等发布《关于促进我国现代物流业发展的意见》;2006年国家"十一五"规划首次单列一节为"大力发展现代物流业";2007年中央军委发布《全面建设现代后勤纲要》;2009年国务院发布《物流业调整和振兴规划》;2011年国务院办公厅印发《关于促进物流业健康发展政策措施的意见》;2013年国家发改委等发布《全国物流园区发展规划》,连续的政策红利极大地促进了物流业向专业化、集约化和高效率发展。

随着中国物流产业的发展和市场日趋成熟,2005年中国根据WTO承诺全面放开了国内物流市场,资本雄厚、技术先进、规模巨大且具有供应链管理优势的外资物流企业快速进入国内快递、航运、商品车物流等高端物流市场,既加剧了市场竞争,也带动了中国物流业整体水平的提升。2006年底,UPS、FedEx、DHL和TNT曾经占领了我国国际快递市场的80%,日本三井联合几大钢铁企业初步建成覆盖全国的钢材加工配送网络,物流地产巨头普洛斯成为覆盖东南沿海最大物流园区数量的引领者,全球最大的班轮公司马士基更是得益于中国经贸的发展,有行业报告宣称,2004—2012年中国因集装箱航运连接度改善的贸易增长中,有11%来自马士基的航运业务。

越竞争,越发展。而今经过高度市场化锻炼的民营快递企业已经垄断了国内快递市场,汽车物流也让位于安吉、深圳长航滚装等汽车物流企业,依旧拥有超垄断地位的普洛斯变成了中资为主,中远海运和中外运长航即便在全球航运竞争中也具有独特的竞争优势。对外开放的结果是中国物流企业强势崛起,2004年,成立7年的深圳市怡亚通商贸有限公司更名为深圳市怡亚通供应链股份有限公司,并在2007年以供应链服务成功上市,标志着供应链管理理念从高校走向市场。

(三)经济新常态的带动发展

从2012年起,我国经济开始进入调整和转型期,行业内产品同质化严重,许多制造、服务企业在低利润、微利润甚至负利润点上运营,整体步入中速增长的新常态。消费已经替代生产成为拉动经济增长的第一要素,作为连接生产和消费重要环节的物流业成为新经济发展的动力,由此,国家密集出台一系列促进物流业发展的政策。

2014年国务院发布《物流业中长期发展规划(2014—2020)》;2015年国务院印发《关于促进快递业发展的若干意见》;2016年国务院办公厅印发《物流业降本增效专项行动方案(2016—2020)》;2017年国务院办公厅印发《关于进一步推进物流业降本增效、促进实体经济发展的意见》;同年办公厅印发《关于积极推进供应链创新与应用的指导意见》;2018年国务院办公厅印发《推进运输结构调整三年行动计划(2018—2020年)》;2019年发展改革委等23家部门单位发布《关于推动物流高质量发展促进形成强大国内市场的意见》。

随着经济进入新常态,加上消费升级,距离消费端和资源端最近的市场更有潜力获得包括资本在内的各类资源禀赋的汇集。一方面,物流业成为中国市场需求巨大、发展空间广阔且能支撑经济社会发展的基础性、战略性产业;另一方面,物流业的高成本、低效率却成为阻碍物流业发展的关键要素,亟待提升。2014年,国内快递业务量超过美国成为全球第一并保持至今,对世界快递增长贡献率超过50%;2017年快递业务收入达到4 958亿元,顺丰、"三通一达"等民营企业占比超过90%,2018年顺利迈过5 000亿元大关;2019

年中国快递业务量达 635.2 亿件，快递业务收入达 7 497.8 亿元；2020 年 3 月 27 日，国家邮政局公布《2019 年中国快递发展指数报告》称，2020 年快递业务量将超 740 亿件，预计快递业务收入超过 8 690 亿元。

随着中国从工业时代走向互联网时代，在大数据、云计算、物联网、移动互联网和人工智能等技术的冲击下，物流业不可避免地向智慧物流及智慧供应链跃升。资本、信息和政策红利也在经济新常态下不可避免地向物流及供应链行业倾斜。从资本上看，2016 年，全国共 83 家物流企业融资 1 040 亿元，2017 年融资则超过了 2 000 亿元；从信息技术创新上看，京东、菜鸟等物流企业竞相推出无人仓库、无人驾驶，美团、蜂鸟等通过即时配送以高频打击低频切入快递竞争；从政策红利上看，互联网+政策使传统行业的单个供需实现了低成本高效率的精准匹配且形成规模化，无车承运、多式联运、"公转铁"都在改变和创新物流业产业结构。

六、我国在全球物流变革中的作用

在 2018 年博鳌亚洲论坛年会上，以"物流的变革"为主题的物流分论坛获得高度关注。来自全球物流供应链及上下游企业界代表、相关方围绕变革中的物流业进行广泛深入的讨论，并就共促全球经济贸易繁荣发展达成共识。在这样一个高规格论坛会议上，设立一个专门的分论坛，由多个业界重量级企业从不同角度展开建设性和探索性的对话，本身反映的正是在当前恢宏的全球经济发展新时期与新格局下，全球供应链和物流行业正在呈现的巨大的变革使命感和突破性变革力量。与以往有重大不同的是，这一轮物流行业的深层次变革，在很大程度上也印证着中国力量的关键性作用，可谓全球物流新变革，巨潮涌起于东方。

(一)行业地位：不再是被动与服务，而是战略性地转型为主动与赋能

物流网络布局、物流运作效率与质量，以及物流运作本身所能达到的极限，正越来越成为现代企业竞争的重要抓手及其业务极限的定义来源。从传统零售业企业沃尔玛的物流为王，到新时代弄潮儿亚马逊、阿里的飞速成长，强悍的物流网络铺设居功至伟。而苹果、华为、富士康等信息产业巨头更是凭借其组建的全球性采购与分销网络在各自领域雄踞龙头。得实力物流者，方有基础达其产业宏愿，这是物流供应链/环节对企业进行赋能发展的生动体现。中国远洋海运集团、京东物流等集群式及新生代物流赋能企业的全球网络建设和海外拓展，向外输出更多的中国能动力量。

(二)创新角色：不再仅仅是新技术的应用，而是成为领先创新的原生行业

过去物流行业是一个技术跟随者，引入其他领域新技术较为缓慢。现在，自动搬运机器人、体外助力机、无人机阵列，无人叉车/卡车，智能行李标签，甚至无人太阳能风能混合动力集装箱船等产品与概念，活跃在测试一线与研发机构，并越来越大规模地与风险投资对接，进化速度呈指数型加快，物流场景正在成为很多创新技术的最初来源并反哺其他领域，实现其技术地位的彻底转变。这其中，来自中国的初创企业正在快速增加并越来越多地冲入一线方阵。

(三)生态边界：不再局限于传统产业节点，而是成为高优先级要素，实现全周期全场景驱动

一如零售领域所出现的无界零售概念，物流其实也伴随着很多关系密切的产业呈现"无界化"趋势。并不是在实际发运时才产生物流需求，物流的规划与部署，从一个业务理念的初创到最终实现以及在不断的循环优化过程中，都实时存在并且至关重要。可以预见，物流能力将很快成为一个企业 DNA 中重要的组成元素，成为一个优质企业的内生属性与关键标签。

(四)全球价值：物流供应链服务将是全球许多重大经济主题实现的关键性支撑

全球经济正在新一轮的全球化与逆全球化的摩擦之中继续深化合作与协同，正在获得全球范围内更多支持的"一带一路"大平台，最终需要物流体系的实体支撑才能实现物资、技术、资金与人才活跃流动并全球赋能的宏愿。而在各国之内，诸如工业 4.0 等新一代产业概念的实现，也高度依赖智能物流体系的实现。伴随着这样一拨宏大与令人兴奋的变革潮流，众多中国企业越发活跃并快速成长，从基础物流网络的搭建与运行，到物流的信息化与智能化，广阔的原生市场给中国企业军团提供了最佳的孵化与成长天地，并且随着中国全球经济联动体系的进一步深化而更加笃定地走出国门，在国际市场安营扎寨。

七、全球价值链与全球物流

当今世界正处于全球经济一体化的背景之下，各国的经济发展必然要走全球采购与全球销售之路。为了降低生产与贸易的成本，积极参与全球竞争，无论是生产原材料，还是成品或半成品，进行世界范围的流通转移已是各企业必然的选择。全球价值链下，企业要想与全球的供应商、销售商保持密切合作，必须有发达高效的物流支持，物流是非常关键的因素。可以说，没有物流产业的支持，全球价值链与全球经济一体化都无从谈起。

全球价值链(Global Value Chains)是指跨国企业为了实现商品或服务的最终价值而连接商品生产、物流、销售、废品回收处理等过程。企业从商品的设计与开发，到商品的制造与营销，以及售后、回收等商品增值活动实现跨企业组织，进行全球性的原料采购、商品生产与销售、价值与利润的分配。最有代表性的定义是联合国工业发展组织的定义：全球价值链是指为实现商品或服务价值而连接生产、销售、回收处理等过程的全球性跨企业网络组织，涉及从原料采购和运输，半成品和成品的生产和分销，直至最终消费和回收处理的整个过程，包括所有参与者和生产销售等活动的组织及其价值、利润分配，当前散布于全球的处于价值链上的企业从设计、产品开发、生产制造、营销、交货、消费、售后服务、最后循环利用等各环节进行各种增值活动。

实现这样的全球生产网络目标，要解决许多问题。

价值链上各个经济主体的组织结构与关系协调问题。如水平关系，即力量对比不悬殊，关系比较灵活，在优势互补的基础上有各自的自主权。再如垂直关系，即接受领导厂商监督、指导或技术支持，体现为较强的依赖关系。

利益分配问题。其决定因素包括组织关系、技术能力、营销能力等。

一般来说，全球价值链治理模式的选择主要由以下因素决定。

首先是交易的复杂程度，价值链中交易越复杂，各主体之间的交互作用越强。采取的治理模式越倾向于网络型治理模式(模块型、关系型和领导型)和等级制的治理模式。

其次是交易的标准性，反映的是价值链中信息和知识的可获得性，及其传递效率和交易费用。某些行业的价值链中，关于产品、生产过程等复杂信息经过编辑标准化处理后便很容易在价值链中传递，如果供应商有能力接受并实施这些标准化的信息，并且这些标准在价值链中被广泛采纳，则采用模块型治理模式。否则，价值链中的主导企业将垄断这些信息，对其他企业实施垂直一体化控制，采用的是等级制治理模式，或者采取外包战略，但对承包企业进行监控，采用的是领导型治理模式。

再次是供应商的竞争水平，接受和实施价值链中主导企业所传递的复杂信息，要求供应商具有较高的能力。如果供应商的能力较低，主导企业只能实行垂直管理，价值链采用的是等级制治理模式；或者外包，采用领导型治理模式。

不管怎样，尽管全球价值链治理模式有所不同，但其本质是世界经济关系不同模式的具体体现，也是市场经济机制在全球配置资源的结果。首先，各国由于历史、文化和经济基础的差异，决定了其整体的全球价值链层次。其次，每个国家的企业由于本身在本产业中的竞争能力差异也决定了其在全球价值链的等级。再次，国际政治的影响力也是一国及其企业在全球价值链等级的重要因素。总之，一国的政治、经济和文化的综合实力决定了其企业在全球价值链中的等级，而这种等级又影响了企业本身的竞争能力。

全球价值链也给国际贸易带来了诸多风险，有自然环境风险(自然灾害、极端天气、疾病疫情等)、地缘政治风险(武装冲突、国家政治紧张、贸易限制、恐怖事件、腐败行为、非法贸易、组织犯罪活动、海盗频繁等)、经济风险(金融危机冲击、大宗商品价格波动、全球能源短缺、关税税率波动、劳动力资源短缺、边境贸易延迟、企业所有权及投资限制、国际汇率波动等)、技术风险(信息通信障碍、交通设施故障等)。

第二节　风险与供应链风险

在日常生活和社会经济活动中需要面对各种各样的险情，这些险情往往给人带来不安和焦虑，因为这些险情对应的后果一般都是负面的。疾病、地震、火灾、环境污染、通货膨胀、交通事故、企业破产等，当人们对结果不可预知时就产生了风险，无论是日常生活还是商业经济活动，风险都是普遍存在的。

一、风险与风险管理

风险具有普遍性，不管何时何地风险都有可能发生。风险同时具有一定的随机性，受到客观世界的种种影响，还具有突发性、复杂性和损失性等特点。风险的存在让风险管理变得非常重要。

(一)风险

通俗地讲，风险就是发生不幸事件的概率。换句话说，风险是指一个事件产生我们所不希望的后果的可能性。只要某一事件的发生存在着两种或两种以上的可能性，该事件就存在着风险，在所难免。但是风险的大小是可控的，现实生活中我们需要将风险降到最低，尽量避免损失。表 10-1 综合了研究文献对风险的定义。

表 10-1　研究文献对风险的定义

作　者	风险的定义
Markowitz(1952)	金融著作中经常出现"收益"和"风险"的概念。通常情况下，如果"风险"一词被"回报方差"所取代，那么表面意义的改变就很小
Rowe(1980)	风险是由事件或活动引起的不良后果的可能性
March and Shapira(1987)	风险是指收入、成本、利润等业务的负面变化
Lowrance(1980)	风险是衡量不良反应的概率和严重程度的一个指标
Miller(1991)	风险是指事前不能预测的结果或表现的变化
Yates and Stone(1992)	风险是一个固有的主观概念，处理可能性损失
Chiles and Mackin(1996)	风险是指为企业带来损失的概率
Mitchell(1999)	风险被定义为主观认为企业受到损失的可能性，这种损失的可能性越大，风险就越大

风险可分为两个方面，第一个方面是指收益的概率是不可预知的，另一个方面指风险的负面影响不可预知性。研究人员认为，在现代环境中管理风险正变得越来越具有挑战性。

(二)风险的处理方法

随着社会的发展和科技的进步，现实生活中的风险因素越来越多，无论是企业还是家庭，都日益认识到进行风险管理的必要性和迫切性。人们想出种种办法来应对风险，但无论采用何种方法，风险管理的一条基本原则是：以最小的成本获得最大的保障。

对风险的处理有回避风险、预防风险、自留风险和转移风险四种方法。

1. 回避风险

回避风险是指主动避开损失发生的可能性。如考虑到游泳有溺水的危险，就不去游泳。虽然回避风险能从根本上消除隐患，但这种方法明显具有很大的局限性，因为并不是所有的风险都可以回避或应该进行回避。如人身意外伤害，无论如何小心翼翼，这类风险总是无法彻底消除。再如，因害怕出车祸就拒绝乘车，车祸这类风险虽可由此而完全避免，但将给日常生活带来极大的不便，实际上是不可行的。

2. 预防风险

预防风险是指采取预防措施，以减少损失发生的可能性及损失程度。兴修水利、建造防护林就是典型的例子。预防风险涉及一个现时成本与潜在损失比较的问题：若潜在损失远大于采取预防措施所支出的成本，就应采用预防风险手段。以兴修堤坝为例，虽然施工成本很高，但与洪水泛滥造成的巨大灾害相比，就显得微不足道。

3. 自留风险

自留风险是指自己非理性或理性地主动承担风险。"非理性"自留风险是指对损失发生存在侥幸心理或对潜在的损失程度估计不足从而处于风险中；"理性"自留风险是指经正确分析，认为潜在损失在承受范围之内，而且自己承担全部或部分风险比购买保险要经济合算。自留风险一般适用于应对发生概率小且损失程度低的风险。

4. 转移风险

转移风险是指通过某种运作，把自己面临的风险全部或部分转移给另一方。通过转移风险而得到保障，是应用范围最广、最有效的风险管理手段，保险就是其中之一。

(三)风险的管理过程

风险管理过程一般有以下五个步骤。

1. 风险识别

风险识别过程就是将不确定性转变为明确的风险陈述的过程，包括下面几项，它们在执行时可能是重复，也可能是同时进行的。首先进行风险评估，在项目的初期，以及主要的转折点或重要的项目变更发生时进行，这些变更通常指成本、进度、范围或人员等方面的变更。

然后系统地识别风险，可以采用下列三种简单的方法识别风险。

(1) 风险检查表。定期会议(周例会)，日常输入(每天晨会)。

(2) 将已知风险编写为文档。通过编写风险陈述和详细说明相关的风险背景来记录已知风险，相应的风险背景包括风险问题的何事、何时、何地、如何及原因。

(3) 交流已知风险。同时以口头和书面方式交流已知风险。在大家都参加的会议上交流已知风险，同时将识别出来的风险详细记录到文档中，以便他人查阅。

2. 风险分析

风险分析是将风险陈述转变为按优先顺序排列的风险列表，包括以下活动。

(1) 确定风险的驱动因素。为了有效地消除软件风险，项目管理者需要标识影响软件风险因素的风险驱动因子，这些因素包括性能、成本、支持和进度。

(2) 分析风险来源。因为风险来源是引起风险的根本原因。

(3) 预测风险影响。如果风险发生，就用可能性和后果来评估风险影响。风险发生可能性的高低和风险对目标影响程度的评估有定性和定量等方法。定性方法就是直接用文字描述风险发生可能性的高低和风险对目标的影响程度，例如"极高""高""中等""低""极低"等。定量方法是对风险对目标影响程度和风险发生可能性的高低用具有实际意义的数量描述，例如对目标影响程度用损失金额来表示，对风险发生可能性的高低用概率来表示。如可能性被定义为大于 0 而小于 100，分为 5 个等级(1、2、3、4、5)，将后果分为 5 个等级(极低、低、中等、高、极高)。

(4) 采用风险可能性和后果对风险进行分组。对风险对目标影响程度和风险发生可能性的高低进行定性或定量评估后，依据评估结果绘制风险坐标图。例如某公司定性评估 9 项风险，风险①发生的可能性是"低"，风险发生后对目标的影响程度是"极低"……风险⑨发生的可能性是"极低"，对目标的影响程度是"高"，那么绘制风险坐标图如图 10-1 所示。对风险按照风险影响进行优先排序，对级别高的风险要优先处理。

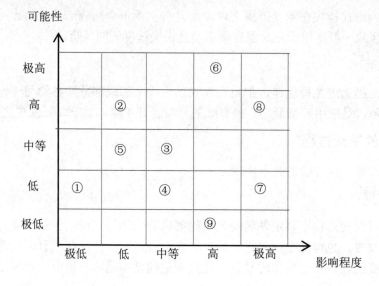

图 10-1　风险坐标图

3. 风险计划

风险计划是将按优先级排列的风险列表转变为风险应对计划。包括以下内容：制定风险应对策略，风险应对策略有接受、避免、保护、减少、研究、储备和转移几种方式；制定风险行动步骤，风险行动步骤详细说明了所选择的风险应对途径，详细描述处理风险的步骤。

4. 风险跟踪

风险跟踪包括监视风险状态以及发出通知，启动风险应对行动。

(1) 通过项目控制面板来获取。如果指标的值在可接受标准之外，则表明出现了不可承受的风险。

(2) 对可能或已启动的风险进行及时通告。在每天的晨会上将风险情况通报给全组人员，并安排负责人进行处理。

(3) 定期通报风险。在定期的会议上通告相关人员目前的主要风险以及风险的状态。

5. 风险应对

风险应对是执行风险行动计划，以求将风险降至可接受程度。包括以下内容。

(1) 对触发事件的通知作出反应。得到授权的个人必须对触发事件作出反应。适当的反应包括回顾当前风险情况以及更新应对行动时间框架，并分派风险行动计划。

(2) 执行风险行动计划。应对风险应该按照书面的风险行动计划实施。对照计划，报告进展。

(3) 确定和交流对照原计划所取得的进展。定期报告风险状态，加强小组内部交流。小组必须定期回顾风险状态。

(4) 对风险行动计划进行校正。有时结果不能令人满意，就必须换用其他途径。将校正的相关内容记录下来。

(四)风险管理原则

风险管理的目标是避免或者减少损失的发生，进行风险管理需要遵循以下几个原则。

1. 经济性原则

这是风险管理的第一原则，风险管理人员在制订风险管理计划时，需要考虑经济性原则，即以最合理、经济的方式把风险控制在最低水平。如果风险管理的成本超出风险带来的损失，显然是不合理的。

2. 满意性原则

风险是客观存在的，所以不能完全避免，因此，风险管理过程可以允许一定的不确定性存在，只要满足目标，就可以接受。

3. 社会责任感

风险管理计划和措施必须考虑周围地区一切有关受其影响的单位、个人等对该风险影响的承受能力。同时风险管理还应充分注意各方面的法律、法规，使风险管理行为合法。

二、供应链风险

供应链是由多个企业相互连接构成的复杂结构。由于运作管理水平、协作能力的不一致性以及外部环境的不确定性等原因，各节点企业在日常运作中时常会发生各类风险事件，以至于不能按时向下游企业交付订单。这些风险事件会通过供应链结构向下游传递、扩散，进一步造成下游企业的损失，并有逐级放大的可能。21 世纪以来，供应链风险事件的发生导致企业遭受重大损失的例子层出不穷。2000 年，爱立信主要的手机芯片供应商美国新墨西哥州飞利浦公司第 22 号芯片厂发生火灾，仅仅几星期的工厂恢复期，导致爱立信损失 4 亿美元的销售额，市场份额由 12% 降至 9%。2005 年初的"苏丹红"事件，除了以"苏丹红"为食品添加剂的生产商损失惨重外，原料供应商、产品分销商和零售商都遭受了不同程度的损失，如肯德基中国 1 200 家门店 4 天至少损失 2 600 万元，亨氏美味源(广州)食品公司损失 1 460 余万元，湖南辣椒类产品在中国市场的销售额下跌了四成左右。从上述例子不难看出，尽管企业将非核心业务外包给更为专业的合作伙伴，通过整合全球资源降低产品成本，从而获取竞争优势，同时也严重依赖供应链成员之间的紧密协作。随着全球化进程的加快，供应链结构的复杂性和不确定性不断增加，使供应链面临更大的风险，变得更为脆弱。

最常见的供应链风险是日常运营中的异常和各类问题，例如原材料断供、设备停机、质量异议、物流爆仓、成品缺货。此外，如果适当上升到管理层面，供应链常见的风险还包括供应链储备能力不足、重大投资决策失误，例如单一采购、完全外包和盲目扩张。这两类风险都具备一定的可预测性和可控性，其往往发生在单一企业内部或较为有限的上下游企业间，从范围和规模上来看属于供应链的局部性风险，相关企业可以自行应对。但另外一类，如 2020 年初爆发的新型冠状肺炎疫情，则存在典型的"外部性"，此类风险的发生不受任何实体的控制，全球全行业都被波及。

(一)供应链风险的内涵

供应链风险(Supply Chain Risk)是指供应链中影响企业目标实现的不确定因素和可能发生的各类意外事件。这种风险在供应链安全运行过程中对其有直接、间接的影响或造成破坏,使供应链管理目标无法实现,降低供应链运作效率和增加商品成本,甚至导致供应链企业战略伙伴合作失败或者解体。供应链风险可以简单地描述为供应链发生意外可能造成的损失。

根据已有文献中研究学者的分析,供应链风险可以指供应链中的不确定因素导致整个供应链受到影响甚至中断,从而造成损害。其中供应链的脆性是由整条供应链上各环节的参与者范围大导致的,这种脆性使供应链容易被攻击,从而导致供应链运作效率低、成本高,更有可能造成供应链停止运作的严重后果。

DHL Resilience 360 风险报告中指出,全球面临的十大供应链风险包括全球气候变化、原材料短缺、国际贸易战、产品召回和信任、严格的环境监管、经济的不确定性和结构变化、劳资纠纷、集装箱船的火灾、边境战争、无人机与航空安全。典型案例如 2019 年第 50 周,RASFF(欧盟食品和饲料快速通报系统)表明,因食品中含有霉菌毒素、转基因食品或饲料被通报;食品材料出现重金属、迁移、工业污染物,被禁止入境——托运扣押。许多国家制定检测检疫标准和技术壁垒等,严格限制国外食品进口,食品安全成为各贸易国之间的"绿色壁垒"。

(二)供应链风险的来源和分类

已有文献对供应链风险的分类不尽相同。风险发生的原因(即初始或所谓的触发事件)可能源自企业内部,在供应链内部或供应链环境中。风险包括供应方风险、需求方风险及灾难性风险。需求方风险源于下游供应链运营中出现的风险;供应方风险指买方企业面临与其供应商及其供应网络相关的众多风险;灾难性风险指的是自然灾害(不可抗力)、社会政治不稳定、经济破坏、恐怖袭击等。

供应链风险从风险来源上可分为两类,即供应链内部风险和非供应链内部风险(环境不确定性引发的风险)。其中,供应链内部风险包括下游客户需求波动导致的风险、核心企业制造过程中不确定性风险以及上游供应商供应不确定性导致的风险。而监管、法律和官僚主义,以及基础设施、自然灾害、经济危机被认为是第二类风险。从以前的研究看,供应链更容易受到第一类风险的影响。第二类供应链风险具有更高的不可控性和不可预测性。第二类供应链风险可能由多种原因引起,其中可能包括:①自然灾害,例如地震、SARS、流感、新型冠状肺炎等;②恐怖事件,例如 2001 年 9 月 11 日的袭击事件;③工潮活动,例如 2000 年 9 月的燃料价格抗议活动迅速影响了英国几乎所有的供应链;④意外事故,例如供应商发生火灾可能对原始设备制造商产生严重的影响,导致他们被迫中断运营;⑤运营困难,例如如果一个供应商遇到与生产或供应相关的问题,那么每个下游组织都将受到影响。

Tan 将供应链风险分为两类,即运营风险和中断风险。运营风险是指供应链中不可避免的固有不确定性,例如,不确定的客户需求,不确定的供应和不确定的成本。中断风险是指地震、洪水、飓风和恐怖袭击等自然灾害,以及人为灾害造成的重大破坏,或货币波动、员工罢工等经济危机。

(三)供应链风险的特性

供应链企业在合作过程中交易成本方面给企业管理带来了益处的同时，也引起了一些新风险出现，具体来说有如下四个方面特性。

1. 操作性

供应链风险其本质是实际运作风险，所以对供应链风险进行研究必须熟悉供应链构建和操作过程。供应链风险研究人员为了和实际运作供应链人员共同发现和防范供应链风险，应该加强与他们交流。

2. 传递性

美国西海岸在 2002 年 9 月发生工潮，港口关闭了两周，而中远集团进入美国的主要门户就是美国西海岸，工潮使中远集团到达西海岸的集装箱船不能卸货返航，导致中远集团两周内损失至少 2 400 万美元，中远集团客户也因此损失十分惨重。这说明供应链环境之下风险发生是可传递的。供应链上各个环节都环环相扣、彼此依赖和相互影响，任何一个环节出现问题都可能波及其他环节，影响整个供应链正常运作。供应链风险在供应链节点企业间的传递性让之成为一种潜在威胁，它利用供应链系统的联动性，进而给供应链系统带来破坏，给上下游成员企业和整个供应链造成损害和损失。

3. 复杂性

由于供应链中各企业相互之间是一种协作关系，所以企业对于外部企业的依赖性比以前提高了。这种依赖同时增加了供应链风险，而且依赖关系也比以前更加复杂。由于供应链成员企业具有布局分散化、网络复杂化以及文化差异化等特点，造成供应链风险来源呈现复杂性特征。如区域文化和企业文化差异性、供应链核心企业和成员企业供应链间不同步等因素都可能引发供应链风险。

4. 整体性

供应链风险具有整体性，会对供应链整体产生重大的影响，即对供应链战略、供应链管理目标、供应链成员和运作过程等都会产生十分重要影响。供应链风险是供应链各个层次和环节的总风险，必然要供应链跨各企业和部门整体协调考虑。

(四)供应链风险的传递

供应链风险涉及面是整个供应链，风险因素只要转化为风险事件，将影响整个供应链的绩效。客观存在的风险因素具有促成风险的机能；在组织活动触及风险因素的时候风险就随之产生了；风险作用力是通过传递机制把此活动点风险和其影响的结果传递到组织的其他部分，于是产生供应链风险传递的现象。该风险结果可改变组织的成本、收益和客户服务水平，改变的程度主要由风险大小、活动性质、传递方式以及组织抗风险能力所决定。

1. 风险形成

对于供应链风险演化变异过程，可以描述为风险系统在外部环境(E)作用的影响之下其内部结构(Z)、内部的风险响应状态(S)以及风险系统对外作用(R)三方面动态变化规律，供应链系统响应状态不只与系统内部的结构有关系，也与外部环境直接作用有关系，如图 10-2 所示。

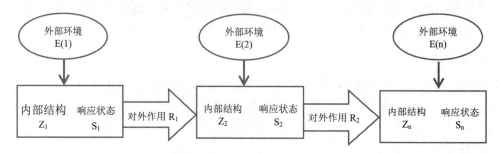

图 10-2　供应链风险形成过程

图 10-2 中的内部结构表现为抗风险能力，风险响应状态是结合抗风险努力后抗风险的实际程度表现。供应链中的风险载体经各供应链环节加工，只要目标指标超过抗风险能力以及抗风险努力程度所决定的风险阻力，这一环节即生成了供应链上阶段性的风险。因为供应链各环节之间的关联性，造成了这一风险后果将沿供应链网络向下游传递。正是由于这一传递性，让供应链中除第一个环节外的每个环节风险来源增加了上游的传递风险。在风险形成过程中，供应链各环节有主观抗风险能力，可改变风险的大小。抗风险能力依赖该环节资源水平，抗风险努力水平依赖供应链合作中的激励机制。风险传递不只是一种能量物理活动，还是一种经济活动的过程。

2. 供应链风险传递的表现形式

当某一供应链成员企业的不确定性累积到一定的程度，成员企业的内部引起的风险就会依附于各个风险载体，之后沿供应链条用原有风险形式或耦合突变后引起的新风险形式传递。这对供应链运行会产生非常大的影响，具体表现有以下几方面。

(1) 增大风险控制难度。供应链中的成员企业间存在风险联系，风险的控制措施不只要考虑企业本身利益，还要考虑其他企业的利益。

(2) 扩大风险波及范围。单企业导致的风险经传递后可能诱导其他企业风险发生，例如供应源遭受危机就会影响最终产品的生产以及销售。

(3) 增大风险危害程度。风险在供应链中传递后会扩大。例如牛鞭效应，就是风险经下游企业向上游企业传递过程中发生需求信息扭曲，从而引起需求放大的风险，导致产品积压和占用资金，整个供应链运作效率低下。

(4) 导致一系列连锁反应。某风险因素发生可导致其他种类风险因素发生从而出现连锁反应。例如，道德风险产生可导致信任风险，从而发生合作风险。所以供应链风险控制难度比单企业风险控制难度大。

3. 与牛鞭效应的传递比较

供应链的牛鞭效应和波及效应极易与风险传递混淆。在生产运作中，牛鞭效应是供应商供应和库存风险以及市场营销活动中比较常见的高风险现象，很可能扰乱生产商计划安排和营销管理秩序，引起营销、供应和生产混乱。供应链波及效应是指描述供应链上某变量或某些变量在某节点或某些节点变化所导致供应链中所有节点这些变量变化波及效应过程。供应链上游某节点要素波及效应是该节点外的其他节点要素变化影响叠加的结果，然而牛鞭效应仅是由供应链最末端节点需求量变化所导致的一种从下往上放大效应，是波及效应其中的一种，指沿供应链向上的需求逐渐被放大的现象，是一种需求放大效应，其他企业决策变化是需求变化带动的。而风险传递效应指的是风险向下游的传递并不取决于下游环节主观决策，是客观存在，下游环节只能根据自己的能力和资源决定怎样应对该风险输入，并由此决定向下传递的风险值的大小。

第三节　供应链风险管理

越来越复杂的供应网络以及日益动荡的商业环境显著增加了当今以效率为导向的供应链的脆弱性，全球化发展也增加了供应链风险发生的概率。供应链风险的管理已经成为当代供应链研究中最紧迫的问题之一。

一、供应链风险管理过程

供应链风险管理是供应链中识别、分析和接受或缓解不确定性和风险的综合过程。风险识别包括实施供应商评估计划，权变计划或预警系统，而风险缓解包括重新思考和重新评估其供应和战略实践(例如延迟计划、更改设施的位置和供应商开发等)。供应链风险管理的目的在于找到风险缓解和管理方法来应对意料之外的结果，需要不断监测和管理风险，如果缺乏适当的评估和判断可能会产生不可预测的后果。如，由于供应链风险管理决策无效，波音、思科和辉瑞出现了 20 亿美元的亏损。随着环境变得越来越复杂，企业将会采取相应措施来处理意外情况。这将迫使企业快速适应，采取多种方式来应对环境的变化。

传统的公司风险管理工作集中于只涉及公司内部职能的内部实践中。近年来，组织层面的供应链风险研究成为学术界和行业关注的重点。这至少涉及两家企业，将供应链风险管理的重点扩大到包括企业外部的因素，使内部工作与关键供应商、重要的战略买方和其他利益相关者保持一致。因此，可以认为管理供应链风险的两个维度：一个来自企业内部的行动和运作，另一个涉及与外部供应链合作伙伴的互动。

(一)供应链风险识别

供应链风险识别是指对尚未发生的、潜在的和客观存在的各种风险进行识别和归类，主要包括感知风险与分析风险两个方面。对供应链风险识别的主要应用方法如下所述。

1. 供应链流程图分析法

从供应商处采购原材料开始，到中间半成品以及产成品生产直至最后配送到消费者手中，通过对供应链中每一生产环节的分析，用流程图描绘供应链的各个运作环节，对每一运作环节可能存在的风险因素进行分析，识别可能导致供应链运行中结果出现偏差的风险事件。

2. 环境分析法

对供应链所处的内外环境进行分析，可以找出可能影响供应链正常运行的或者使供应链结果出现偏差的风险影响因素。外部环境包括政治政策环境、经济环境、社会文化环境以及市场环境；供应链节点企业内部以及节点企业之间的环境分析为内部环境。

(二)供应链风险评估

供应链风险评估是指运用系统科学的理论与方法，基于构建的供应链风险评价指标体系，运用一定的方法对供应链系统的风险程度进行度量和分析。供应链风险评估方法主要有下述几种。

1. 模糊综合评价法

模糊综合评价法是供应链风险评价中较为常用的方法之一，主要应用于概念内涵明确、外延模糊的风险项目的评估，把边界不清晰的模糊概念加以量化，为决策提供支持。

2. 层次分析法

层次分析法是由美国运筹学家匹茨堡大学教授萨蒂于 20 世纪 70 年代初提出的一种定性分析和定量分析相结合的评价方法，按照层次结构，将问题分解为总目标、准则层目标和次准则层目标等层级结构，然后依据所建立的指标体系和指标比较准则，建立判断矩阵，进而计算各指标的权重，适用于评价因素量化难度大并且关系结构复杂的评价问题。

3. 灰色系统理论

灰色系统理论是由我国学者邓聚龙教授于 1982 年提出并创立的一门新兴横断学科。灰色系统理论的主要任务是对于半开放半封闭的信息不确定的灰色系统，从控制论角度提出新的建模思路和方法。对于两个系统之间的因素，其随时间或不同对象而变化的关联性大小的量度，称为关联度。灰色关联分析方法，是根据因素之间发展趋势的相似或相异程度，亦即"灰色关联度"，作为衡量因素之间的关联程度。

二、供应链合作风险管理

供应链合作关系的建立需要各个成员企业的共同努力与合作。但供应链中的企业往往更关注其自身利益，忽视其他合作伙伴的利益，从而出现成员企业不进行合作的现象，导致供应链合作风险发生。

(一)供应链合作风险的特点

1. 不确定性

不确定性是指合作风险发不发生、什么时间发生以及可能产生的破坏程度都是未知的。例如，有些合作风险的影响因素潜伏于合作前期，有些则潜伏于合作过程中，而有些发生在合作末期。

2. 潜在性

潜在性是指风险不易被人察觉，它是风险的固有特点。由于供应链所处外界环境的变化以及供应链企业间内生因素的影响，制造企业合作风险呈现不同的发展态势，从而导致风险不易事先被发现。

3. 关联性

供应链合作风险的各种影响因素相互关联、互相影响，如一种合作风险因素可能会引起其他合作风险因素的发生。如政治经济环境变化可能会带来市场需求萎缩，企业目标差异风险可能会引起信任与信息方面的风险。

4. 多发性

多发性是指存在于企业合作中发生的风险概率很高。尤其在制造企业，从供应链上游供应商一直到下游的销售商之间的成员企业相互合作环节较多，而在每一环节由于存在诸多的不确定性，这种不确定性既有来自外部环境因素的影响，也有企业内生风险因素的作用，从而使合作环节破裂，产生合作风险。

5. 高危性

来自上游供应商与下游分销商的合作风险，对制造企业供应链来说影响是巨大的，可能影响供应链的运行，严重时导致供应链断裂。制造业供应链特征表现为上游的供应商单一，下游销售商分散。制造商企业为尽量减少资金成本耗费，往往只与唯一的上游供应商进行合作。若一旦出现供应商终止合作行为时，制造商短时间内往往找不到合适的供应商替代，从而导致供应链中断。另外，制造商企业受到资金成本耗费的限制，在对销售商控制方面力不从心。销售商处于游散状态，致使销售商在销售产品方面表现不佳，最终可能导致制造商企业生产的产品滞销，影响企业生存，破坏供应链运转。

6. 动态性

合作风险一直处于动态变化之中。一方面，随着时间推移或风险管控措施的实施，风险会弱化。另一方面，由于受到供应链内外环境的干扰，合作风险会加剧，破坏性增大。

(二)供应链合作风险识别与预警

由于各种不确定因素常常导致供应链企业面临外界与内部的各种风险。供应链合作风险作为供应链风险当中的一种风险种类，常常在供应链节点企业进行合作时发生，且其对供应链产生的影响巨大，严重时危及供应链运营。

1. 供应链合作风险的识别

在供应链合作风险识别过程中，为了更加准确地识别风险，必须遵循以下原则。

(1) 系统性原则。需要以供应链整个系统为分析对象，对系统内存在的各种风险因素进行识别，而不是仅局限于系统内的某一部分。

(2) 连续性原则。供应链中节点企业之间的合作是一个连续的过程，因此合作风险的识别就需要对各个合作环节中的风险因素进行分析。

(3) 客观性原则。对供应链中潜在的合作风险要素进行识别，要符合客观事实。

识别方法有下述几种。

(1) 环境扫描法。通过收集与整理供应链上各节点企业合作过程中的各种信息，辨别出供应链企业合作所面临的风险与挑战。

(2) 流程图法。通过对供应链企业间合作环节的详细分析，运用流程图将供应链节点企业之间的合作环节描绘出来，最后针对供应链合作环节中可能存在的风险因素进行分析，识别出有可能导致供应链运行过程中出现偏差的风险事件。

2. 供应链合作风险预警

供应链合作风险普遍存在于供应链之中，许多专家认为对供应链的合作风险进行预警是减小供应链损失的重要方法。风险预警应该从以下两个方面开展。

1) 加强导致风险因素的识别

供应链上的企业处于动态的外部环境中，且各企业在合作过程中进行交流合作，因此合作风险的影响因素主要来源于供应链的内外部环境。

(1) 供应链合作风险外生因素。该外生因素主要包括政治因素、法律法规因素、经济因素、市场因素、自然灾害等。

① 政治因素。政治因素是指因政治原因而造成经济损失的可能性。它来源于供应链所处国家的国内外政治环境以及政府政策的变化。

② 法律法规因素。法律法规因素是指企业在生产过程中，由于各种原因未能按照法律的规定或按照合同约定的条款履行义务，致使企业被迫承担法律后果给企业造成损失的可能性。例如，企业不能交易法律上禁止的交易物品，供应链中某一方企业违背双方已签订的合同或协议。

③ 经济因素。经济因素是指由于经济政策、经济周期波动以及国际国内经济环境等宏观经济因素发生变化给供应链企业带来损失的可能性。

④ 市场因素。由于新产品出现，或者消费者需求发生变化和转移等方面原因，使市场产品预测需求和实际产量有偏差，造成市场变动风险；由于市场上的同类产品和替代产品的出现，以及潜在竞争对手的进入，从而带来市场竞争风险。

⑤ 自然灾害。自然灾害产生的危害是不可估量的。其作为一种不可抗拒因素，对供应链的破坏是致命的。

⑥ 社会文化因素。社会文化因素泛指与社会相关的因素，如文化、宗教、民族、习惯等所引发的供应链合作风险。比如供应链企业经营，要充分考虑当地文化宗教习俗等因素，不能与当地习俗相违背。

(2) 供应链合作风险内生风险因素。这种风险因素主要有能力差异因素、目标差异因素、信任或信用因素、信息共享因素、利益与权利分配因素等。

① 能力差异因素。供应链上各合作企业在能力上存在很大差异，那么能力不足的节点企业就会限制整个供应链最大功能的发挥，使核心企业整体供应链生产运作出现问题。致使供应链合作风险发生的能力因素有下述各点。

a. 产品生产能力。生产能力是指企业能够按要求生产出足量且质量合格的产品。不仅要求零部件供应商企业能生产出与最终产品配套的零部件产品，能够生产出质量优异的产品；还要求制造商企业有能力生产出质量有保证且能够足量供应销售商的优异产品。

b. 技术创新能力。它要求供应商与制造商在产品生产工艺以及各自生产的产品上具有并保持一定的创新性，以适应现今不断更新变化的市场环境。

c. 销售商营销能力。产品的质量虽是产品在市场上畅销的根本，但销售商的营销能力也会极大地影响制造企业生产出的产品在市场上畅销与否。

　　d. 财务能力。财务能力是衡量各合作企业经营盈利状况、资产负债情况、获取收益方面的能力。若供应链上某一节点企业财务能力出现问题，有可能导致制造企业整体供应链的资金链出现问题，使供应链断裂，无法运转。

　　e. 成本控制能力。由于制造企业产品的生产需要企业投入不菲的人力、物力、财力，因此，在产品生产过程中，避免原材料的浪费，尽可能节省成本，对企业未来发展来说尤为重要。

　　f. 物流配送能力。它要求上游供应商能够及时有效地把零部件或者原材料送到制造商手中，制造商再把合格的产成品运送到销售商手中。

　　② 目标差异因素。供应链中的每个合作企业都是一个独立的经济个体。供应链中的各个合作企业在经营理念、价值观以及目标等方面具有差异性，会导致供应链企业进行合作时产生合作风险。

　　③ 信任或信用因素。供应链合作中合作协议是用来约束合作企业的基本协议。合作协议履行信用要求合作双方共同遵守协议、执行契约，保证较高的信用水平。相反，若供应链中某个成员企业违背协议约定，丧失基本信用，终将导致供应链合作风险的产生。

　　④ 信息共享因素。在供应链运行过程中，充分的信息共享对供应链企业间成员合作至关重要。信息共享因素包括信息共享意愿、信息共享机制。

　　⑤ 利益与权利分配因素。好的利益分配方案，影响着合作成员企业之间的关系。若利益分配方案制定不合理，则必会引起成员企业的不满。供应链中权利的分配也主导着利益的分配，若某成员企业具有主导供应链走向的权利，往往会在利益分配上偏向自己，把本应承担的风险转嫁到其他企业身上。

　　2）加强风险预警控制

　　在整体供应链中风险管理应贯穿于合作企业外部与内部的各项业务过程之中，包括事前、事中和事后。因为越早发现风险，越早采取措施，则风险管理的成本就越低，给企业带来的效益也就越大。按照 1∶10∶100 的理论，如果在第一个阶段控制风险的成本是 1，那么如果到了第二个阶段才采取措施，它的成本就会是 10，到了第三个阶段时的成本就将是 100。因此，要重视供应链合作风险管理的计划性和预测性。风险预警系统可以分为风险识别、风险分析、风险监控等。

　　对供应链风险引起因素周期性进行分析，根据经验，建立供应链风险集，将遇到的风险全部记录在风险库中，设置风险发生时的预警信号。当预警信号拉响时，相关工作人员必须立即采取措施，在风险尚未引起巨大损失时将风险缩小，防止风险进一步扩大，把风险损失降到最小。风险预警需要对大量的信息进行综合分析，落后的人工管理手段已经无法适应，要依靠高科技手段，结合人工管理，提高分析的自动化水平和处理能力，才能逐步提高风险预测的准确性和及时性。企业风险预警系统就是通过建立风险评估体系，进而进行风险预控，化解风险，并将风险造成的损失降至最低程度的有效手段。在供应链合作企业中开展企业活动的风险分析与管理，预防和化解风险的发生，将风险造成的损失控制在最低限度，不仅能保证企业经营活动并创造最大效益，也是保证供应链合作创造供应链价值效益的重要措施之一。

(三)合作环节的高发性合作风险因素分析

供应链合作风险是一个综合概念，源于供应链成员之间的合作环节、核心企业运营及与上下游企业之间的合作。可以从供应链合作伙伴风险、合作运行风险和合作维持风险三方面展开分析。

1. 合作伙伴风险

合作伙伴风险是指合作风险影响因素来自合作双方，是由企业自身原因所导致。具体包括合作伙伴企业自身能力因素，如能力不匹配、过时或不足等；参与合作企业的积极性或努力程度问题；供应链成员企业道德风险问题。

2. 合作运行风险

合作运行风险是指双方在合作运行过程中面临的风险因素。在此阶段，各成员企业间合作关系已经建立，合作伙伴执行协议规定的任务，不断进行管理。另外，在合作运行过程中成员企业对供应链所处的内外部环境缺乏快速准确的反应能力，不能及时有效地察觉到内外部环境不利条件的变化，在合作过程中产生了风险。具体包括协议制定与执行因素，如协议制定不合理、不完备，或者参与合作企业对于协议内容阳奉阴违执行不彻底。

3. 合作维持风险

供应链成员之间的合作并不只是一次简单的合作，若不能顺利地维持供应链成员之间的合作，则必会导致供应链成员之间在维持长久合作方面产生阻碍，严重的甚至破坏供应链的运行。影响供应链成员企业间良好合作伙伴关系的因素主要有信任、信息传递交流、利益分配与风险承担机制。

制造企业供应链的主要合作环节为上游供应商与核心制造商企业的合作、制造商与产品销售商之间的合作。

1) 基于供应商与制造商之间的合作环节风险分析

(1) 合作伙伴风险。零部件供应商质量管理能力、产品生产能力，双方参与合作积极性或者努力程度，供应商与制造商战略目标不匹配风险，供应商技术创新能力风险(包括产品生产工艺、零部件产品本身创新)，供应商与制造商战略目标不匹配风险。

(2) 合作运行风险。合约协议不履行或执行不彻底风险、财务风险、物流配送风险。

(3) 合作维持风险。信息传递风险、信息交流不完全风险、利益分配不均风险、风险分担机制不合理风险、权利不均衡风险、信任或信用风险。

2) 基于制造商与销售商之间的合作环节风险分析

(1) 合作伙伴风险。制造商生产能力风险、质量管理能力风险、制造商技术创新能力风险、销售商销售能力风险、合作双方参与合作积极性或努力程度、制造商与销售商战略目标不匹配风险。

(2) 合作运行风险。合作协议不执行或执行不彻底风险、资金(财务)风险、物流配送风险。

(3) 合作维持风险。信息交流不完全风险、信息传递风险、信任/信用风险、利益分配不合理、风险分担机制不合理、权利不均衡风险。

(四)供应链合作风险评估

评估是一个复杂的统计活动过程，也是一个定量的思维过程，对合作风险完整的评价可分为三个阶段：一是合作风险因素的分析，具体包括制造企业供应链合作风险内外部环境的风险因素分析。二是确定评价指标体系，依据前面对合作风险因素的分析，构建核心企业供应链合作风险的评价指标体系。三是合作风险的评价，具体包括评价方法选择、权重确定、指标数据搜集、评估、必要的数据推算等。

1. 指标选取原则

1) 简明性原则

简明性原则要求选择制造企业供应链合作风险评价指标内涵简明扼要，防止语义模糊、重叠，以保证在将定性指标定量化过程中的合理性和可操作性。

2) 层次性原则

评价指标应该能够对制造企业供应链合作风险进行客观的反映和评价。具体来说，一是指标选取应清晰明了，二是指标应能准确反映真实情况。

3) 可操作性原则

建立的合作风险评估体系应具有可操作性，如果评估数据容易得到，则有利于合作。

4) 科学性原则

建立的合作风险评价指标应实时代表合作风险水平，同时指标的计算与评价标准必须科学合理。

2. 利用主成分分析法进行指标筛选

依据供应链合作风险的特点、现状、影响因素等，按筛选原则建立指标体系，以制造企业供应链中的核心制造商为切入点，通过专家访谈与问卷调查的方法，从供应链合作伙伴风险、合作运行风险与合作维持风险三个层次筛选出对制造企业供应链合作环节的重要风险因素。

3. 供应链合作风险评估指标体系构建

指标主成分筛选提取后，按合作环节分别从合作伙伴风险、合作运行风险、合作维持风险三个层面进行指标体系构建。

4. 供应链合作风险状况的评估模型建立

建立风险状况评估模型时要考虑到风险的动态性，动态性评价有以下四种方法：一是引入时间维度并对时间维度赋予权重；二是对评价指标的权重进行动态更新；三是评价指标体系的动态更新；四是对评价过程进行阶段划分，综合不同阶段过程实现动态性评估。学术研究者通过运用上述四种方法的一种或者多种进行动态性评估。

供应链是一个整体，风险贯穿于供应链的始终。企业要想在同行业中获得竞争优势，就要重视供应链风险，尽量减小风险发生的概率，减小风险的影响，更要总结经验与规律，提高自身管理水平，控制风险损失，进行有效的风险管理，增加企业效益的同时，增强供应链整体的稳定合作。

本 章 小 结

  本章主要介绍了三节内容,即全球物流、风险与供应链风险、供应链风险管理。其中,第一节全球物流阐述了全球物流的发展历程、发展动因、发展障碍及全球物流发展的趋势,讲述了我国全球物流的发展及在全球物流变革中的作用。第二节介绍了风险与供应链风险。有事件发生就伴随着风险的存在,风险的存在让风险管理显得尤为重要。供应链是由多个企业相互连接构成的复杂结构,因不确定因素,各节点企业在日常运作中时常会发生各类风险事件,导致整个供应链受到影响甚至中断,了解供应链风险非常必要。第三节着重介绍了供应链风险管理的过程以及供应链合作风险的管理,重点对供应链合作风险的管理进行介绍叙述。

自 测 题

1. 请解释全球物流发展的动因。
2. 阻碍全球物流发展的因素有哪些?你还可以举出哪些实例?
3. 请解释风险和风险管理。
4. 为什么供应链也存在风险?这些风险都有哪些特点?
5. 如何认识供应链合作风险?

案例分析 从乐视欠货   阅读资料 不确定性
款看供应链风险管理   下的全球供应链

参 考 文 献

[1] 张晓青. 现代物流概论[M]. 武汉：武汉理工大学出版社，2005.

[2] 杨广君. 物流管理[M]. 北京：对外经济贸易大学出版社，2004.

[3] 夏春玉. 现代物流概论[M]. 北京：首都经济贸易大学出版社，2004.

[4] 叶怀珍. 现代物流学[M]. 北京：高等教育出版社，2006.

[5] 墨菲，伍德. 当代物流学[M]. 9 版. 陈荣秋，等译. 北京：中国人民大学出版社，2011.

[6] 霍红. 物流管理学[M]. 北京：科学出版社，2009.

[7] 范丽君. 物流基础[M]. 北京：清华大学出版社，2011.

[8] 黄福华. 现代物流基础[M]. 北京：电子工业出版社，2007.

[9] 刘伟. 物流管理概论[M]. 北京：电子工业出版社，2007.

[10] 邹辉霞. 供应链管理[M]. 北京：清华大学出版社，2009.

[11] 夏春玉. 物流与供应链管理[M]. 大连：东北财经大学出版社，2010.

[12] SCM 研究会. 供应链管理[M]. 北京：科学出版社，2003.

[13] 马士华，林勇. 供应链管理[M]. 3 版. 北京：高等教育出版社，2011.

[14] 姜健. 供应链管理与物流管理之比较. 消费导刊，2008 年，第 4 期.

[15] 周长兰. 同步供应链实施策略研究. 山东电大学报，2008 年，第 2 期.

[16] 王昭凤. 供应链管理[M]. 北京：电子工业出版社，2006.

[17] 乔普拉，迈因德尔，陈荣秋. 供应链管理[M]. 北京：中国人民大学出版社，2008.

[18] 胡军. 供应链管理理论与实务[M]. 北京：中国物资出版社，2006.

[19] 施先亮，李伊松. 供应链管理原理及应用[M]. 北京：清华大学出版社，2006.

[20] 郎德琴，罗慧媛. 物流信息技术[M]. 北京：化学工业出版社，2009.

[21] 周昱. 物流信息技术[M]. 北京：科学出版社，2008.

[22] 许良. 物流信息技术[M]. 上海：立信会计出版社，2007.

[23] 陈章跃，舒斯亮. 物流信息技术[M]. 武汉：武汉理工大学出版社，2008.

[24] 董秀科. 物流信息系统[M]. 北京：冶金工业出版社，2008.

[25] 刘单忠，王昌盛. 物流信息技术[M]. 上海：上海交通大学出版社，2007.

[26] 王丽亚. 物流信息系统与应用案例[M]. 北京：科学出版社，2007.

[27] 何阿毡. 物流信息技术[M]. 北京：知识产权出版社，2006.

[28] 蓝仁昌. 物流信息技术应用[M]. 北京：高等教育出版社，2005.

[29] 张树山. 物流信息系统[M]. 北京：人民交通出版社，2005.

[30] 张予川. 物流信息系统[M]. 北京：化学工业出版社，2005.

[31] 孙丽芳，欧阳文霞. 物流信息技术与信息系统[M]. 北京：电子工业出版社，2004.

[32] 王国卿. 物流信息技术[M]. 北京：人民交通出版社，2003.

[33] 姚晓玲. GIS/GPS 在物流中的应用研究. 科技情报开发与经济，2005.15(17).

[34] 欧广宇，刘辉. RFID 技术及其在物流企业的应用. 计算机技术与发展，2008.18(6).

[35] 杨玉婷. RFID 技术在我国物流行业的应用分析. 企业科技与发展，2008(20).

[36] 陈宇. 条形码技术在物流中的应用研究. 石家庄铁道学院学报，2006.19.

[37] 王慧龙. GIS 在物流中的应用. 经济管理与科学决策，2009.9.

[38] 冯天俊，龚国华. 基于供应链的物流信息技术研究. 物流科技，2002.25(90).

[39] 计三有，刘德鹏. 条形码技术在物流配送作业中的应用. 经济管理论坛，2005(19).

[40] 张永娟. 现代物流解决方案[M]. 北京：中国物资出版社，2005.

[41] 唐纳德·沃特斯. 物流管理概论[M]. 北京：电子工业出版社，2004.

[42] 刘寅斌，刘晓霞，熊励. 物流战略规划与实施[M]. 北京：电子工业出版社，2008.

[43] 戴维·泰勒. 全球物流与供应链管理案例[M]. 北京：中信出版社，2003.

[44] RonaldH. Ballou. 企业物流管理[M]. 北京：机械工业出版社，2002.

[45] 王转，张庆华，鲍新中. 物流学[M]. 北京：中国物资出版社，2006.

[46] 董维忠. 物流系统规划与设计[M]. 北京：电子工业出版社，2006.

[47] 郝勇，张丽，黄建伟. 物流系统规划与设计[M]. 北京：清华大学出版社，2008.

[48] 邓明荣，张红，葛洪磊，陈子侠. 现代物流管理[M]. 北京：高等教育出版社，2005.

[49] 白世贞. 物流运筹学[M]. 北京：中国物资出版社，2006.

[50] 朱新民. 物流运输管理[M]. 大连：东北财经大学出版社，2001.

[51] 刘鹏，王国庆. 供应商管理库存——供应链环境下的库存管理方式[M]. 广州：暨南大学出版社，2003.

[52] 王槐林. 采购管理与库存控制[M]. 北京：中国物资出版社，2008.

[53] 沈瑞山，刘晓岚. 仓储管理[M]. 北京：中国人民大学出版社，2009.

[54] 秦文纲. 采购与仓储管理[M]. 杭州：浙江大学出版社，2004.

[55] 万志坚. 供应链管理运营实务与案例分析[M]. 北京：中国物资出版社，2006.

[56] 孙明贵. 库存物流管理[M]. 北京：中国社会科学出版社，2005.

[57] 郁春波，万麟瑞. 现代库存管理领域框架及构件研究与实现. 工业工程与管理，2001.

[58] 冯耕中. 物流配送中心规划与设计[M]. 西安：西安交通大学出版社，2004.

[59] 苗爱华. 配送中心运营管理[M]. 北京：电子工业出版社，2008.

[60] 王倩. 我国电子商务物流概况. 合作经济与科技，2009(378).

[61] 王转. 配送中心运营与管理[M]. 北京：中国电力出版社，2009.

[62] 文龙光，余博. 电子商务物流配送模式研究[M]. 中国物流与采购，2009(21).

[63] 徐贤浩. 物流配送中心规划与运作管理[M]. 武汉：华中科技大学出版社，2008.

[64] 赵林度. 供应链与物流管理：理论与实务[M]. 北京：机械工业出版社，2003.

[65] 周启蕾. 物流学概论[M]. 北京：清华大学出版社，2005.

[66] 田宇. 第三方物流项目管理[M]. 广州：中山大学出版社，2006.

[67] 郝聚民. 第三方物流[M]. 成都：四川大学出版社，2002.

[68] 骆温平. 第三方物流理论、操作与案例[M]. 上海：上海社会科学出版社，2000.

[69] 汝宜红. 配送中心规划[M]. 北京：北京交通大学出版社，2004.

[70] 赵启兰. 企业物流管理[M]. 北京：机械工业出版社，2005.

[71] 杜文 任民. 第三方物流[M]. 北京：机械工业出版社，2004.

[72] 徐章一. 顾客服务——供应链一体化的营销管理[M]. 北京：中国物资出版社，2002.

[73] 熊银解. 销售管理[M]. 北京：高等教育出版社，2005.

[74] 牛鱼龙. 现代物流实用词典[M]. 北京：中国经济出版社，2004.

[75] 王淑娟，白佳，李大午. 现代物流客户关系管理实务[M]. 2 版. 北京：清华大学出版社，2016.

[76] 关高峰. 物流成本管理[M]. 北京：北京大学出版社，2014.

[77] 马士华，林勇. 供应链管理[M]. 4 版. 北京：机械工业出版社，.2014.

[78] 刘宝红. 供应链管理[M]. 北京：机械工业出版社，2016.

[79] 薛文彦. 采购精细化管理与库存控制[M]. 北京：化学工业出版社，2015.

[80] 霍红，牟维哲.物流管理学[M]. 2 版. 北京：科学出版社，2016.

[81] 马俊生. 配送管理[M]. 北京：机械工业出版社，2016.

[82] 孙军艳. 物流服务与管理[M]. 西安：西安电子科技大学出版社，2016.

[83] 李鹏飞. 物流信息系统[M]. 北京：人民邮电出版社，2014.

[84] 苏尼尔·乔普拉. 供应链管理[M]. 5 版. 陈荣秋，等译. 北京：中国人民大学出版社，2013.